# 教養としてのフランス映画220選

中条省平



祥伝社黄金文庫

本文庫『教養としてのフランス映画２２０選』は、２０１０年２月に清流出版から刊行された『中条省平の「決定版！　フランス映画２００選」』に加筆・修正を加えて改題したものです。

# 文庫版への序

本書の元版である『中条省平の「決定版！　フランス映画２００選」』が出たのは、２０１０年初頭のことでした。早いもので、あれからもう10年以上経ってしまいました。「十年ひと昔」といいますから、すでに歴史の1ページがめくられているわけです。そこで、判型をハンディな文庫版に改め、20本の新作の解説を加えて、新たな読者のための増補リニューアルをおこなうことになりました。この機に合わせて、タイトルも『教養としてのフランス映画２２０選』と改題しました。

「教養」と冠したのは、あらゆる文化のジャンルで、いまほど正統的な「教養」が必要とされている時代はないからです。

かつて三島由紀夫《みしまゆきお》は、大学の先生たちが大事にするような古臭い「教養」を批判して、マンガのような、突拍子もない、鋭い荒々しい娯楽を擁護しました。三島が市谷《いちがや》の自衛隊基地で割腹刎頸《かっぷくふんけい》の自死を遂げる直前のことですから、半世紀以上も前の話です。当時は、「教養」が厳然として存在し、「教養」をもたない人々は軽蔑されました。三島は逆に、そんな「教養」に唾を吐きかけるために、あえて低俗といわれたマンガを擁護したのです。

しかし、いまや「教養」が大事だと本気で考えている人はほとんどいません。「教養」なんか役に立たない、役に立たないものはいらない、という時代です。コスパとタイパ（タイム・パフォーマンス）、つまり、同じ金額と同じ時間でどれだけ得をするか、ということが何よりの関心事なのです。

マンガの描き方さえ大学で教えられています。マンガ家になって成功すればお金が儲かるからです。にもかかわらず、マンガの歴史や本質をきちんと理解している大学生はめったにいません。

映画についても同じことがいえます。かつては、フランス映画について多少でも知っていることは「教養」の証《あかし》だったのですが、「教養」が重要視されなくなったいま、フランス映画に特別な意味を見出す人々は少数派になってしまいました。

このように「教養」が壊れてしまったいまこそ、本当の「教養」としてフランス映画の本質や歴史を知るべきときです。フランス映画が世界各国の映画のなかでいかに特別な意味をもったジャンルであり、豊かな発見を蔵した宇宙であるかをわかりやすく説明して、フランス映画の「教養」を一から作りあげていく必要があると思います。

本書は、数限りなく存在するフランス映画のなかから、芸術的なオリジナリティ、歴史的な重要性、文句なしの面白さという3点を基準にして220本を選び、解説しています。個別の作品をカタログ的に論じているのですが、時間的順序にしたがって並べられたこの

220本の解説を読めば、おのずとフランス映画の歴史と本質が浮かびあがるように構成されています。そうして、「教養」としてのフランス映画のイメージを創りあげることが本書の主たる目的なのです。

しかし、じつは、「教養」としてのフランス映画のイメージを創るために、いまはきわめて好都合な時代なのです。本書の元版が出版された13年前には、DVDに次いでブルーレイが出はじめたときでした。しかし、いまや若い人々がもっとも頻繁に映画を見る媒体は、動画配信とユーチューブです。

じっさい、私が中学・高校・大学時代に浴びるほど映画を見ていたころは、海外のシネマテーク（フィルムセンター）に行かなければ見られなかったレアな古典映画が、いまは簡単に自分の家で見られるのです。動画配信なら定額の契約で見放題。ユーチューブならまったくのタダです。映画ファンにとっては夢のような時代です。しかし、あまりに簡単に見られてありがたみがなくなり、ようやく見られたときの達成感と感激が薄れてしまいました。それにしても、なんと贅沢《ぜいたく》な不平でしょうか。

ですから、本書で興味をもった映画をじっさいに見ることが10数年前よりはるかに容易になりました。そうして、「教養」としてのフランス映画のイメージを自分で創りあげてください。本書の挙げる220本はどれも見るべき、見応えのある映画ばかりですが、じつは出発点にすぎません。

本書には無数の固有名詞（作品、監督、俳優、脚本家、カメラマン等々）が登場し、それらがたがいに神経細胞のように結びついて、映画宇宙のネットワークを形づくっています。本書を読んで、じっさいに映画を見ることは、このネットワークを自分のものにしていくことです。そして、自分のなかに創られた自分だけの固有名詞のネットワークこそが、本当に「教養」と呼ばれるに値するものなのです。そして、いったん自分の教養のネットワークができはじめれば、作品を見ながら、この映画宇宙は自然にどんどん膨らみ、密度を増していくことでしょう。本書はそのための出発点となることを切望しています。

本書の元版の刊行から13年が経ちましたが、その間フランス映画にはどんな変化が訪れたでしょうか？　いちばん印象的なことは、亡くなった監督の多いことです。

2010年にエリック・ロメール（享年89）とクロード・シャブロル（享年80）、16年にジャック・リヴェット（享年87）が亡くなり、22年にはジャン＝リュック・ゴダールが91歳で幇助による自殺という衝撃的な死を遂げました。この4人は「カイエ派」といわれるヌーヴェル・ヴァーグ運動の中心人物です。これに加えて、「セーヌ左岸派」と呼ばれるアラン・レネ（享年91）が14年に、アニェス・ヴァルダ（享年90）が19年に亡くなりました。こうして、世界映画史上もっとも重要な映画運動だったヌーヴェル・ヴァーグの監督たちが、ことごとくこの世を去ったのです。

私は『フランス映画史の誘惑』（集英社新書）という本を書いてフランス映画の通史を論

じましたが、そのなかでヌーヴェル・ヴァーグという映画の革命の意義をとくに強調しました。ヌーヴェル・ヴァーグによって、フランス映画は、いや、世界の映画は不可逆的な変化を遂げたのです。つまり、それ以降の世界の映画はみんな多かれ少なかれヌーヴェル・ヴァーグの影響を受けたのです。しかし、いまや、そのヌーヴェル・ヴァーグも歴史の1コマとして完全に幕を下ろしたのです。

ヌーヴェル・ヴァーグののち、1980年代には、ジャン＝ジャック・ベネックス、リュック・ベッソン、レオス・カラックスらが活躍し、彼ら3人の頭文字をとってBBCの時代という呼称がなされました。しかし、ベネックスは21世紀に入って1本しか映画を撮ることができず、22年に75歳で死去しました。ベッソンも21世紀は不調です。かろうじて寡作のカラックスが『ホーリー・モーターズ』という異端の傑作と、『アネット』という初のミュージカルの怪作で気を吐きました。

BBCに続いて映画を撮りだしたアルノー・デプレシャン、オリヴィエ・アサイヤス、フランソワ・オゾンたちが、現在のフランス映画を支える監督であり、彼らは1作1作力をこめて、多彩な作品群を発表しつづけています。これにカナダ出身のグザヴィエ・ドランを加えて、フランス語圏映画のスター監督たちということができるでしょう。

しかし、いまいちばん注目すべき映画は女性たちのなかから生みだされているような気がします。

そのはしりは、アブデラティフ・ケシシュの『アデル、ブルーは熱い色』でした。ケシシュ監督は男性ですが、この映画が2013年のカンヌ国際映画祭でパルム・ドール（最高賞）を受賞した際、審査委員長のスティーヴン・スピルバーグはこの賞を監督と並んで、主演女優2人に与えたのです。この映画はレズビアンを熱演した2人の女優のものであり、LGBT（レズビアン、ゲイ、バイセクシュアル、トランスジェンダー）と呼ばれる性の境界線を突破する文化的な新しい波が生みだした成果でした。

これに続いたのは、自身レズビアンであることを隠さないセリーヌ・シアマ監督の『燃ゆる女の肖像』です。18世紀フランス、ロココ時代の女性同士の恋愛をテーマにした映画ですが、LGBTの正当性を声高に主張する挑発性はいっさいなく、むしろ古典的な典雅さでこの題材を気高く、しかし官能性豊かに描きだし、LGBT的なテーマの芸術的な成熟を感じさせました。

これとは対照的に、2021年のカンヌ映画祭でパルム・ドールを受賞した女性監督ジュリア・デュクルノーの『TITANE／チタン』は、ジェンダー（性差）の境界そのものを突破するような激烈な破壊力に満ちた映画でした。ヒロインは、男性ではなく車と交わって子供を妊娠し、血のつながらない初老の男を子供の父親として受けいれます。現実には不可能なジェンダーの無化をアクションとファンタジーのなかで力強く実現しているのです。映画ならではの絵空事ですが、そこには監督の切実な欲求が結晶しているように見えました。

こんなふうに、フランス映画は現代社会をつき動かす大きな無意識の潮流とも無関係ではありません。見る者を感動させたり、驚かせたり、面白がらせたりしながら、あらゆる種類の新たな発見へと私たちを誘ってくれます。それもまた現代人に必須の「教養」のありかたではないでしょうか。

2023年1月

中条省平《ちゅうじょうしょうへい》

# 2010年版のまえがき

日本人にとって、フランス映画は特別な意味を持っています。

フランス映画の黄金時代といわれた1930年代（昭和初期）に、日本人は、『巴里の屋根の下』『巴里祭』『外人部隊』『ミモザ館』『どん底』『舞踏会の手帖』『望郷』といった映画のタイトルを心に刻みこみ、その題名を聞くだけでフランスへの憧れを感じていました。「ふらんすへ行きたしと思へども／ふらんすはあまりに遠し」と歌ったのは『純情小曲集』の萩原朔《はぎわらさく》太郎《たろう》でしたが、そうした純粋な憧れを満たしてくれるものが、フランス映画だったのです。当時の日本人はフランス本国の人々以上に熱狂的にフランス映画を愛していました。

しかし、それから70年近い歳月が経って、フランス映画の世界も大きく変わりました。1960年代にはフランスが世界中の若い映画作家に影響をあたえた〈ヌーヴェル・ヴァーグ〉という映画運動も起こりましたが、それもいまや半世紀前の出来事になってしまいました。古くからの日本のファンは今のフランス映画の状況にとまどい、若い映画ファンはそもそもフランス映画にどう接していいか分からないというのが実情ではないでしょうか。

そこで本書では、これだけは見ておきたいフランス映画を200本精選し、その見どころを解説することにしました。

選択の基準は、映画的なオリジナリティ、映画史における重要性、文句なしの面白さの3点を同等に重視して、ひとりの監督やひとつの時代に偏りがないようにバランスを取り、通してお読みいただければ、フランス映画の始まりから現在にいたるまでの流れが自然に頭に入るように構成しました。

また、作品とその監督に話が集中しがちなので、作品ごとにトピックのコーナーを設けて、そこでは俳優やスタッフなどに話題を広げるように配慮しました。

本書によって何本かのフランス映画を見たのち、もっと手っとり早くフランス映画の全体像を知りたいと思われる読者は、拙著『フランス映画史の誘惑』(集英社新書)をひもといてみてください。本書の構成にも、『フランス映画史の誘惑』の歴史的観点を取りいれているので、この2冊を並行して読めば、フランス映画の歴史と実際とを同時に知ることができると思います。

200本というとたくさんの本数に見えるかもしれませんが、じつはこの数字は出発点にすぎません。本書に取りあげた監督にもまだまだほかに無数の傑作がありますし、残念ながら1本も取りあげることのできなかった監督も大勢いるのです。また、映画に言葉と音楽がつく以前のサイレント時代に関しては、必要最低限の作品しか挙げていませんので、レンタル店で借りて数多くのサイレント映画に触れてみてください。

私がフランス映画に夢中になったのは、中学生のころにジャン=リュック・ゴダールの映画を見たからです。そのゴダールはいまだに世界の映画の最前線を走りつづけています。一方、現在のアメリカ映画の頂点に位置する監督はクリント・イーストウッドですが、ゴダールとイーストウッドは同い年で、世界映画の両極に立っているわけです。フランス映画は量的にはアメリカ映画にかないませんが、質的にはけっして負けてはいません。

ぜひフランス映画の魅力を発見（再発見）して、人類が生みだした映画という財産のめくるめく豊かさを確かめてください。本書がその一助になればこれほど幸いなことはありません。

# 教養としてのフランス映画220選 目次

## 3 天才と巨人
### —ヴィゴとルノワール



## 4 占領と解放
### —一九四〇年代の光と影



## 5 個性的な映画作家たち



## 6 フィルム・ノワールとその周辺

## 7 映画の革命
### ―ヌーヴェル・ヴァーグと六〇年代

## 8 多様化の時代
## —七〇年代

## 9 新たな技巧主義 ―八〇～九〇年代

## 10 二十一世紀のフランス映画



写真協力/(財)川喜多記念映画文化財団
装丁・本文設計/フロッグキングスタジオ
編集協力/高崎俊夫・赤羽高樹
ポイント執筆/高崎俊夫

# 1
# 映画の誕生とアヴァンギャルド

# 月世界旅行

**1902年　上映時間＝16分　監督・脚本◉ジョルジュ・メリエス**

映画は１８９５年、世界で初めてパリで公開された。エジソンが発明したキネトスコープは、個人個人が覗いて見る小さな機械であり、大勢の観客が暗闇に集まって大きなスクリーンを見る方式のシネマトグラフは、フランスのリュミエール兄弟によって発明されたのである。

リュミエール兄弟を代表する作品が『列車の到着』だ。南仏の駅に入ってくる列車を撮った1分ほどの映画だが、大評判を呼んだ。観客は、自分のほうに爆走してくる列車を見て、席から立って逃げまどった。映画というメディアの魔術的迫力を実証するエピソードだ。

リュミエール兄弟はあらゆる題材を映画に収め、ドキュメンタリーの元祖となった。

これに対して、ジョルジュ・メリエスは、ＳＦファンタジー映画の発明者である。

映画の画面上でぱっと人が消えてしまう「人体消失」のトリックを手始めに、多重露出やスローモーションなど、特殊撮影のトリックを独力で開発し、史上初の映画撮影スタジオも

**No.001**

造りあげた。
『月世界旅行《げっせかい》』はメリエスの代表作で、弾丸型のロケットが地球から発射され、お伽話のような月を訪問するという単純な物語だ（原作はジュール・ヴェルヌ）。しかし、ロケットの突き刺さった月がしかめっ面をするなど、全篇にあふれる遊び心と視覚的アイデアはいま見ても驚異的で、たった一人で現代映画の最も重要なジャンルを開発してしまったメリエスの天才ぶりがよく分かる。

**ポイント**

◉**ルイ・リュミエール**（1864〜1948）兄の**オーギュスト**（1862〜1948）とともに〈シネマトグラフ〉の発明により「映画の父」と呼ばれる。代表的な作品は『列車の到着』『工場の出口』『赤ん坊の食事』など現実の生活を記録したもので、ニュース映画、ドキュメンタリー映画の先駆と見なされている。多くのカメラマンを養成し、世界各地に派遣し、その地の習俗を取材した作品は約2000本といわれる。

◉**ジョルジュ・メリエス**（1861〜1938）パリ生まれ。トリックをとり入れた夢幻劇やマジックショーの演出家、興行師となるが、1895年、リュミエール兄弟の〈シネマトグラフ〉に感動し、実写映画の製作を始める。みずから撮影所を作り、職能を分化した製作システムを確立し、荒唐無稽な喜劇や幻想劇を量産した。D・W・グリフィスは、「映画のすべてはメリエスのおかげである」と語ったといわれる。

# ナポレオン

No.002

1927年　上映時間＝240分　監督・脚本◉アベル・ガンス
主演◉アルベール・デュードネ、ジナ・マネス

アベル・ガンスはフランスのサイレント（無声）映画における最大の監督である。そのガンスが持てる技術と精力のすべてを注いで完成した一大叙事詩が『ナポレオン』だ。

当初はナポレオンの生涯を8部作で描く予定だったが、時間と予算が膨れあがりすぎて、ナポレオンの少年時代から、フランス大革命を経て、イタリア遠征までを描くこの第1作しか完成されなかった。

ガンスはナポレオンの超人的活躍をイメージ化するために、雪合戦の場面で雪の玉からの「見た目」を得るためにカメラを空中に放りあげたり、都市の俯瞰《ふかん》ショットを撮るためにカメラを気球につけて飛ばしたりと、途方もない実験をいくつも実行に移している。

そのいちばん有名な例が、歴史に残るトリプル・エクラン（3面スクリーン）方式である。スクリーンを横に3面並べて映像を投影し、広大な戦場の超横長のパノラマ画面を作りだしたり、三つのスクリーンにそれぞれ異なるイメージを映して映像効果をあげたり、中央

の画面を左右二つの画面の映像で強調したりするというものだ。この方式は、当時としてはあまりに技術的に複雑だったため、映画のクライマックスであるイタリア戦役を描く部分にしか用いられなかった。

『ナポレオン』から30年ものちに、映画界はシネマスコープなど横長の大画面による映画製作に狂奔するが、その先駆としても『ナポレオン』は圧倒的な完成度を誇っている。

**ポイント**

**◉アベル・ガンス**（1889〜1981）パリに生まれる。19歳で俳優として初舞台を踏む。第一次大戦に対する人道主義的抗議を示した『戦争と平和』(19)で注目される。『鉄路の白薔薇』(23)では、驀進する列車の車輪の響きを伝えるダイナミックなリズム表現、光と影が織りなすカットのきらめきがめまいのような効果をもたらす〈フラッシュ・バック〉の技法を創始し、若き日の黒澤明を熱狂させたことはよく知られている。前衛的な映画技法の集大成『ナポレオン』が興行的に惨敗し、トーキー以後は、『戦争と平和』のリメイク『私は弾劾する』(38)、『椿姫』などのメロドラマ、『悪の塔』(55)のようなエロティックなコスチューム・プレイの娯楽大作を手がけたが、往年の名声は色褪せた。しかし、1981年、フランシス・コッポラのプロデュースで『ナポレオン』の復元版が世界中で公開され、ガンスの再評価は決定的なものとなった。

# No.003 アンダルシアの犬

**1927年　上映時間＝16分　監督◉ルイス・ブニュエル　脚本◉ブニュエル／サルバドール・ダリ**
**主演◉ピエール・バティフ、シモーヌ・マレイユ**

ルイス・ブニュエルはスペイン人だが、フランスで『アンダルシアの犬』を撮ってデビューする。

1920年代はまだサイレント映画の時代だが、フランスの若い映画ファンを中心に、既成の映画技法を否定する「アヴァンギャルド（前衛）」映画が流行した。この流派のなかで最もスキャンダラスな話題を呼んだ映画が、『アンダルシアの犬』である。

この短篇は、ブニュエルと、シュルレアリスム（超現実主義）の画家サルバドール・ダリとの合作で作られた。ブニュエルとダリはある寄宿学校で先輩後輩の仲だったのだ。

二人はクリスマスの休暇にスペインのダリの家にこもり、自分たちの見た夢を題材にして、一切の合理性を否定するイメージの連続としてシナリオを書きあげる。それを基にして、パリでこの映画を撮影した。

ここに登場するのは、人間の目が切り裂かれる有名な場面（本当にメスの子牛の目を切開した）を筆頭に、蟻がうようよたかる手のひら、女の腋毛、ロバの腐った死体（本物）を乗せたグランドピアノなど、通常の意味や物語を欠いたイメージばかりだ。しかし、それは単なる悪趣味な思いつきではなく、夢という人間の無意識の世界を恐怖やタブーを捨て探求したものゆえ、私たちの精神の奥底を揺り動かす驚きに満ちている。その結果、撮られてから80年以上経った今も衰えぬ衝撃力をもつ、前衛幻想映画の偉大なクラシックとなったのである。

**ポイント**

**◉サルバドール・ダリ**（1904〜89）スペインの画家。マドリードの寄宿学校時代の友人ブニュエルと共同で『アンダルシアの犬』の脚本を書き、一躍、注目を浴びた。ブニュエルとは続いて『黄金時代』のシナリオを共作したが、狂気の愛をめぐる主題で意見が決裂し、以後、袂を分かった。29年にパリで個展を開き、シュルレアリスム運動に参加。フロイトの精神分析理論を絵画に取り入れ、トロンプ・ルイユ（だまし絵）風の細密描写によって潜在的な欲望を暴き立てる鮮烈なイメージで世界的に知られるようになる。ヒッチコックは『白い恐怖』（45）の悪夢のシーンを表現する際、ダリに美術を依頼し、話題となった。ヒッチコックは後に「長く伸びた影、無限の距離感、あらゆる線がおどろくべき遠近法に収斂されて見事な空間を作りだす構図、形のない顔……。キリコにも似た鋭角的に構築されたイメージが欲しかった」が、「ダリはとても映画に撮れないような奇態なことを次々に考え出し、へきえきさせられた」と述懐している。

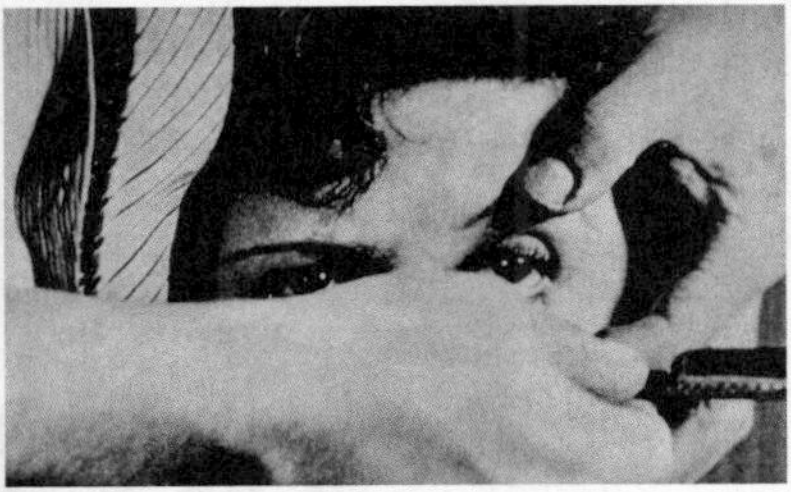

# No.004

# 裁かるるジャンヌ

1929年　上映時間＝96分　監督・脚本◉カール・テホ・ドライヤー
主演◉ルイーズ・ルネ・ファルコネッティ、ウジェーヌ・シルヴァン、アントナン・アルトー

ドライヤーはデンマークの巨匠である。だが、『裁かるるジャンヌ』はフランスで製作され、フランス史上最も有名な女性ジャンヌ・ダルクを主題にしている。ドライヤーは、聖女と呼ばれたジャンヌの生涯を、彼女の魔女裁判から火あぶりの刑に至る最期の時に凝縮する。ジャンヌ・ダルクを描いた無数の映画のなかで比較を絶した名篇である。

ジャンヌを演じたのは、この1作で世界映画史に残る名演を記録したファルコネッティ。例えば、フランス救国の英雄から一転して魔女の汚名を着せられたジャンヌの髪が、ばっさりと切り落とされる。床に落ちた髪の束の迫力。ここには単なる物語をこえた事物そのものの存在感がとらえられている。ドライヤーの一分の隙もない演出と、撮影監督ルドルフ・マテのカメラの力である。ここには、映画の本源的な表現力が結晶している。

さらにドライヤーは、クローズアップに次ぐクローズアップで、ジャンヌ＝ファルコネッティの顔を画面に刻みこむ。神に救いを求めるジャンヌの苦悩の表情には、すべての希望を

奪われた人間の絶望と、しかし最後のかすかな希望が浮かんでいる。涙を流す彼女の顔を見て感動に打たれない観客はいないだろう。クローズアップで見る者の胸を締めつけたあと、火刑に向かうクライマックスでは一転して、前衛的ともいえるカメラ・アングルと大胆な編集術《モンタージュ》を駆使して、ドライヤーはドラマの絶頂へと駆けのぼる。

ポイント

◉**カール・テホ・ドライヤー**（1889〜1968）コペンハーゲン生まれ。ジャーナリストを経て、映画界に入る。D・W・グリフィスの『イントレランス』の影響を受け、四つの時代の背信行為を描く『サタンの日記の数頁』(19)を撮る。『牧師の未亡人』(24)はスウェーデン、『ミヒャエル』(25)はドイツ、トーキー第一作『吸血鬼』(32)はドイツ＝フランス合作と国際的な活躍が目立つ。『吸血鬼』は、全篇が白日夢のような妖しい雰囲気に包まれ、神秘的な映像美とフォークロア的な語り口に酔わされる。魔女狩りの犠牲となる女性を通して、17世紀の社会を描く『怒りの日』(44)、狂人と思われた男の祈りによって死んだ女性が生き返る『奇跡』(55)では深い宗教性が探求されている。「愛こそすべて」というヒロインの謎の言葉で終わる遺作『ゲアトルーズ』(64)は、崇高なメロドラマの傑作として屹立している。人間の精神の営み、信仰の主題を生涯追求した世界映画史上最大級の巨匠だ。

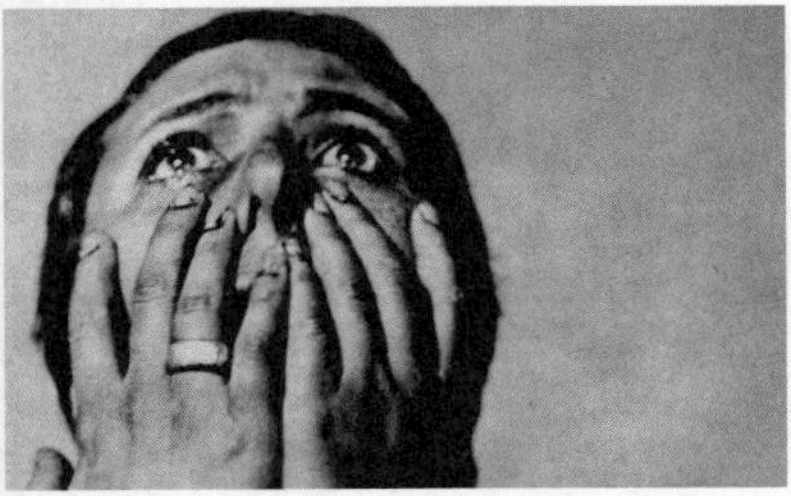

# 2

# フランス映画の黄金時代
## ——詩的レアリスム

# No.005 ル・ミリオン

**1931年　上映時間＝81分　監督・脚本◉ルネ・クレール**
**主演◉アナベラ、ルネ・ルファーブル**

フランスのトーキー映画は、ルネ・クレールの『巴里の屋根の下』によって開幕した。それまでクレールは『幕間』のアヴァンギャルド監督として知られていたが、またたく間に新時代のフランス映画を代表する監督として世界的な名声を得る。

クレールは、日本ではパリの下町情緒に彩られた人情ドラマの監督として高く評価されるが、いま触れた『幕間』や『眠れるパリ』などのサイレント映画は、クレールのなかでも前衛的実験色の濃い映画だ。なかでも『イタリア麦の帽子』は、劇作家フェドーの舞台劇を基に撮られたフランス的バーレスク（ドタバタ喜劇）の精髄といえる。

メロドラマ『巴里の屋根の下』に続いて撮られた『ル・ミリオン』は、ドタバタ喜劇精神にあふれるクレールの一面をよく表したオペレッタ（軽音楽劇）である。

借金取りに追われる男が宝くじを当てる。大喜びもつかの間、肝心の当たりくじを入れた上着を、恋人が別の男にやってしまったことに気づく。

この男と上着を追いかけて、笑いとサスペンスにみちた追跡が始まり、周囲の人間を巻きこんで拡大していく。ドラマはオペラ劇場の舞台でクライマックスを迎える。カメラの動きと編集のリズムに加えて、トーキーの武器である音楽とコーラスが十分に活用され、達者な役者たちの演技も楽しい。フランス式ミュージカル映画がここに開幕した。

**ポイント**

◉**ルネ・クレール**（1898〜1981）パリに生まれる。もっともフランス的なエスプリを持った映画作家として知られ、映像の実験と洗練された詩情、卓抜な風刺精神が渾然一体となった作風によって国際的な名声を獲得した。視覚的なギャグと音響効果を駆使した『ル・ミリオン』や『巴里祭』(30)で注目され、『自由を我等に』(31)、『最後の億万長者』(34)では、ギャグによる文明批評のスタイルが、チャップリンの『モダン・タイムス』(36)、『独裁者』(40)にも影響を与えたといわれる。第二次大戦中は、ハリウッドで『奥様は魔女』(42)などの洒脱なコメディを撮り、戦後は、稀代の二枚目であるジェラール・フィリップを起用し、『夜ごとの美女』(52)、『夜の騎士道』(55)などの艶笑的なコメディで実力を発揮した。60年には映画人としては初のアカデミー・フランセーズ会員となった。小説、エッセーにも手を染め、自伝『映画をわれらに』も邦訳されている。

# No.006 自由を我等に

1931年　上映時間＝83分　監督・脚本◉ルネ・クレール
主演◉レイモン・コルディ、アンリ・マルシャン

『ル・ミリオン』（P30）に続いて、ルネ・クレールがドタバタ音楽劇の手法をさらに洗練させ、彼のコメディ映画の頂点を印す一作とした。日本の「キネマ旬報」のベストテンでは、1932年の世界最優秀映画に選ばれ、第二次世界大戦が迫りつつある情勢のなかで、日本の多くの映画ファンが「自由を我等に」の主題曲を口ずさんだ。

ルイとエミールは同じ刑務所から脱獄した親友同士。ルイ（レイモン・コルディ）は蓄音機工場の社長にまで出世するが、エミールは労働者として旧友ルイの工場で働くことになる。おりから、ルイの工場はすべて機械で自動運営される方式に改革される最中だった。

この非人間的な機械文明への鋭い風刺は、数年後に撮られるチャップリンの『モダン・タイムス』に大きな影響をあたえる。

未来派風の工場をデザインしたのは、『巴里の屋根の下』など多数のルネ・クレール作品で美術を担当したロシア出身のラザール・メールソン。メールソンの設計したセットは、「詩

的レアリスム」と呼ばれる戦前のフランス映画の風土を決定づけたが、『自由を我等に』では、超モダンな工場のデザインに天才を発揮している。

映画は、自動的に稼動する工場を尻目に、浮浪者となってわが道を行くルイとエミールの姿で幕を閉じる。ルノワールの『素晴しき放浪者』とチャップリンの『モダン・タイムス』に連なる、映画における自由を象徴する決定的なイメージだ。

### ポイント

◉**レイモン・コルディ**（1898〜1956）セーヌ県に生まれる。本名はレイモン・コルディユー。さまざまな職業に就いた後に、義兄と劇団を創立し、各地を巡業した。寄席、舞台での出演を経て、30年、ドイツ映画に出演。以来150本近い映画に脇役として出演。ジュリアン・デュヴィヴィエの『我等の仲間』（36）などにも出ている。『ル・ミリオン』（31）から『最後の億万長者』（34）に至る第二次大戦前のルネ・クレール監督作品と戦後の『沈黙は金』（47）では、ポール・オリヴィエと組んで、軽妙洒脱な味わいのある演技を見せた。『悪魔の美しさ』（49）、『夜の騎士道』（55）と晩年までクレール作品には欠かせない名物脇役として知られるが、『自由を我等に』では、トレード・マークである口髭を生かし、刑務所を脱獄して、蓄音機会社の社長にまで上りつめる主人公ルイを絶妙に演じて、映画史上に名を残している。

# 巴里祭

No.007

1932年　上映時間＝86分　監督・脚本◉ルネ・クレール
音楽◉モーリス・ジョベール　主演◉アナベラ、ジョルジュ・リゴー

パリの民衆詩人クレールの力量を遺憾なく発揮した恋愛ドラマの古典。

原題は「7月14日」といい、フランス大革命の発端となる、民衆によるバスティーユ監獄の襲撃が行われた日付。つまり、近代フランスの建国記念日に当たり、現在でも盛大な国家的式典が催される。この革命記念日に「パリ祭」と詩的なネーミングを施しているのは世界中で日本だけ。この映画が大評判になったからである。ちなみに、この見事な邦題を考案したのは、輸入元である東和映画の川喜多かしこ女史だという。

舞台はパリの下町。主人公はタクシーの運転手ジャン（ジョルジュ・リゴー）と、花売り娘のアンナ（アナベラ）。二人は心ひそかに愛しあっているが、色々な障害が二人の仲に割って入る。だが、今日はパリ祭の前夜。二人の懸念をよそに、人々は楽しげに踊っている。そこにいきなり夏のにわか雨が降りつけ、人々が散ったあと、たまたまジャンとアンナはある家の軒下で二人きりになっていた……。

映画史のなかでも最も巧みな恋の始まりの一場面である。この作品の成功はこうしたメロドラマ的演出の冴えにかかっている。

美術監督ラザール・メールソンが腕によりをかけて人工的に作りあげたパリの下町風景の素晴らしさ。また、モーリス・ジョベールの情緒纏綿《てんめん》たる音楽が観客を酔わせる。主題曲はのちに名花リス・ゴーティが歌って大ヒットを記録した。

**ポイント**

**◉アナベラ**（1910〜96）セーヌ県生まれ。父が『旅行新聞』の元社主で、叔母が女優のジェルメーヌ・デルモスであったため、中等教育を終えてすぐ、撮影所に出入りする。16歳で作家ツェステヴァンの後援を得てアベル・ガンスの『ナポレオン』（27）の端役で映画デビュー。アトリエ座で演技を学び、30年代に入り、『ル・ミリオン』（31）の踊り子役や『巴里祭』の愛らしい花売り娘役で絶大な人気を得た。36年の『戦いの前夜』でヴェネツィア映画祭主演女優賞を受賞した。38年には渡米、数本のアメリカ映画に出演し、ブロードウェイの舞台にも立った。32年に『女だけの都』などに出演した二枚目ジャン・ミラーと結婚したが、38年に離婚。39年、ハリウッドで知り合った俳優のタイロン・パワーと再婚するが、48年に離婚。しかし、その後も交際は続き、パワーの最期を看取ったのは、アナベラひとりだったといわれる。50年のスペイン映画『ドン・ファン』を最後に引退した。

# 外人部隊

No.008

1934年　上映時間＝115分　監督◉ジャック・フェデール
脚本◉フェデール、シャルル・スパーク　主演◉マリー・ベル、フランソワーズ・ロゼー

フェデールはベルギー生まれで、サイレント時代からの名匠だが、1930年代の3作品、『外人部隊』『ミモザ館』（P38）『女だけの都』（P40）によって、フランス映画の「詩的レアリスム」を代表する監督となる。この3本はすべて、フェデール監督、シャルル・スパーク脚本、フェデールの妻フランソワーズ・ロゼー主演、ラザール・メールソンの美術という黄金の4人組によって完成された。

主人公ピエールは、美しい愛人フローランスのために、悪事にまで手を染めるが、彼女に裏切られて絶望し、モロッコの外人部隊に入隊する。

フランスの外人部隊には、すべてに絶望した男が身を投じるこの世の果て、という裏返しのロマンティックなイメージが付いてまわる。原題の「グラン・ジュ（大いなる賭け）」とは、作中、主人公ピエールに共感を寄せるブランシュ夫人（フランソワーズ・ロゼー）が行う「タロット占い」を意味する言葉で、非情な運命を象徴するキーワードである。しかし、

邦題はストレートに「外人部隊」とすることによって、この作品のヒットに貢献し、現在に至る外人部隊のイメージを決定づけた。

すべてを捨てたはずのピエールだが、モロッコで、フローランスと瓜二つのイルマという娼婦と出会い、ふたたび彼の運命は死にむかって狂いはじめる……。

フローランスとイルマを名女優マリー・ベルが一人二役で演じ分けて絶賛を博した。

ポイント

◉**マリー・ベル**（1900〜85）　ジロンド県ベーグル生まれ。13歳の時にバレリーナとしてロンドン・パヴィリオンの舞台に立つ。ボルドーとパリのコンセルヴァトワールを首席で卒業して以後、舞台女優として数々の舞台で優れた演技を披露し、28歳の若さでコメディ・フランセーズの幹部女優となる。映画デビュー作の『巴里』(24)は脇役だったが、29年の『夜はわれらのもの』からスター女優となり、気品あふれる美貌の未亡人を演じた『舞踏会の手帖』(37)、『外人部隊』は代表作といえる。34年にはアンバサドゥール座の支配人となり、43年以後はスクリーンから遠去かり、主に舞台で活躍した。第二次大戦中のレジスタンス運動の功績により、レジオン・ドヌール勲章を受けた。『ナポレオン』などに出演したジャン・シュヴァリエと結婚した。60年代に入ってからは、ルキノ・ヴィスコンティの『熊座の淡き星影』(65)の老夫人役で出演し、話題になった。

# No.009 ミモザ館

1935年　上映時間＝110分　監督◉ジャック・フェデール
脚本◉フェデール、シャルル・スパーク　主演◉フランソワーズ・ロゼー、ポール・ベルナール、アルレッティ

フェデール監督＝スパーク脚本＝ロゼー主演＝メールソン美術という黄金のカルテットによる名作。その連携は前作『外人部隊』（P36）よりさらに洗練され、フランス映画の「良質の伝統」を体現する。この「伝統」は、のちにトリュフォーはじめヌーヴェル・ヴァーグの作家によって批判されるが、1936年日本公開当時の「キネマ旬報」ベストテンでは、堂々、世界最優秀映画に選出された。

ルイーズ（フランソワーズ・ロゼー）は南仏のコート・ダジュールで、夫とともにミモザ館と呼ばれる下宿屋を経営している。二人にはピエールという養子がいたが、成長したピエールはパリに暮らし、博打《ばくち》で身をもち崩している。彼の行く末を案じたルイーズは、ピエールと情婦のネリーをミモザ館に呼びよせる。しかし、ルイーズのピエールに寄せる気持ちは養母の域を越えはじめており、ネリーを排除するためにある計画を練るが、これが思わぬ悲劇を呼ぶ。

近親相姦的な愛にしだいに狂っていく中年の人妻の姿を、フランソワーズ・ロゼーが文字どおり鬼気迫る名演で見せる。息子に恋する養母の苦悩と破滅という主題は、ラシーヌの『フェードル』以来、フランスの「文学的伝統」になじみの深いものでもある。

また、『北ホテル』に主演する前のアルレッティがちょい役で出演し、場をさらってしまうシーンが忘れられない。アルレッティ対ロゼー、新旧名女優の対決もお見逃しなく。

**ポイント**

**◉ジャック・フェデール**（1885〜1948）ベルギーのイグゼル出身。本名はジャック・フレデリクス。父はベルギー芸術家クラブの会長、祖父は有名な演劇批評家という芸術一家の出身。父の希望で軍人として身を立てようとするが、演劇志望に転じたため、父から本名を名乗ることを許されず、生家の近くの街の名前をとってフェデールを名乗る。1910年、パリに移り住み、俳優となる。ジョルジュ・メリエスの夢幻劇、ゴーモン映画社でルイ・フイヤード監督の作品などに出演し、監督に転身。幻想味あふれる『女郎蜘蛛』(21)、アルプス山麓の雪深い寒村を舞台にした『雪崩』(23)で注目される。とくにシャルル・スパークとの共同脚本、フランソワーズ・ロゼー主演による『外人部隊』『ミモザ館』『女だけの都』の三部作は、戦前の「良質で文学的」なフランス映画の代表作と称される。17年にフランソワーズ・ロゼーと結婚し、28年にフランス国籍を取得、48年スイスの療養所で病没。

# 女だけの都

No.010

1935年　上映時間＝114分　監督◉ジャック・フェデール
脚本◉フェデール、シャルル・スパーク　主演◉フランソワーズ・ロゼー、アンドレ・アレルム、ルイ・ジューヴェ

フェデール監督＝スパーク脚本＝ロゼー主演＝メールソン美術の頂点。というより、1930年代フランス映画の最高峰といっていいだろう。当然のことながら、フランス映画びいきの日本では、「キネマ旬報」の1937年度ベストテンで第1位を獲得した。

舞台は17世紀のフランドル。究極のコスチューム・プレイ（時代劇）である。これを実現するため、美術監督のラザール・メールソンは、ルネサンス時代のフランドルの小都市を丸ごとセットで再現するという大がかりな事業に挑み、見事に成功させた。

物語は、『外人部隊』（P36）や『ミモザ館』（P38）のシリアスな悲劇とはうって変わって、随所に笑いをちりばめた風刺喜劇である。

フランドルの町にスペインの占領軍が駐留することになり、市長は一計を案じる。市長が急死したと偽り、男たちは喪に服するため家から一歩も出られないことにする。代わりに、女たちに総出でスペイン軍を歓迎させようというわけだ。初めは男の卑怯《ひきょう》な企みに憤慨し

た女たちだが、市長夫人（フランソワーズ・ロゼー）を筆頭に、まもなくスペインの兵士たちとの大宴会を心から楽しむようになる。
ロゼーやルイ・ジューヴェなど、豪華な役者陣の余裕たっぷりの共演のほか、のちに『ドリアン・グレイの肖像』や『マイ・フェア・レディ』でアカデミー賞を受賞するハリー・ストラドリングによるモノクロ撮影の繊細な映像美も堪能できる。

ポイント

◉**フランソワーズ・ロゼー**（1891～1974）パリに生まれる。コンセルヴァトワールの演劇科を優等で卒業。オデオン座、オペラ座で舞台に立ち、歌や演技が高く評価された。17年、ジャック・フェデールと結婚、夫の映画に出演し、とくに『外人部隊』（34）、『ミモザ館』（35）、『女だけの都』（35）での深みのある洒脱な演技は絶賛され、映画女優としての名声を確立した。ほかにもジュリアン・デュヴィヴィエの『舞踏会の手帖』（37）、マルセル・カルネの『おかしなドラマ』（37）などにも出演し、フランス映画黄金期を代表する女優として時代を画した。41年フェデールとスイスに渡り、共著『シネマ、我等の職業』を出版した。連合軍の南アフリカ上陸の際には、アルジェに行き、ラジオ放送をした。その後もロンドンでラジオ、舞台、映画に活躍。48年、夫と死別後も、『史上最大の作戦』（62）のような超大作や、イギリス、西ドイツ、イタリア映画に出演し、国際女優として活躍し続けた。

# にんじん

No.011

1932年　上映時間＝91分　監督・脚本◉ジュリアン・デュヴィヴィエ
原作◉ジュール・ルナール　主演◉ロベール・リナン、アリ・ボール

ジュール・ルナールの有名な小説の映画化。ルナール自身が戯曲化した舞台でも人気を呼んだが、監督デュヴィヴィエはみずから映画のために脚色し直している。しかも、このトーキー作品の6年前にも、デュヴィヴィエは『にんじん』のサイレント版を別のキャストで製作している。よほどお気に入りの題材だったのだろう。実際、この作品によってデュヴィヴィエは世界に知られる名匠となった（「キネマ旬報」ベストテンでは1934年の第3位）。

主人公フランソワ（ロベール・リナン）は、赤毛とそばかすのせいで、家族や周囲の人から「にんじん」とあだ名でしか呼ばれない。いつも母親に叱りつけられ、父親には無関心にあしらわれる。兄や姉とも心が通わず、友だちは犬と女中。そのうち夢のなかでもう一人の自分が、お前なんかなんの価値もないから死んでしまえ、とそそのかすようになる……。「見捨てられた子供」の不朽の典型だが、デュヴィヴィエの演出はお涙頂戴のメロドラマから可

能なかぎり遠く、むしろ乾いたタッチで彼独特のペシミズム（厭世主義、悲観論）哲学を浮き彫りにしている。
俳優たちの演技も見どころで、とくに名優アリ・ボールが演じた冷たい父親像は、ラストの父と子の心の交流をいっそう感動的なものにしている。また、主人公を演じた11歳のリナン少年は一躍スターになり、ほかのデュヴィヴィエ作品などに出演するが、第二次大戦下でドイツ軍に射殺された。

**ポイント**

◉**アリ・ボール**（1880〜1943）　セーヌ県モンルージュ生まれ。演劇を志し、パリに出てグラン・ギニョールやアントワーヌ座などの舞台に出演。数本のサイレント映画に端役で出演し、トーキー時代になると、ジュリアン・デュヴィヴィエ監督の『資本家コルダー』（30）に主演したのがきっかけで、映画俳優として名声を博する。デュヴィヴィエの『にんじん』の冷酷な父親役、『モンパルナスの夜』（32）のメグレ警部役では忘れがたい名演を見せた。とくに後者の犯人役である名優インキジノフとの対決シーンは、語り草となっている。ローズ・グラーヌと結婚し、三児をもうけたが、死別。六年後、リカ・ラディフと再婚。ナチ占領下の41年、映画出演のためベルリンに出向いた留守中に、ゲシュタポに協力する警察による家宅捜索を受け、ユダヤ人だったリカが逮捕された。彼も国際スパイ団の一員という嫌疑で逮捕され、拷問を受けた。43年、その拷問がもとでパリで死去した。

No. 012

# 地の果てを行く

1935年　上映時間＝100分　監督◉ジュリアン・デュヴィヴィエ　脚本◉シャルル・スパーク
主演◉ジャン・ギャバン、ミレーユ・バラン、ロベール・ル・ヴィガン

原題のBanderaとはスペイン語で「外人部隊」を意味する。すなわち、巧みな邦題が示唆するように、社会から追放された男が絶望的な戦闘に立ちむかう「外人部隊もの」の代表作の一つである。

ピエール・マッコルランの原作に基づいて、監督のデュヴィヴィエ自身と、かつてフェデール監督の『外人部隊』（P36）のシナリオを執筆したシャルル・スパークが脚色にあたった。

主役のジャン・ギャバンは、寡黙だが行動力あふれるニヒルな世捨て人という主人公の造形により、フランス映画に君臨するスターとなる。今後ギャバンの演じる人間像は、彼の代表作『望郷』（P46）のペペ・ル・モコも含めて、本作のムードを継承することになる。

主人公ピエール（ジャン・ギャバン）はパリで人を殺したため、モロッコ南部に駐留するスペインの外人部隊に身を投じる。しかし、ピエールにかかった懸賞金を狙うリュカ（ロ

ベール・ル・ヴィガン）が、しつこくピエールを追跡し、同じ部隊に入ってくる。おりしも、原住民の蜂起が起こり、隊長ウェレル（ピエール・ルノワール）の指揮のもと、ピエールもリュカも小さな砦《とりで》にこもり、凄惨な包囲戦に身を投じる。
主人公はじめ、蛇のように執拗だが最後は主人公と友情で結ばれる敵役や、厳格きわまりないが兵士思いの隊長など、この種の物語に付きものの典型を、フランスの一癖も二癖もある名優たちが見事に演じた。

**ポイント**

◉**ロベール・ル・ヴィガン**（1900〜72）パリに生まれる。本名はロベール・コキヨー。ブルターニュ人の父とバスク生まれの母との間に生まれる。幼い頃から演劇を志し、パリのコンセルヴァトワールで演技を学んだ後に、ルイ・ジューヴェなどの劇団に参加し舞台に出演。31年ピガール座で『ドノゴー』に出演していた時、デュヴィヴィエ監督に認められ、『カイロの戦慄』（31）に端役で出演し、注目された。『地の果てを行く』のジャン・ギャバンを執拗に追う刑事役が典型だが、その独特の風貌と、くせのある演技によって脇役として特異な存在感を発揮した。第二次大戦の末期にドイツ軍に協力したかどで、戦後しばらく拘禁されたこともある。その強迫観念から身の危険を感じて、48年にはスペインに移住している。２本のスペイン映画に出演したが、つのる不安と恐怖感から51年にはアルゼンチンに移住した。そこで数本のアルゼンチン映画に出演した。

# No.013 望郷

**1937年　上映時間＝94分　監督◉ジュリアン・デュヴィヴィエ　脚本◉アンリ・ジャンソン**
**主演◉ジャン・ギャバン、ミレーユ・バラン**

あまりにも有名な戦前フランス映画の代名詞といえる一本。邦題もうまいが、主人公の愛称を冠した原題「ペペ・ル・モコ」でもよく知られる。1939年の「キネマ旬報」ベストテンでむろん第1位に選ばれた。

ペペ（ジャン・ギャバン）はパリで数々の犯罪を犯したお尋ね者。現在はアルジェのカスバ（閉鎖的なアラブ人区域）に暮らしている。現地警察の刑事スリマンはペペの逮捕を狙うが、ペペが部下や仲間に囲まれる要塞のようなカスバではそれは不可能なことだった。このカスバに美しいパリの女ギャビーがやって来る。たちまちギャビーに恋したペペは、パリへの痛切な望郷の念に襲われる。スリマンはこの心の隙に乗じて、ペペをカスバの外に誘いだし、捕えようと画策する。

アシェルベ原作の通俗的な探偵小説を、デュヴィヴィエは一個の純粋な悲劇にまで仕立てあげた。また、台詞を担当したアンリ・ジャンソンの技が冴えわたり、とくに、恋と望郷の心につき動かされたペペがギャビーに向かっていう「メトロの匂いがする」は名台詞として知られる。恋人たちがパリへの思いで結ばれるこの趣向は、のちのハリウッド映画『カサブランカ』に影響を与えた。

主人公のギャバン、ギャビー役のミレーユ・バランほか、ちんぴら役に至るまで配役の妙が発揮され、作品の緊迫感と完成度を高めている。往年の名歌手フレールが落魄《らくはく》して現れる瞬間にも戦慄させられる。

**ポイント**

**◉ミレーユ・バラン**（1911〜68）モナコのモンテカルロに生まれる。マルセイユで中等教育を終えると、パリに出て、写真のモデルやファッションモデルとなる。32年モーリス・カノンジュ監督の目にとまり、『クラス万歳』で映画デビューを果たす。その後、G・W・パプスト監督がフランス亡命時代に撮った『ドン・キホーテ』(33)に出演している。『望郷』では眉を薄くひいたメランコリックなパリの女ギャビーに扮し、カスバに閉じこもったジャン・ギャバン扮するペペ・ル・モコのパリへの郷愁を掻きたて、最後に自滅へと追いやるファム・ファタール（宿命の女）を演じて、一躍、世界的に有名となった。しかし、このギャビー役のイメージがあまりにも強烈だったために、ジャン・グレミヨンの『愛欲』(37)などをのぞいて、他の作品では、ほとんど個性を発揮できなかった。46年の『最後の騎行』を最後に引退。不遇のうちに68年、パリで病死した。

# 舞踏会の手帖

No.014

1937年　上映時間＝130分　監督◉ジュリアン・デュヴィヴィエ　脚本◉アンリ・ジャンソン他
主演◉マリー・ベル、フランソワーズ・ロゼー、ルイ・ジューヴェ

『望郷』（P46）と並ぶデュヴィヴィエの代表作であり、1930年代フランス映画の最高峰を印す一作。さながらフランスの名優総出演という豪華なキャストで、1938年「キネマ旬報」のベストテンでも第1位を獲得した。

ヒロイン、クリスチーヌ（マリー・ベル）は夫の葬儀ののち、16歳のときに初めての舞踏会で踊った男たちの名を記した手帖を見つける。失われた青春への懐旧の情に駆られた彼女は、手帖の男たちを次々に再訪する。クリスチーヌの婚約を知って自殺していた男とその狂った母親（フランソワーズ・ロゼー）。元弁護士だが、やくざな稼業に身を落とし、クリスチーヌの前で警官に連行されるピエール（ルイ・ジューヴェ）。ピアニストから世を捨てて神父に転身したアラン（アリ・ボール）。女中との再婚に大忙しの俗物フランソワ（レミュ）。癲癇《てんかん》を病み、情婦を殺す堕胎医ティエリー（ピエール・ブランシャール）。そして、理髪師になったファビアン（フェルナンデル）。クリスチーヌが再訪した世界の現実は、思

い出とは似ても似つかぬものだった。

一つ一つの挿話が上出来の短篇小説のように完成され、それが全体として連環し、「幻滅」という主題のもとに、多彩な人間模様を一個のドラマにまとめている。堕胎医の挿話での先鋭なカメラ・アングルの実験や、アンリ・ジャンソンの含蓄《がんちく》深い台詞によって、デュヴィヴィエのペシミズム哲学が理想的な表現に達している。

**ポイント**

**◉ジュリアン・デュヴィヴィエ**（1896〜1967） ノール県リール生まれ。俳優としてオデオン座に立ち、舞台監督も務める。ゴーモン社でルイ・フイヤードとマルセル・レルビエ監督の助監督を務め、19年からサイレント時代に21本の映画を監督。この時期の作品には見るべきものがなく、日本には1本も紹介されなかった。しかし、トーキー以後、頭角を現し、その巧みな語り口と甘い感傷性、ペシミスティックな文芸色の強い作品は圧倒的に支持された。とくにシャルル・スパークとアンリ・ジャンソンのようなシナリオ・ライターと組んだ『商船テナシチー』『地の果てを行く』『望郷』『舞踏会の手帖』『旅路の果て』などの一連の作品は、戦前の良きフランス映画の代名詞として郷愁をもって語られ、ルノワール、カルネ、フェデールと並ぶ4巨匠とも称された。第二次大戦中はアメリカに渡り、オー・ヘンリーの短篇によるオムニバスの佳篇『運命の饗宴』で手堅い職人芸を見せた。

# 旅路の果て

No.015

1939年　上映時間＝100分　監督◉ジュリアン・デュヴィヴィエ　脚本◉シャルル・スパーク
主演◉ヴィクトル・フランサン、ルイ・ジューヴェ、ミシェル・シモン

デュヴィヴィエの人生哲学といえば「ペシミズム（厭世主義、悲観論）」という答えが即座に返ってくるが、そのデュヴィヴィエのペシミズムが最も深化された作品。この映画に比べれば、まだしも『地の果てを行く』（P44）にはロマン主義的悲愴美が、『望郷』（P46）には男の陶酔の美学が、また、『舞踏会の手帖』（P48）には甘美なノスタルジーがみちていたといえよう。

本作は老残の俳優ばかりが集《つど》う養老院を舞台にして、人間の「落日」（原題）の諸相を赤裸々に描きだす。そこには、いま挙げたデュヴィヴィエ3名作の甘さはもはやない。

主な登場人物は3人。代役専門でとうとう実際に舞台を踏むことがなかったにもかかわらず、自分の過去について法螺《ほら》ばかり吹いているカブリサード（ミシェル・シモン）。名優でありながら、同僚に恋人を奪われて自信喪失し、引退したマルニー（ヴィクトル・フランサン）。二人は始終いさかいながらも、奇妙な友情で結ばれている。そこへ、かつてマルニー

から女を奪ったサン＝クレール（ルイ・ジューヴェ）が入院してきたため、混乱とカタストロフが引きおこされる。

フェデール監督との名コンビだったシャルル・スパークの脚本が、3人の主役の関係に複雑なライバル意識とコンプレックスとを注ぎこみ、緊張感あふれるドラマの原動力にしている。死んだカブリサードの葬儀でマルニーが弔辞を読むシーンは、涙なくして見られぬフランス映画屈指の名場面である。

**ポイント**

◉**ルイ・ジューヴェ**（1887〜1951）フィニステール県クロゾン生まれ。早くから演劇を志し、22年コメディ・デ・シャンゼリゼ座をまかされ、ジャン・ジロドーの新作を上演し続けるとともに、『スカパンの悪だくみ』ほかのモリエールなど古典劇にも新解釈を試み、第一次大戦後のパリ劇壇で最も重要な演劇人と目されるようになった。34年にはアテネ座に移り、35年にはコンセルヴァトワールの教授に迎えられ、40年にはコメディ・フランセーズの演出家にも迎えられた。33年から映画に本格的に出演している。なかでも『女だけの都』（35）の生臭坊主、『どん底』（36）の没落男爵、『舞踏会の手帖』（37）のキャバレーのいかがわしい経営者、『旅路の果て』の養老院でおちぶれている元俳優、『犯罪河岸』（47）のふてぶてしい警部など、そのアクの強い風貌と個性で、多くの名演技を残している。51年アテネ座でグレアム・グリーンの『権力と栄光』を準備中に心臓麻痺のため急死した。

# 3

# 天才と巨人
# ——ヴィゴとルノワール

# No.016 新学期 操行ゼロ

1933年　上映時間＝42分　監督・脚本◉ジャン・ヴィゴ　音楽◉モーリス・ジョベール
主演◉ルイ・ルフェーブル、ジャン・ダステ

フランス映画史の真の天才というべきジャン・ヴィゴが27歳で撮った中篇映画。地方の寄宿学校の子供たちの生活を題材にして、ドキュメンタリーの迫力と、ドタバタ喜劇の哄笑と、夢のような映像美が、渾然《こんぜん》一体となった傑作である。ヴィゴの父親は有名なアナキストの活動家で、息子が12歳のときに、投獄された独房で首吊り死体となって発見された。そのため、少年時代のヴィゴは、寄宿学校を転々とさせられた。そのときの悲惨な経験から、学校はじめあらゆる制度への反逆を謳歌《おうか》するこの映像詩が生まれたといわれる。

この映画の主人公である4人の少年にとって、新学期は喜びの季節であるどころか、規則ずくめ、処罰ずくめの生活への暗い逆戻りの時だ。教師たちから「操行ゼロ（生活態度0点）」という評価が下されれば、なにより楽しみな日曜の外出も禁止となる。ついに、少年たちの不満は爆発し、夜中の羽毛枕での合戦から、屋根裏部屋での革命へと、彼らの行動は

エスカレートしていく。

少年の一団が学園祭で舎監を縛りあげ、屋根の上から先生たちに物を投げつけるという物語の反逆性ゆえ、本作は発表時、検閲当局から上映禁止の処分を受けた。だが、そうした社会的・政治的メッセージの尖鋭さもさることながら、スローモーション撮影で、寄宿舎の寝室じゅうに羽毛が飛び散る枕合戦の場面に、ヴィゴと撮影監督ボリス・カウフマンのポエジーが凝縮されている。

ポイント

●**モーリス・ジョベール**（1900〜40）ニースに生まれる。26年に幼友達だったジャン・ルノワール監督に招かれてサイレント映画『女優ナナ』の伴奏音楽の選曲にかかわったのをきっかけに、作曲に手を染めるようになった。ジャン・ヴィゴの2本の名作『新学期　操行ゼロ』『アタラント号』(34)のほかに、ルネ・クレールの『巴里祭』(32)、『最後の億万長者』(34)、アナトル・リトヴァクの『うたかたの恋』(36)、マルセル・カルネの『霧の波止場』(38)、『北ホテル』(38)、ジュリアン・デュヴィヴィエの『舞踏会の手帖』(37)、『旅路の果て』(39)といった戦前のフランス映画を代表する名作の音楽を担当し、フランス映画音楽の創始者のひとりとなった。フランソワ・トリュフォーが、『アデルの恋の物語』(75)で、ジョベールの交響楽「フランス組曲」を使ったことで再評価が高まった。トリュフォーは『恋愛日記』(77)、『緑色の部屋』(78)でも彼のスコアから選曲している。

# No.017 アタラント号

**1934年　上映時間＝85分　監督・脚色・台詞◉ジャン・ヴィゴ　撮影◉ボリス・カウフマン**
**主演◉ミシェル・シモン、ディタ・パルロ、ジャン・ダステ**

ジャン・ヴィゴの初長篇であり、29歳で夭折した彼の早すぎる遺作となった。

主人公は、パリとル・アーヴルを結び、セーヌ川を行き来するはしけ船の船長ジャン（ジャン・ダステ）。船長といっても、船員は年老いた変人ジュール爺さん（ミシェル・シモン）と小僧の水夫。それにジュール爺さんの猫数匹。ジャンはジュリエット（ディタ・パルロ）と結婚式を挙げ、水上の新婚生活が始まる。しかし、まもなくジュリエットは単調な船の生活に飽き、パリの街に失踪してしまう。絶望するジャンを助けてジュール爺さんは必死でジュリエットを探しだす。こうして、ふたたび単調で幸福な船の暮らしが再開するのだった。

この月並みなメロドラマを、ヴィゴは、新鮮なドキュメンタリー感覚と大胆な奇想と躍動する映像があふれだす世界に変えてしまう。

セーヌの川辺の風景の豊かな叙情。水上を滑るはしけ船の生々しい運動感。ジュール爺さんの奇人ぶりと超現実的なユーモア。夫が妻への愛情に駆られてセーヌ川に飛びこむシーンの幻想的な映像。それを表現するためにスローモーション、多重露出、水中撮影を組みあわせる実験精神。ここには１９２０年代アヴァンギャルド映画の最良の後継者がいる。

だが、結局、この映画の完成を見ずにヴィゴは亡くなる。親友に先立たれたカメラマン、ボリス・カウフマンは、まもなくアメリカに渡り、『波止場』でアカデミー撮影賞を受賞することになる。

**ポイント**

**◉ディタ・パルロ**（1906〜71）ドイツのシュテッティン生まれ。本名グレーテ・ゲルダ・コルンシュタット。ベルリンに出てラーバン＝ボーデ学校でバレエを習い、踊り子として舞台に立つ。ウーファ社の演劇学校で学んでいた時、同社のプロデューサーの目にとまり、ヴィルヘルム・ティーレ監督の『伯林の処女』(28)で映画デビューし、一躍スターの座に就いた。ハリウッドにも進出するが成功せず、失意のうちにアメリカを去るが、故国ドイツはナチ政権下にあったため、フランスに渡る。そこで、『アタラント号』のはしけ船の生活に疲れパリに憧れる新婚の人妻ジュリエットと、ジャン・ルノワールの『大いなる幻影』(37)で、捕虜収容所を脱走したジャン・ギャバン扮するフランス軍中尉とほのかに心を通わせるドイツの未亡人農婦エルザを好演し、高い評価を得た。第二次大戦勃発の際に、ドイツ国籍の放棄を拒否したため40年までフランスの強制収容所に入れられたこともある。

# 素晴しき放浪者

# No.018

1932年　上映時間＝85分　監督・脚本◉ジャン・ルノワール
主演◉ミシェル・シモン、シャルル・グランヴァル、マルセーヌ・エニア

ルノワールは、かつてフェデール、デュヴィヴィエ、カルネとともに1930年代「詩的レアリスム」の4巨匠に数えられたが、じつは、そうした時代区分やスタイルをはるかに超える世界最大級の映画作家である。

また、『大いなる幻影』（P64）の世界的な成功のせいで、反戦と人間愛を謳《うた》うヒューマニストだという評価も高いが、この『素晴しき放浪者』を見れば、そうした評価がルノワールの巨大かつ多面的な資質の一部分を見ているにすぎないことがよく分かる。本作は、ニヒルでインモラルな自殺常習者を主人公にして、あらゆる人間的価値に唾を吐きかけ笑いとばす、黒いユーモアの大傑作なのである。

主人公ブーデュは愛犬に逃げられたことから世をはかなんで、セーヌ川に身を投げる。これを望遠鏡で覗いていたのが、古書商のレスタンゴワ氏。慌てて河岸に駆けつけ、ブーデュを助けだす。ところが、これを恩に着るどころか、ブーデュはレスタンゴワの稀覯本《きこうぼん》に痰を

吐き、女中に手を出し、女房を寝取ってしまう。そして、女中と結婚するはめになり、ふたたびセーヌに身を投げるが……。

自由というよりでたらめなブーデュは、ヒューマニズムの限界を易々と踏みこえるアンチヒーロー。最もルノワール的な、人生の深淵を前にして平気で大笑いし、次の瞬間には自殺してしまうような底知れぬ人間像である。ここに、一見ドタバタ喜劇のように見えるルノワール映画の真の恐ろしさがある。

**ポイント**

**◉ミシェル・シモン**（1895〜1975）　スイスのジュネーヴ生まれ。伝道学校を出てからパリに行き、運転手、写真家、新聞売りなどさまざまな職を経てカジノ座で軽業師としてデビュー。25年、サイレント映画『生けるパスカル』で初出演し、老若の見分けがつかない特異な風貌で、フランス映画史上初の〝醜男スター〟と評判になった。以後、フランス映画の名匠たちの数々の傑作に出演、なかでもジャン・ヴィゴの『アタラント号』（34）のジュールおやじと、ジャン・ルノワールの『素晴しき放浪者』の浮浪者ブーデュは、天衣無縫なキャラクターがそのまま生かされ、彼の長い俳優生活のなかでも最高の名演といわれている。後年、新人クロード・ベリの『老人と子供』（66）に出演し、ベルリン映画祭男優賞を受賞した。私生活では人間嫌いで奇癖の持ち主といわれ、独身を通し、動物を愛玩、特に一匹の牝猿を溺愛していた。エロティックなオブジェや春画のコレクターとしても知られた。

# トニ

1934年　上映時間＝85分　監督◉ジャン・ルノワール　脚本◉ルノワール、カール・アインシュタイン
撮影◉クロード・ルノワール　主演◉シャルル・ブラヴェット、セリア・モンタルヴァン

フランス映画の「詩的レアリスム」時代の真っ只中で撮られた作品だが、本作におけるルノワールは、「詩的」な雰囲気による曖昧《あいまい》な美化をいっさい行わず、言葉の本当の意味での「レアリスム（現実主義）」を極限まで突きつめることになった。

主人公トニ（シャルル・ブラヴェット）は、南仏プロヴァンス地方にやって来たイタリアの下層労働者。イタリア人仲間の姪ジョゼファを愛するが、石切場の現場監督の妻となったジョゼファは、夫を殺し、別の男と逃げようとする。トニはジョゼファの罪を背負って死んでいく。

出演者の多くにプロの役者ではなく、ロケ地の素人や地元出身の俳優を起用し、セットをほとんど使わず、ほぼ完全に南仏の風土のもとでロケーション撮影された。そうした斬新な手法に加えて、フランスにやって来るイタリア人の出稼ぎ労働の実態を題材にしたこともあって、現在では、第二次大戦後にイタリアで発展するネオレアリズモ（新写実主義）のは

No.019

るかな先駆として映画史に位置づけられる。

また、南仏を拠点とする作家＝映画監督のマルセル・パニョルがルノワールに協力して、自分のスタジオと配下の技術者を貸したことも注目される。

この映画に助監督として参加したまだ20代のルキノ・ヴィスコンティは、10年後に祖国イタリアで監督としてデビューする。ルノワールとネオレアリズモのつながりを具体的に実証するエピソードである。

**ポイント**

◉**シャルル・ブラヴェット**（1902〜67）　マルセイユ生まれ。ブリキ職人、料理店経営などを経験したのち、34年に偶然の機会からジャン・ルノワール監督の『トニ』にプロヴァンスの農夫役で出演、映画デビューを果たす。スターを使わずに大半を現地の素人を採用し、外国人労働者の悲惨な生活を描いたこの作品では、そのリアルな迫真の演技が高く評価された。以来、そのマルセイユなまりの発音を買われて、マルセル・パニョルの映画化作品のように、南フランスを舞台にした映画には欠かせない脇役のひとりとして数多くの作品に出演している。なかでもジャン・グレミヨンの『高原の情熱』（42）、アンドレ・カイヤットの『火の接吻』（48）、フランソワ・ヴィリエの『河は呼んでいる』（56）、ジャン・ルノワールの『草の上の昼食』（59）、ジョルジュ・フランジュの『顔のない眼』（59）、アンリ・コルピの『かくも長き不在』（60）などの作品が日本でも公開されている。

# No.020 ピクニック

1936年　上映時間＝39分　監督・脚本◉ジャン・ルノワール　音楽◉ジョゼフ・コスマ
主演◉シルヴィア・バタイユ、ジャーヌ・マルカン

処女作『水の娘』以来、ルノワールの映画には水のイメージがよく登場する。彼の父オーギュスト・ルノワールも「舟遊びの昼食」など、水のある風景をこよなく愛したことから、息子の映画と父の絵画の親近性が語られることが多い。実際、『ジャン・ルノワール自伝』には、子供時代の楽しい川遊びの挿話が生き生きと語られており、映画作家ルノワールの水のイメージは、少年期に通じる幸福のイメージでもあった。

映画はモーパッサンの短篇小説を原作として、ルノワール自身が脚本を書きあげた。パリに住むデュフール氏が、妻と義母と娘アンリエット（シルヴィア・バタイユ）と部下のアナトールを連れて、川辺のピクニックにやって来る。そこに二人の男が登場し、デュフール氏とアナトールが釣りをしている間に、デュフール母娘と戯れはじめる。男の一人アンリはアンリエットを舟遊びに誘いだし、まもなく若い二人は川の中洲にあがる。

真夏の晴天を予想して脚本は書かれた。つまり、アンリエットとアンリが中洲に上がった

あとに映画のなかで降りしきる豪雨は偶然の産物なのだ。しかし、即興的に撮られたこの雨をはじめ、若い男女の恋心に感応してふるえるような、繊細な自然の風景がすばらしい。ラストでは、アナトールと結婚したアンリエットが、同じ川辺でアンリと再会する。人生の苦い感慨を伝えて間然するところのない名場面中の名場面である。

**ポイント**

◉**シルヴィア・バタイユ**（1908〜93）　パリに生まれる。詩人のジャック・プレヴェールがメンバーだった人民演劇集団「十月グループ」に所属。この劇団の依頼でプレヴェールが脚本を書き、ジャン・ルノワールが監督した『ランジュ氏の犯罪』（36）に出演。同年、同じくプレヴェールが脚本を書いたマルセル・カルネの長篇デビュー作『ジェニーの家』（36）にも出演している。そして、当時、彼女を深く愛していたプロデューサー、ピエール・ブロンベルジェの発案によって生まれたのが、ジャン・ルノワールの『ピクニック』であった。彼女が川辺の森のなかで男に身を委ねる場面は、アンドレ・バザンが「世界中の映画のなかで最も残酷で最も美しい瞬間のひとつである」と評したほど、鮮烈で忘れがたい印象を残す。当時、彼女は作家で哲学者ジョルジュ・バタイユの妻だったが、その後、精神分析学者のジャック・ラカンと結婚、娘のジュディット・ミレールも精神分析学者となる。

# 大いなる幻影

No.021

1937年　上映時間＝114分　監督◉ジャン・ルノワール
主演◉ジャン・ギャバン、エリッヒ・フォン・シュトロハイム、ピエール・フレネー

反戦ヒューマニズムの名画としてルノワールの世界的名声に寄与し、1958年の「世界映画ベスト12」にも選定された。だが、製作当時は第二次大戦に向かう時流のなかで、国民の士気を挫《くじ》くとの理由で検察当局から一部をカットされ、日本では公開されなかった。しかし、作中の「大いなる幻影」とは、じつは国境をなくし戦争を終わらせる希望のことを意味している。このように、随所にルノワール一流の相対主義哲学や皮肉な笑いがちりばめられ、ただの反戦ヒューマニズム映画でないことは明白だ。単純な善悪をこえる人間と歴史へのルノワールの洞察力は、続く『ゲームの規則』（P66）で最も深化される。

第一次大戦下。飛行機を撃墜されたフランス軍のマレシャル（ジャン・ギャバン）とボワルデュー（ピエール・フレネー）はドイツの捕虜収容所に送られる。貴族であるボワルデューは、同じドイツ貴族の収容所長ラウフェンシュタイン（エリッヒ・フォン・シュトロハイム）と意気投合する。一方、マレシャルは捕虜仲間のロザンタール（マルセル・ダリ

オ）と脱走計画を立て、ボワルデューの犠牲で脱走に成功する。二人は深い雪の中をスイス国境めざして進んでゆく。

捕虜収容所長を怪演するシュトロハイムを筆頭に、それぞれに男の俠《きょう》気《き》をみなぎらせる男優たちの姿が強く印象に残る。女装演芸大会が一転してフランス国歌の合唱になる場面など、大小の見どころ満載の映画である。

**ポイント**

**◉ピエール・フレネー**（1897〜1975）パリに生まれる。幼い頃から演劇に心ひかれ、コメディ・フランセーズの舞台に立ち、モリエール、マリヴォー、ミュッセの芝居に出演。映画には15年頃から出演しているが、注目されるようになったのは、トーキーになって間もなく映画化されたマルセル・パニョルの三部作『マリウス』『ファニー』『セザール』でマリウスを演じてからである。ルノワールの『大いなる幻影』でフランス貴族出身の将校ボワルデューに扮して優雅な気品を漂わせた演技が絶賛された。クルーゾーの『密告』（43）での、田舎町の病院に勤め、町中の女性から注目される中年医師ジェルマンの役も印象深い。『聖バンサン』（47）の主人公バンサン役でヴェネツィア映画祭の男優賞を受賞している。女優のラヒェル・ベーレント、ベルト・ボヴィ、そしてサシャ・ギトリの妻だったイヴォンヌ・プランタンと計三度結婚している。

# No.022 ゲームの規則

1939年　上映時間＝106分　監督・脚本◉ジャン・ルノワール
主演◉マルセル・ダリオ、ノラ・グレゴール、ジャン・ルノワール

いまやルノワールの最高傑作、すなわち世界映画史の金字塔と評価されるが、公開当時は不道徳、反フランス的だとして一部観客の激怒を買い、封切りから1か月後に風紀紊乱《びんらん》を理由に公開禁止の憂き目にあった。

発端は、ミュッセ風の恋愛喜劇を作ろうというルノワールの軽いアイデアだった。しかし、この構想はしだいに複雑になり、ラ・シェネー侯爵（マルセル・ダリオ）とその妻をめぐる二重、三重の多角関係、そして、貴族の召使たちの三角関係を二つの軸とするようになる。狩猟会と仮装舞踏会を主な舞台にして、貴族、ブルジョワ、平民がいり乱れて混乱がきわまり、最後は殺人事件にまで発展する。かくして、皮肉な恋愛喜劇のはずが、完成した映画は、黒いユーモアが炸裂する哲学的ドラマに変貌していた。「この世の恐ろしいところは、だれもが正しい言い分をもっていることだ」とは、主人公のひとりオクターヴを演じたジャン・ルノワール自身の名台詞だが、一見しゃれた警句のように見えるこの言葉が、世界の真

実の相対性というルノワール哲学の深淵をかいま見せている。
しかし、第二次世界大戦の勃発を予見したともいわれるこの自信作は上映禁止になる。これに打ちのめされたルノワールはフランスを去って、イタリアに向かう。彼を『トスカ』の映画化に招いたのは、反戦劇『大いなる幻影』（P64）に感動したムッソリーニであった！

ポイント

◉**マルセル・ダリオ**（1900〜83）　パリに生まれる。両親はルーマニア人。演劇を志し、コンセルヴァトワールに学ぶ。第一次大戦に従軍したあと、キャバレー、ミュージック・ホール、レヴューから演劇の舞台に立つようになった。33年から映画にも出演するようになり、ジュリアン・デュヴィヴィエ監督の『望郷』（37）で注目される。なかでもジャン・ルノワールの『大いなる幻影』（37）のラストで、捕虜収容所を脱走し、スイス・ドイツ国境にさしかかったジャン・ギャバン扮するマレシャル中尉が「これでもう戦争は終わりだな」と語ると、マルセル・ダリオ扮するロザンタール中尉が「それは、幻影にすぎない」と呟く名セリフは忘れがたい。『ゲームの規則』でも、召使とぶっきらぼうな会話を交わすラ・シェネー侯爵を飄々と演じて印象的である。主に小悪党の役を得意とし、第二次大戦中から、『カサブランカ』（43）などのアメリカ映画にも出演するようになった。

No.023

# フレンチ・カンカン

1954年　上映時間＝104分　監督・脚本◉ジャン・ルノワール
主演◉ジャン・ギャバン、フランソワーズ・アルヌール

『ゲームの規則』（P66）の不評でフランスを出たルノワールは、第二次大戦を逃れてアメリカに渡り、『南部の人』など数本を監督する。それからインドに移って『河』を製作し、イタリアでアンナ・マニャーニを主演に『黄金の馬車』を撮る。そして『ゲームの規則』から15年ののち、ようやくフランスに帰って『フレンチ・カンカン』を完成する。

この作品はフランスへの復帰に相応《ふさわ》しい力作として世界でヒットしたのみならず、ルノワール芸術にとっても重要な作品となった。舞台はパリの下町モンマルトル。ここはルノワールの父のアトリエがあった場所であり、ルノワールはこの映画で自分の魂の故郷を画面に定着したといってよい。

物語は、主人公（ジャン・ギャバン）が「ムーラン・ルージュ」を創設するまでの困難と恋愛の模様。『恋多き女』とはイングリッド・バーグマンが主演したルノワールのもう一つの傑作のタイトルだが、ここでは「恋多き男」の無責任な多角関係を描きながら、その場の

恋に命を削るルノワール流の恋愛至上主義が大らかに肯定される。これが人間だ！

全篇のクライマックスは、ムーラン・ルージュ開店の夜の舞台風景で、官能的なカンカン踊りを踊り狂うダンサーたちの群舞は、ミュージカルの本場アメリカのそれを超えた映画史上唯一の映画といって過言でない。

これほど映画の興奮があらゆる細部につまった作品は、巨人ルノワールにして稀《まれ》である。

### ポイント

**◉ジャン・ルノワール**（1894～1979）パリに生まれる。印象派の画家オーギュスト・ルノワールの次男。映画に興味を覚え、父親の作品のモデルであり、後に妻となるカトリーヌ・エスリングを主演に、『女優ナナ』(26)『マッチ売りの少女』(28)を撮る。トーキー以後も、スターを起用せずに季節労働者たちのリアルな実態を描いた『トニ』(34)がネオレアリズモの先駆と絶賛された。不穏な時代を鋭く洞察した「陽気な悲劇」である『ゲームの規則』(39)や、国家や階級意識にとらわれない大らかな人間讃歌『大いなる幻影』(37)などの傑作を撮り、ヌーヴェル・ヴァーグの監督たちにも多大な影響を与えた。第二次大戦中にアメリカに渡り、アルベルト・カヴァルカンティの姪にあたるディド・フレールと再婚。『河』(51)、『黄金の馬車』(53)など多彩で官能性に満ちた作品群は、いまだにみずみずしく魅惑的だ。ジョナス・メカスの美しい評言どおり「永久に新しい波である」。

# 4

# 占領と解放
# ——一九四〇年代の光と影

# 霧の波止場

# No.024

1938年　上映時間＝93分　監督◉マルセル・カルネ　脚本◉ジャック・プレヴェール
主演◉ジャン・ギャバン、ミシェル・モルガン、ピエール・ブラッスール

フェデールの助監督だったカルネは、フランソワーズ・ロゼー主演の『ジェニーの家』で一本立ちする。本作は、『地の果てを行く』（P44）の作者ピエール・マッコルランの小説を原作として、詩人プレヴェールが脚色に当たった。監督カルネ＝脚本プレヴェールの組み合わせは、フェデールやデュヴィヴィエの演出とスパークの脚本をこえる名コンビとなる。

脱走兵のジャン（ジャン・ギャバン）が港町ル・アーヴルにやって来る。南米に高飛びするつもりだ。ここで雑貨屋のザベル（ミシェル・シモン）の世話になっている孤児の娘ネリー（ミシェル・モルガン）と知りあい、恋におちる。変人の画家（ロベール・ル・ヴィガン）とも友人になるが、画家が自殺したためこの男になりすますことにする。ザベルがネリーに手を出そうとしたため、ジャンはザベルを殺してしまう。逃亡用の船に乗りこんだものの、ジャンはネリーに会うために船を下りる。そのとき、ジャンを怨む男（ピエール・ブラッスール）の拳銃が火を吹く。

フランスの名優と美女を結集したキャストに、プレヴェールの名脚本。ギャバンがモルガンにささやく「あんた、きれいな目をしてるよ」は名セリフとして記憶される。また、映画のトレードマークともいうべき濡れて光る夜の舗道は、美術監督アレクサンドル・トローネルの職人芸の賜物《たまもの》だ。ラングの『メトロポリス』のトリック撮影で名高いオイゲン・シュフタンのカメラも冴えわたっている。

ポイント

◉**ミシェル・モルガン**（1920〜2016）　ヌイイ＝シュル＝セーヌ生まれ。ディエップで中等教育を終え、15歳でパリに出て絵はがきのモデルなどをする。36年イヴォンヌ・ノエ監督の『モーツァルト嬢』で端役デビュー。翌年17歳でマルク・アレグレ監督の『間抜け男』で主役を演じ、翌年、『霧の波止場』でジャン・ギャバンと共演し、一躍、世界的なスターとなった。その後もノルマン系の高貴な美貌、小柄ながら堂々として優雅な風格を漂わせ、フランスでは珍しい舞台に立たない純粋な映画女優として、名実ともに黄金期を築いた。46年には『田園交響楽』で、第1回カンヌ映画祭の女優賞に輝いた。42年、戦時中に移ったハリウッドで米俳優ウィリアム・マーシャルと結婚、一児をもうけるが48年に離婚。その後、俳優のアンリ・ヴィダルと再婚したが、59年に死別した。60年には映画監督のジェラール・ウーリーと結婚。68年にはレジオン・ドヌールを受勲している。

# No.025 悪魔が夜来る

1942年　上映時間＝123分　監督◉マルセル・カルネ
主演◉アラン・キュニー、アルレッティ

19世紀生まれのフェデールやデュヴィヴィエが「詩的レアリスム」の第1世代とするなら、20世紀に生まれたカルネは第2世代の代表者だ。第二次大戦でフェデールがスイスに引っこみ、デュヴィヴィエがハリウッドに逃れたのちも、カルネはフランスに残って映画を作りつづける。脚本家プレヴェールとのコンビも健在で、二人は、パリを占領したナチスドイツの影響の少ない南仏のニースに赴き、ヴィクトリーヌ・スタジオで『悪魔が夜来る』を作りあげる。イタリアに近いことから、本作には若き日のミケランジェロ・アントニオーニも助監督として参加している。

舞台は中世。ユーグ男爵の城では、男爵の娘アンヌと騎士ルノーの婚約披露の祝宴が行われている。そこへ悪魔（ジュール・ベリー）が二人の仲を引き裂くために、男女の使者、ジル（アラン・キュニー）とドミニク（アルレッティ）を送りこむ。ジルはアンヌを誘惑するが、まもなく彼女を純粋に愛しはじめる。悪魔は怒って地上に現れ、ジルに厳罰を下すと脅迫するが、ジルとアンヌの思いは変わらない。ついに悪魔は二人を石像に変えてしまうが、恋人たちの力強い心臓の鼓動はやまなかった。

物語の寓意は明白だ。悪魔はナチスドイツ、城はその傀儡《かいらい》政権の所在地ヴィシー、悪魔に操られる男爵はペタン元帥、石像に変えられても鼓動をやめない恋人たちはレジスタンス。だが、時代の寓意が意味を失った今でも、この中世の恋愛ファンタジーの美しさは変わらない。

**ポイント**

**◉アルレッティ**（1898〜1992）パリ郊外のクルブヴォワ生まれ。20年代は芝居やオペラの上演に参加、30年に映画デビューする。38年『北ホテル』で監督マルセル・カルネ、脚本ジャック・プレヴェールのコンビ作品に初登場。以後、スター女優となり、『悪魔が夜来る』(42)、『天井桟敷の人々』(43)といったカルネ作品では、独特の口調と色香で全世界の観客を魅了した。パリ解放後、戦中ドイツ将校の愛人であったことから、対独協力の容疑で一時拘束されたが、やがて無罪放免となり、そのキャリアと人気にはほとんど影響を与えなかった。舞台ではテネシー・ウィリアムズの『欲望という名の電車』のフランス版でブランチ役に扮し、当たり役となった。64年から視力を失いはじめ、その後、失明する不幸に見舞われたが、特異な魅力のある声を望まれ、数本の映画でナレーターを務めた。晩年もラジオへの出演などで健在ぶりを示した。

# 天井桟敷の人々

# No.026

**1945年**　上映時間＝**182**分　監督◉マルセル・カルネ　脚本◉ジャック・プレヴェール
主演◉ジャン＝ルイ・バロー、アルレッティ、ピエール・ブラッスール

第二次世界大戦が激化するなか、監督カルネと脚本家プレヴェールの名コンビを中心に、南仏に集った映画人たちは3年もかけて、19世紀のパリを舞台とする絢爛《けんらん》たる時代絵巻『天井桟敷の人々』を完成する。この大作は戦争終結後に公開されるが、今に至るも、フランス映画史の最高傑作として評価する人の多い記念碑となった。

ドラマの主筋は、妖艶な女性ギャランス（アルレッティ）をめぐる、パントマイム芸人バチスト（ジャン＝ルイ・バロー）と舞台俳優ルメートル（ピエール・ブラッスール）の恋のさやあて。ここに、ニヒルな犯罪者ラスネール（マルセル・エラン）が絡んで展開する。バチスト、ルメートル、ラスネールはいずれも実在の有名人物であり、かくして『天井桟敷の人々』は、虚実巧みに織りあげられた巨大な人間喜劇となる。

パリという都市そのものが主人公である本作は、じつは日差しの強いニースで撮影された。そのため美術監督のトローネルはパリの大通りの80メートルにも及ぶオープンセットを

建設し、その壁に細かな線影を施すことで、パリのくすんだ空気を感じさせることに成功した。こうした工夫はほんの一例で、『天井桟敷の人々』には、戦争の暴力に対していわば芸術的レジスタンスを遂行する映画人たちの意志と能力とが凝縮されている。

プレヴェールの名セリフに作曲家コスマの旋律も映えて、映画的興奮の3時間である。

ポイント

◉**ジャック・プレヴェール**（1900〜77）　ヌイイ＝シュル＝セーヌ生まれ。20歳頃から詩を書き始め、シュルレアリスム運動に加わる。詩集『パロール（ことば）』で、日常に即した平易な話し言葉を使い、ユーモアと風刺に富み、生の哀歓を謳いあげる親密な作風によって、当代の最も人気ある大衆詩人となった。映画の脚本では〈詩的レアリスム〉の始祖と呼ばれ、なかでもマルセル・カルネと組んだ『ジェニーの家』(36)、『おかしなドラマ』(37)、『霧の波止場』(38)、『陽は昇る』(39)、『悪魔が夜来る』(42)、『天井桟敷の人々』(45)、『夜の門』(46)は一時代を画した。ジャン・グレミヨンの『高原の情熱』(44)、アニメーション作家ポール・グリモーのために書いた『やぶにらみの暴君（王と鳥）』(53)のシナリオも名作である。作曲家ジョセフ・コスマとのコンビによる「枯葉」「バルバラ」「夜のパリ」「五月の歌」もシャンソンの不朽の名曲として知られる。

# 希望――テルエルの山々

# No.027

1939年　上映時間＝73分　原作・脚本・監督◉アンドレ・マルロー　音楽◉ダリウス・ミヨー
主演◉メフート、ホセ・ラドー、ニコラス・ロドリゲス

原作・脚色・監督のマルローは、むろん『王道』や『人間の条件』で著名な小説家であり、のちにはド・ゴール大統領のもとで文化大臣など要職を歴任する人物である。

彼は30代でゴンクール賞を受賞して一流の小説家の仲間入りをするが、その数年後、1936年にスペイン内乱が勃発すると、義勇兵として反フランコのスペイン共和国軍に参加し、空軍パイロットとして戦い、負傷する。このときの経験をもとに書いた小説が『希望』であり、まもなく同じスペイン内乱を題材にして脚本を書き、この映画の監督にあたる。小説と映画は、タイトルは同一だが、内容は必ずしも一致していない。

1937年、フランコ将軍に率いられた反乱軍が優勢を増すなか、共和国軍は「自由か死か」を合言葉に苦しい戦いを続けていた。橋をめぐる攻防。農民と共和国軍の協力。爆撃機による橋の爆破。空中戦。英雄的な死と弔《とむら》い。そうした挿話が綴《つづ》られてゆく。

マルローはこのドラマの映画化のため、第二次大戦の直前、スペイン内戦中のカタルー

ニャ地方に赴き、ほとんど無名の出演者たちを使って、タラゴナ、モンセラ山中などでロケ撮影を敢行した。しかし、バルセロナが反乱軍に包囲されて撤退を余儀なくされ、映画はフランスで完成される。その結果、荒々しい迫力にみちた記録映画タッチの仕上がりとなり、図らずも時代の制約をこえた映画手法を実現することになった。

**ポイント**

◉**アンドレ・マルロー**（1901〜76） 作家、政治家。『西欧の誘惑』『征服者』『王道』などの作品で注目され、『人間の条件』でゴンクール賞を受賞。行動的知識人として知られ、30年代にはヨーロッパにおけるファシズムの台頭に危機感を抱き、ナチスへの抗議文などを書いた。スペイン内戦では現地に飛んで、ルポルタージュ文学の傑作とされる『希望』を書き、その挿話のいくつかを題材に『希望――テルエルの山々』をみずから監督した。戦後はド・ゴールが政権の座に復帰すると、情報相、文化相として補佐した。数多くの芸術論を執筆しているが、そのなかでも「映画心理学のための素描」は卓抜な映画論として知られている。いっぽうで、文化相時代には、ジャック・リヴェットの『修道女』（66）の上映禁止問題をめぐってゴダールから抗議文を送られたり、シネマテーク・フランセーズのアンリ・ラングロワ解任をめぐって批判の矢面に立たされたりもした。

# 曳き船

No.028

1941年　監督◉ジャン・グレミヨン　脚本◉ジャック・プレヴェール、シャルル・スパーク、A・カイヤット
主演◉ジャン・ギャバン、ミシェル・モルガン

第二次大戦中のフランス映画は、カルネ監督＝プレヴェール脚本のコンビが南仏で作った『天井棧敷の人々』（P76）に代表される感があるが、むろんナチスドイツ占領下のパリでも映画作りは続けられていた。本作の監督ジャン・グレミヨンは占領下のフランスで最も優れた仕事を残した人物で、その時代に撮った『曳き船』『高原の情熱』『この空は君のもの』（P82）の3作はいずれ劣らぬ傑作揃いだ。

『曳き船』の主人公アンドレ（ジャン・ギャバン）は海難救助船の船長。その勇気で部下からは慕われ、妻（マドレーヌ・ルノー）からも深く愛されている。だが嵐の夜、アンドレは海難船からカトリーヌ（ミシェル・モルガン）という女を助けだし、二人は深い仲になる。アンドレはしだいに家庭と仕事を顧みなくなるが、妻が重い病に侵されていることが判明し……。

グレミヨンは、サイレント時代の名作『燈台守』から戦後の早すぎる遺作『ある女の恋』

まで、海を舞台にした映画に力を発揮してきた。その意味で『曳き船』は題材からして彼の資質によく適合した作品といえる。脚本もプレヴェール、スパーク、カイヤットという豪華な布陣で、戦争のため製作は困難にぶつかったが、グレミヨンは見事に乗りこえた。主人公のギャバンとモルガンは『霧の波止場』（P72）で大人気を博したコンビであり、これに病妻を演じるルノーの抑えた名演技が絡んで、月並みな不倫の物語を、人間の真情あふれる緊迫したドラマへと仕立てあげている。

**ポイント**

◉**ジャン・グレミヨン**（1902〜59）　カルヴァドス県ベウー生まれ。サイレント映画の伴奏者としてヴァイオリンを演奏し、映画界に関わりを持った。20年代には十数本のアヴァンギャルド映画を作り、劇映画に転じて、雰囲気描写に鋭い閃きを見せた。なかでも長篇劇映画第2作の『燈台守』（29）はブルターニュ地方の荒涼とした海の風物と燈台守親子の悲劇を描いたサイレントの傑作といわれる。第二次大戦中には、レジスタンス運動に参加し、占領下においても『高原の情熱』（42）『この空は君のもの』（43）などの傑出した作品を作った。戦後は、妥協を嫌った、そのあまりの完全主義ゆえに、プロデューサーたちから敬遠され、3本の長篇映画しか撮ることができなかった。43年から48年まで、シネマテーク・フランセーズの会長を務めている。日本で劇場未公開だった『曳き船』は2008年の映画祭「日仏交流150周年記念　フランス映画の秘密」で上映され、好評を博した。

No.029

# この空は君のもの

1943年　上映時間＝105分　監督◉ジャン・グレミヨン
主演◉マドレーヌ・ルノー、シャルル・ヴァネル

グレミヨンはサイレント時代からの長いキャリアをもつ名匠でありながら、製作した映画の本数は多くなく、一部の批評家からは「呪われた作家」と見なされている。その作品のなかに、「フェミニズム映画」の先駆的傑作が2本含まれていることは注目に値する。戦後に撮られたグレミヨンの遺作『ある女の恋』は、離れ島で医療に尽くす女医の物語で、恋愛よりも仕事を選ぶ女性の姿を悲痛に、また、いとも気高く描きあげている。『この空は君のもの』は製作された時期がナチスドイツ占領下であるだけに、その積極的なヒロイン像の先進性はいっそうの驚きを誘う。

テレーズ（マドレーヌ・ルノー）とピエール（シャルル・ヴァネル）は自動車修理工場を経営する夫婦だが、妻のテレーズは大工場の管理の仕事を得て家族から離れて暮らすことになる。ピエールは妻の留守に飛行機作りに夢中になり、この熱情は家に帰ってきたテレーズにも伝染する。夫婦は仕事と家庭そっちのけで飛行機にのめりこみ、テレーズはついに女性

単独飛行の世界記録を樹立する。

舞台の名女優ルノーは、『不思議なヴィクトル氏』『曳き船』（P80）『高原の情熱』に続いてグレミヨンとのコンビで四たび傑作を生みだし、『曳き船』の病妻の対極ともいえる活動的なパイロット主婦を潑剌《はつらつ》と演じた。また、ロケ撮影を活用した開放的な外景もすばらしく、映画史家サドゥールは、戦後イタリアのネオレアリズモの先駆と高く評価している。

ポイント

◉**マドレーヌ・ルノー**（1903〜94）パリに生まれる。10代の頃から小説や戯曲を執筆していたが、中等教育を終えてコンセルヴァトワールに入学すると、ラファエル・デュフロのクラスで学ぶ。同級生にはシャルル・ボワイエがいて、進級公演では『女の学校』のアニェス役で2等賞を獲得した。翌21年の卒業公演では、マリー・ベルと1等賞をわかちあい、二人そろってコメディ・フランセーズに入った。ラシーヌ、コルネイユなど数多くの古典ものに出演し、演技派女優としての名声を確立したが、47年、新しい演劇を志向し、同座員の夫であるジャン＝ルイ・バローとともに退団、ルノー＝バロー劇団を結成して『ハムレット』を旗揚げ公演した。59年、夫とともにテアトル・ド・フランスの座長となり、以来、オデオン座を主な活動の場にして、多彩な演劇活動を続けた。映画は、22年の『逆風』に始まりグレミヨン作品以外にもマックス・オフュルスの『快楽』（51）などに出演している。

# No.030 犯人は21番に住む

1942年　監督◉アンリ＝ジョルジュ・クルーゾー　原作◉S・A・ステーマン
脚本◉S・A・ステーマン、クルーゾー　主演◉ピエール・フレネー、スージー・ドゥレール、ジャン・ティシエ

ナチスドイツはパリ占領中に映画会社「コンティナンタル」を設立し、占領政策の一環として多くの映画を生みだした。この会社が製作した推理映画に『六人の最後の者』（ジョルジュ・ラコンブ監督）があるが、この作品はベルギーの探偵小説家ステーマンの原作をクルーゾーが脚色したものである。クルーゾーは続いてステーマンの名探偵ウェンスが活躍する『犯人は21番に住む』を脚色し、みずから監督としてデビューする。本作は１９４０年代フランスのミステリー映画として最良の1本となった。

モンマルトルで連続殺人が起こる。現場には必ず「デュラン」という名刺が残されていた。探偵ウェンス（ピエール・フレネー）は名刺を手がかりに犯人はジュノー街21番に住むと推理し、捜査のため神父に変装して、この番地の下宿ミモザ館（！）に住みこむ。その後も殺人は起こりつづけるが、下宿人のなかから容疑者が出るたびにアリバイが成立し、犯人はつかまらない……。

ステーマンの『六人の最後の者』はクリスティの『そして誰もいなくなった』のトリックの先駆として評価されるが、本作は同じくクリスティの『オリエント急行の殺人』のトリックの先蹤《せんしょう》と見なすことができる。現在ではルール違反すれすれの古典的なオチだが、名探偵ウェンスと愛人のセリフの掛けあいや、怪しい下宿人に扮する俳優たちの個性的な演技が見どころである。

ポイント

◉**アンリ=ジョルジュ・クルーゾー**（1907〜77）ドゥ・セーヴル県生まれ。ジャーナリスト出身で、シャンソン歌手ルネ・ドランやモーリセのもとで働きながら、映画批評を書く。脚本家のアンリ・ジャンソンと知りあい、『掻払いの一夜』などのシナリオを執筆した。ドイツに行き、アナトール・リトヴァクやE・A・デュポン監督の助監督をつとめる。フランスに戻って、風刺的なオペレッタなどを書いていたが、胸をわずらい、39年頃まで数年間サナトリウム生活を送った。第二次大戦中、ジョルジュ・ラコンブ監督の『六人の最後の者』などの脚本を書き、42年に『犯人は21番に住む』で監督デビューする。以来、『密告』（43）、『恐怖の報酬』（53）、『悪魔のような女』（54）などを手がけ、フランス映画におけるサスペンス映画の第一人者として高く評価されている。『恐怖の報酬』に出たヴェラ・クルーゾーと51年に結婚したが、60年に死別し、63年にイネス・ド・ゴンザレスと再婚した。

# 悲恋

No.031

1943年　上映時間＝112分　監督◉ジャン・ドラノワ　脚本◉ジャン・コクトー
主演◉ジャン・マレー、マドレーヌ・ソローニュ

ワグナーが楽劇にしたことで有名なトリスタンとイゾルデ（フランス名はトリスタンとイズー）の伝説を現代に移した作品。

フランス語原題は「永遠回帰」という。つまり、ナチスドイツに影響をあたえたニーチェ哲学のキーワードであり、この作品が第二次大戦下、ドイツによる占領中に撮られたことを考えると意味深長だが、製作者が反ナチ映画『悪魔が夜来る』（P74）のアンドレ・ポールヴェであることを考えれば、この映画のタイトルは占領軍への迎合とは考えられない。ポールヴェは戦後、コクトーの二大傑作『美女と野獣』（P98）と『オルフェ』（P100）を製作することになるが、この『悲恋』でもコクトーが脚本と台詞を担当し、コクトーの愛人であるジャン・マレーが主演している。

主人公パトリス（ジャン・マレー）は叔父マルクの城館に暮らしているが、寡夫であるマルクの再婚相手を探して、ある島に赴く。そこで金髪の美女ナタリー（マドレーヌ・ソロー

ニュ）に出会い、マルクと結婚させることに成功する。しかし、パトリスを妬《ねた》む従弟のアシルが、パトリスとナタリーの飲む酒に毒薬を入れる。だが、毒と書かれた薬は、じつは愛の媚薬だった……。

愛と死の宿命を美しく謳いあげる本作は、ドイツ占領下のフランスでヒットした。金髪を風になびかせるソローニュと、溌剌《はつらつ》たるセーター姿のマレーのカップルが人気を呼び、後者は瞬く間にスターダムにのし上がった。

**ポイント**

**●ジャン・ドラノワ**（1908〜2008）　セーヌ県ノワジ＝ル＝セック生まれ。北フランスのリール市で中等教育を終えてから、文学士の学位をとった。銀行の勧誘員、装飾美術家、ジャーナリストなどの職業に従事してから、33年に俳優として映画界入りし、『カサノバ』など数本の映画に出演した。その後、編集者となり、『地中海』（36）など40本もの映画の編集を手がけた。ジャック・ドヴァルやフェリクス・ガンデラ監督の助監督をつとめるかたわら、34年より短篇映画を4本演出した。35年に『パリ＝ドーヴィル』で長篇劇映画の監督としてデビューする。本格的な活躍を見せるのは戦後で、『田園交響楽』（46）は第1回カンヌ国際映画祭のグランプリを受賞している。文芸ドラマ、歴史劇、ミステリーとあらゆるジャンルを手がける職人監督として知られるが、とくにジャン・ギャバンがメグレ警部を演じた『首輪のない犬』（55）、『殺人鬼に罠をかけろ』（57）はヒット作である。

# 肉体の悪魔

No.032

1947年　上映時間＝116分　監督◉クロード・オータン＝ララ
脚本◉ジャン・オーランシュ、ピエール・ボスト　主演◉ジェラール・フィリップ、ミシュリーヌ・プレール

クロード・オータン＝ララは『乙女の星』『青い麦』『赤と黒』など1940〜50年代フランス映画の「良質の伝統」を体現する映画監督だが、建築家の父オータンと名女優の母ララの間に生まれて美術家を志し、20年代アヴァンギャルド（前衛）映画の環境のなかで美術監督、衣裳デザイナーとして頭角を現した。例えば、ジャン・ルノワール監督の『女優ナナ』（1926）の斬新かつ華麗な美術と衣裳はオータン＝ララが担当したものだ。

本作は、オータン＝ララがジャン・オーランシュとピエール・ボストというこれまた「フランス映画の良質の伝統」を代表する脚本家コンビと組んだ文芸作品で、原作はいわずと知れた夭折の天才ラディゲが書いた小説。いまでこそフランス文学の伝統に連なる恋愛心理小説の古典としてゆるぎない評価をもつが、発表当時は、第一次大戦で命を賭けて国家のために戦う夫をこけにするように、銃後の妻が若者と不貞を働き妊娠するという内容が不道徳で反国家的だとしてスキャンダルになった。

映画はこの原作の設定を残しているが、製作されたのは第二次大戦直後であり、出征兵士の妻の不貞という主題はフランス国民にとって閉じたばかりの傷口に触れるような生々しさがあったはずだ。しかし、オータン＝ララの演出はメロドラマの甘さとリアリズムの冷たさを巧みに折衷するもので、主役を演じる美男美女、ジェラール・フィリップとミシュリーヌ・プレールの好演もあって大成功を収めた。

ポイント

**◉ミシュリーヌ・プレール**（1922〜） パリに生まれる。修道院で教育を受けた後、女優を志し、16歳の時に、クリスチャン・スタンジェル監督に認められるが、映画デビューはエキストラ程度だった。レイモン・ルーロー、ルネ・シモンに付いて演技を身につけ、ダンスを習うちに、G・W・パブスト監督に認められ、芸名をミシュリーヌ・プレールと改めた。『嘆きの乙女たち』（39）で本格的なデビュー、同年のシュザンヌ・ビアンケッティ賞を受賞した。輝くような美貌と演技力で一躍、トップ女優の座についた。41年から舞台にも立ち、パリのマドレーヌ劇場でノエル・カワードと共演。『肉体の悪魔』の人妻マルト役をはじめ年上の艶やかなヒロイン役で観客を魅了した。実業家ミシェル・ルフォルと離婚後、アメリカの俳優ウィリアム・マーシャルと結婚したが、後に離婚。最近作では娘であるトニー・マーシャルの監督した『エステサロン／ヴィーナス・ビューティ』（99）にも出演している。

# 悪魔の美しさ

**No.033**

**1949年**　上映時間＝103分　監督◉ルネ・クレール
主演◉ジェラール・フィリップ、シモーヌ・ヴァレール

監督ルネ・クレールと主役ジェラール・フィリップのコンビは、本作『悪魔の美しさ』を皮切りに、名作を連打する。夢と現実が絶妙に交錯する幻想的コメディ『夜ごとの美女』、華麗な風俗絵巻が見ものの恋愛劇『夜の騎士道』も捨てがたいが、ここでは『悪魔の美しさ』を選んで紹介しておこう。

『悪魔の美しさ』は原題の直訳で、「いまは悪魔のような顔だが、若いころは美しかった」という含意から、「若さゆえの美しさ」という意味になる。日本語でいえば「鬼も十八、番茶も出花」というところだろうか。これはその慣用句にひっかけた物語で、主人公は悪魔と契約して若いころの美しさを取りもどす。つまりこれは、ゲーテが戯曲仕立てに翻案した「ファウスト」伝説の映画化なのである。

主人公・ファウスト博士（ミシェル・シモン）は大学者だが、老いの悩みには勝てない。そこに悪魔メフィストがつけこみ、若さを取りもどしてやるから代わりに魂を売れと迫る。

ファウストはメフィストの誘惑に屈して美青年（ジェラール・フィリップ）となり、錬金術で大金持ちになって、大公妃（シモーヌ・ヴァレール）との色恋を楽しむ。しかし、魂を売ったあとの世界は索漠として絶望的だった。ファウストは純真なマルグリットとの愛の力でメフィスト（ミシェル・シモンの一人二役）に反逆しようとする。

クレールと美術監督バルサックの遊び心が出た幻想場面（魔法の鏡など）と、シモン＝フィリップの不朽の競演が魅力的である。

**ポイント**

**◉シモーヌ・ヴァレール**（1921〜2010）パリに生まれる。幼少時から演劇にあこがれ、ルネ・シモン、A・M・ジュリアンの演劇講座に学ぶ。やがて、ラジオ・ドラマに出演するようになり、41年、映画デビューする。戦後、『美しき受刑者』（45）ではさほど目立たない役だったが、ジャン・フォーレ監督の『バラ色の人生』（47）では、若い教師のフランソワ・ペリエ、そして、色事師の同僚ル・サルーとも恋愛関係にある村のカフェの娘シモーヌを好演している。『悪魔の美しさ』では、大公妃役で観客を魅了した。ジョルジュ・ラコンブ監督の『夜は我がもの』（51）では盲目になった鉄道機関士ジャン・ギャバンと更生施設で恋に落ちる盲目の教師役が印象深い。47年、ジャン＝ルイ・バロー劇団に迎えられ、舞台でも活躍を見せた。後年、ロジェ・ヴァディムの『獲物の分け前』（66）、メルヴィルの『リスボン特急』（72）、ロージーの『暗殺者のメロディ』（72）などにも出演している。

# No.034

# 禁じられた遊び

1952年　上映時間＝86分　監督◉ルネ・クレマン　脚本◉ジャン・オーランシュ、ピエール・ボスト
主演◉ブリジット・フォセー、ジョルジュ・プージュリー

1952年、ヴェネツィア映画祭の金獅子賞（最高賞）とアカデミー賞の最優秀外国語映画賞をダブル受賞し、世界中で大ヒットした。ギタリスト、ナルシソ・イエペスの爪弾くテーマ曲は、映画音楽史上に残る名旋律として知らぬ人はいないだろう。

ルネ・クレマンは、鉄道組合員のレジスタンス運動を題材にした『鉄路の闘い』や、ナチスドイツの潜水艦に閉じこめられた人々の葛藤を描く『海の牙』など、記録映画を思わせる荒々しいタッチで名を上げたが、本作では一転して、オーランシュ＝ボストというフランス映画の「良質の伝統」を代表する脚本家コンビと組んで、「詩的レアリスム」の伝統に連なる完成度の高い映画を作りあげた。

ポーレット（ブリジット・フォセー）は5歳の少女。第二次大戦下のドイツ支配から逃れる両親に連れられて南仏に向かうが、その途中で両親がドイツの戦闘機の機銃掃射で殺されてしまう。死んだ子犬を抱いてさまようポーレットは10歳の少年ミシェルに出会う。二人は

子犬を土に埋め、十字架を立ててやる。そしてこの遊びが気に入ってしまい、葬式や教会や墓地から十字架を盗んで、お墓遊びにふけるようになる……。
戦争の悲惨がドラマの原動力ではある。だが、その悲惨を直接画面に表すことはせず、死の意味さえ分からない子供たちのお墓遊びの姿に込めたことに、この映画の巧みさがある。5歳の少女の名演にも驚かされる。

ポイント

◉ブリジット・フォセー（1946～）　パリに生まれる。5歳の時にルネ・クレマンに見出され、『禁じられた遊び』の孤児ポーレットを演じて、世界中の観客の涙を誘った。その後は、11歳でジーン・ケリーのワンマン映画『ハッピー・ロード』に出演しただけで、長して、『さすらいの青春』(67)でカムバックして以来、活躍を続けている。74年の『バルスーズ』から演技派としての個性を着実に開花させ、脇役として印象的な役を務めることが多くなった。とくに『ラ・ブーム』二部作におけるソフィー・マルソーの母親役は、清らかさを失わない、しっとりした情感あふれる演技で見る者を魅了した。『ニュー・シネマ・パラダイス』完全版では主人公の映画監督の恋人役で出演しており、話題となった。68年、パリのモンパルナス座公演がきっかけとなり、演出家のジャン＝フランソワ・アダンと結婚、一女マリーをもうけたが、73年に離婚している。

# 5

# 個性的な映画作家たち

# No.035

# とらんぷ譚

1936年　上映時間＝78分　監督・脚本・主演◉サシャ・ギトリ

サシャ・ギトリは100本以上の戯曲を書いた劇作家で人気役者だが、映画監督作品も30本をこえる。脚本・台詞・主演・監督を一人でこなす姿勢は、現在ではヌーヴェル・ヴァーグの主張する「作家主義」の一つの先駆と見られるようになっている。

本作はギトリの書いた唯一の小説をみずから脚色したもので、原題は「あるペテン師のロマン（物語）」という。戦前に日本で公開された唯一のギトリ映画だが、その特異な作風は具眼の士に注目された。例えば『虚無への供物』の小説家・中井英夫は、自作の連作短篇の総題を『とらんぷ譚』と命名しているほどだ。

全篇が、主人公のオフ（画面外）の声によるナレーションで語られるという形式である。つまり、老いた主人公がいま自分の人生を回想しながらこのロマン（小説）を書いているという形式は、当時としては型破りで、オーソン・ウェルズの『偉大なるアンバーソン家の人々』を先取りするものだ。主人公が固有名をもたず、「私」でしかないという実験的な手法も面白い。
この主人公の詐欺師人生が引きおこす皮肉な笑いは映画史にちょっと類を見ない。なにしろ、子供時代の主人公は盗みを働き、その罰で夕食を食べさせてもらえなかったが、夕食のキノコが毒キノコだったので、彼以外の家族は全員死んでしまう。そこから主人公は人生の何たるかを悟り、確信をもって犯罪の道に進むというのである。その黒いユーモアが魅力の源泉だ。

**ポイント**

**◉サシャ・ギトリ**（1885～1957）　ロシアのサンクト・ペテルブルク生まれ。有名な俳優リュシアン・ギトリとルネ・ド・ポン＝ジェストの間に生まれる。5歳の時にロシアのアレクサンドル3世が臨席する宮廷舞台でパントマイム劇の端役として出演。1891年パリに移り住み、99年初舞台を踏む。1902年に『小姓』という一幕物の芝居を書き、以来、130編におよぶユーモアとエスプリのきいたブールヴァール喜劇を書いた。35年に、かつて発表した自作戯曲の映画化である『パストゥール』を脚色、監督して、本格的に映画の仕事を手がけるようになり、監督、脚本家、俳優として多彩な活動を見せる。39年から45年までアカデミー・ゴンクールの会員も務めた。日本では『とらんぷ譚』以外では、戦後の『ナポレオン』(54) ぐらいしか公開されていないが、2008年の映画祭「フランス映画の秘宝」では『あなたの目になりたい』(43) が上映された。近年、再評価されつつある。

# No.036 美女と野獣

1946年　上映時間＝138分　監督・脚本・台詞◉ジャン・コクトー　撮影◉アンリ・アルカン
美術◉クリスチャン・ベラール　主演◉ジャン・マレー、ジョゼット・デイ

コクトーは、詩人、小説家、劇作家、画家等として知られる多才の人だが、すでにサイレント映画からトーキーへの移行期に、ブニュエルの『黄金時代』を製作したノアイユ子爵の資金を得て、当時流行したアヴァンギャルド（前衛）映画の1本、『詩人の血』を撮ってデビューしていた。しかし、その後15年間活動を停止し、本格的な劇映画の監督として知られるのは、第二次世界大戦後の本作『美女と野獣』からである。

原作は18世紀にルプランス・ド・ボーモン夫人が書いたお伽話。フランス語原題（*La Belle et la bête*）では、ヒロインの名前ベル（「美女」の意）とベット（野獣）が美しく韻を踏んでいる。

ベル（ジョゼット・デイ）はアヴナン（ジャン・マレー。野獣とともに一人二役）に求婚されるが、愛する父と離れようとしない。その父はベルを喜ばせるため、深い森の館でバラの花を摘み、所有者である野獣に捕えられる。ベルは父の身代わりになって野獣の館に住

み、しだいに野獣を愛しはじめる。愛を知った野獣は美しい王子に変身する。
この凡庸な物語を美しい映像のポエジーに変えたのは、ひとえにコクトーと美術監督ベラールが生みだした魔術的なイメージの数々である。壁から突きだして蠟燭《ろうそく》を掲げる手の燭台。人間の顔をして煙を吐く暖炉。館を歩くベルの滑るような動き。魔法の鏡。空を飛ぶための手袋。それらの源は、生命なきものに生命を吹きこむコクトーの芸術哲学にある。

**ポイント**

◉**ジャン・マレー**（1913〜98）　シェルブール生まれ。高校時代より舞台に興味を持ち、33年、マルセル・レルビエ監督の『灰鷹』に助監督兼端役として映画デビュー。その後、シャルル・デュランに師事し、ジャン・コクトーに認められ、『恐るべき親たち』などの舞台で主役を演じて、人気を不動のものにした。第二次大戦に従軍、アルザスで活躍した。戦後は、金髪と彫りの深いマスクの二枚目としてフランス映画を代表するスターとなる。なかでもコクトーの寵愛を受け、『美女と野獣』をはじめ『双頭の鷲』（47）、『恐るべき親たち』（48）、『オルフェ』（49）、『オルフェの遺言』（60）とコクトーのほとんど全作品に主演し、異彩を放った。コクトーの没後は、「ファントマ」シリーズの怪人ファントマと新聞記者ファンドールの二役で知られる。コクトー的なお伽話の世界へのオマージュともいうべきジャック・ドゥミの『ロバと王女』（70）でも優雅な存在感を誇示した。

# オルフェ

**1950年** 上映時間＝95分 監督・脚本・台詞◉ジャン・コクトー
主演◉ジャン・マレー、マリア・カザレス、フランソワ・ペリエ、ジュリエット・グレコ

コクトーは芸術家としての自分の物語を寓話的な枠組みのなかで描きだすことを好んだ。そこには、コクトー独自の象徴体系によるオブジェ（鏡、彫像、手袋、瞼の上に眼球を描いた目など）がちりばめられ、この世にありながらあの世に参入してしまう芸術家の特権的悲劇が語られている。

『オルフェ』は、ギリシア神話のオルペウスの物語を下敷きに、コクトー哲学に基づく芸術家の運命を追求した作品である。

詩人オルフェ（ジャン・マレー）は王女（マリア・カザレス）と呼ばれる女に出会い、彼女が忘れられなくなる。しかし、妻ユリディス（マリー・デア）が交通事故で死ぬと、妻に再会するため、魔法の手袋を使って冥界へ降りる。オルフェと妻は互いを見ないことを条件に地上に戻ることを許されるが、禁を破り、ふたたび死の運命に突き落とされる。二人を救ったのは、自らを犠牲にした王女だった。

No.037

コクトーの映像魔術の集大成だが、単なる遊びではない。例えば、冥界に降りるオルフェが通りぬける鏡は、生と死を表裏に結合させる最も重要なオブジェであり、水銀を用いた特殊撮影によって、硬い鏡面でありながら液体のように融解する神秘的なイメージを実現している。また、オルフェが地上と冥界をつなぐ「ゾーン」を歩く場面でも、水平な床を垂直な壁に見せるトリックが使われ、死の国に向かう苦痛と歓喜を、主人公の奇妙な動きのなかに視覚化することに成功している。

**ポイント**

**◉ジャン・コクトー**（1889〜1963）　セーヌ＝エ＝オワーズ県メゾン・ラフィット生まれ。パリのリセ・コンドルセを卒業。ロスタン、プルーストらの文学者たちと交際した。1909年に『アラジンのランプ』を発表して以来、詩、小説、評論、戯曲、シャンソンなど多方面にわたって才能を発揮し、時代の寵児となった。20年代に入ると、アヴァンギャルド映画運動にも参入。マルセル・レルビエ、ルネ・クレールらの映画人との交友を経て、自らも『詩人の血』(30)を発表、絶賛された。第二次大戦後は、監督・脚本・台詞すべてを担当する孤高の映画作家として旺盛な活動を開始。独自のポエジーと美意識をたたえたユニークな作品は高く評価されている。49年、カンヌに対抗し、ビアリッツで「呪われた映画祭」を敢行、後のヌーヴェル・ヴァーグの作家たちに大きな影響を与えた。54年にはアカデミー・フランセーズの会員にも選ばれた。

No.038

# 輪舞

1950年　上映時間＝92分　監督・脚本◉マックス・オフュルス　原作◉アルトゥール・シュニッツラー
主演◉アントン・ウォルブルック、ダニエル・ダリュー、シモーヌ・シニョレ、ジェラール・フィリップ、シモーヌ・シモン

ユダヤ系ドイツ人であるオフュルスは祖国で映画監督としてデビューするが、ナチスの台頭とともに出国し、パリでフランス国籍を取得する。しかし、ナチスドイツがパリを占領したのち、アメリカに移って4作品を撮る。戦後、彼がフランスに帰国して完成した4本の映画は、いずれもオフュルス芸術が絢爛と開花した香気あふれる名画である。『輪舞』はその第1弾。原作は、はるかのちにキューブリックが『アイズ・ワイド・シャット』を映画化するシュニッツラーの戯曲。舞台演出家出身のオフュルスはドイツ時代にシュニッツラーの演劇を手がけたことがあり、『輪舞』はお手の物の題材であった。

物語は10人の男女が踊る恋のロンド（輪舞）。娼婦が兵士に恋をし、兵士は小間使を誘惑し、小間使は主人といい仲になり、主人は人妻にいい寄り、人妻は夫の自慢のたねだが、夫はお針子にも気があり、お針子は詩人を憎からず思い、詩人は女優に夢中、女優は士官に首ったけで、士官は冒頭の娼婦と関係をもつ。かくしてロンドはひとめぐりする。

恋の輪舞とは聞こえがいいが、要するにセックスの連鎖である。その生臭い話が、優雅で軽やかで官能的な美に昇華されるのは、ひとえにオフュルスの流麗な演出のおかげである。優雅ななかにも哀れが漂い、恋のゲームの狂言回しの男が運命を司る神の化身にも見えてくる。美男美女を結集した1950年代フランスで最も豪華なキャストも必見だ。

**ポイント**

**◉アントン・ウォルブルック**（1896〜67）オーストリアのウィーン生まれ。300年間も道化師を務めたサーカス一家に生まれたが、正統演劇を学ぶべく、ベルリンのマックス・ラインハルトの演劇学校に入り、舞台に立つ。34年、ヴィリ・フォレストの『たそがれの維納』に出演して一躍注目を浴び、ドイツ、オーストリアきっての二枚目スターとなる。ナチの台頭を嫌い、イギリスとアメリカに活動の拠点を移し、47年にはイギリスの市民権を取得する。48年、『赤い靴』において芸術至上主義者で非情なバレエ団の主宰者レールモントフを演じて、その味わい深い重厚な演技は鮮烈な印象を与えた。繊細なニュアンスと艶のある貴族的な風貌がマックス・オフュルスに気に入られ、彼の晩年の代表作では、重要なパートを演じている。なかでも『輪舞』の軽妙洒脱な狂言回しとなる語り手、『歴史は女で作られる』(55)のサーカス団の団長役が忘れがたい印象を残した。

# たそがれの女心

No.039

1953年　上映時間＝96分　監督・脚本◉マックス・オフュルス
主演◉ダニエル・ダリュー、シャルル・ボワイエ、ヴィットリオ・デ・シーカ

オフュルスの作品のなかでも、アメリカ時代の『忘れじの面影』と並んで最も悲痛な感動をかき立てるメロドラマの傑作。

邦題はいかにもそれらしい雰囲気を醸《かも》しだすだけの意味不明なタイトルだが、原題は「マダム・ド・＊＊＊」といい、ヒロインの姓は最後まで明らかにされない。発音された名前が別の音のせいで聞こえなかったり、書かれた名前が物の陰に隠れたりと、映画ならではの洒落た遊びになっている。

原作はルイーズ・ド・ヴィルモランの短篇で、私は未読だが、映画とはまったくタッチの違う世紀末風の軽いコメディであるとはさまざまな論者の指摘するところ。実際、物語の前半は、ヒロインのダイヤの耳飾りを狂言回しにして、運命のいたずらが描かれる。ルイーズ・ド・＊＊＊（ダニエル・ダリュー）は借金に困って、軍人の夫（シャルル・ボワイエ）から贈られた結婚記念の耳飾りを売り払い、なくしたと嘘をつく。だが耳飾りは、

宝石商からルイーズの夫、夫からその愛人、愛人からドナティ男爵（ヴィットリオ・デ・シーカ）の手へと渡り、男爵はルイーズと恋に落ち、その耳飾りを彼女に贈る……。最初は狂言回しだった耳飾りが、オフュルス映画の常で、しだいに人生の無常を表す冷厳な運命のシンボルへと変貌し、映画は激しい緊張感に貫かれるラストへと突入する。

ダニエル・ダリューの美しさ、ボワイエとデ・シーカの対照的な名演も長く心に残る。

**ポイント**

◉**ダニエル・ダリュー**（1917〜2017）ボルドー生まれ。14歳の時に新聞広告に応じて『ル・バル』で主役デビュー。以来、シックでロマンティシズムの魅惑をたたえたフランスを代表する美人スターとなり、とくに36年の悲恋もの『うたかたの恋』で世界的に有名になった。この頃、20歳の若さでアンリ・ドコワン監督と結婚し、『背信』（38）、『暁に帰る』（38）など、人妻役の魅力でファンを沸かせた。戦時中は引退したが、45年『さようなら美しい人』でカムバックした。ジェラール・フィリップに愛されるレナール夫人を演じた『赤と黒』（53）が有名である。しかし、なんといってもオフュルスの『輪舞』『快楽』『たそがれの女心』でみせた艶やかな美しさは映画史上、特筆されよう。オフュルスを崇拝するジャック・ドゥミの『ロシュフォールの恋人たち』（66）、『街のひと部屋』（82）にも出演。近年ではフランソワ・オゾンの『8人の女たち』（02）で健在ぶりを見せた。

No.040

# 歴史は女で作られる

1955年　上映時間＝111分　監督・脚本◉マックス・オフュルス
主演◉マルティーヌ・キャロル、アントン・ウォルブルック、オスカー・ウェルナー

19世紀末に稀代の艶婦として全欧に名を馳せたローラ・モンテスの生涯。母親の愛人と駆け落ちし、作曲家のリストと浮名を流し、バイエルン王ルートヴィヒ1世の愛妾《あいしょう》になる。バイエルンでは彼女への民衆の敵意は革命にまで発展する！　最後はアメリカに流れ、サーカス団で自分の身の上話と危険な曲芸を売り物にした女。これだけなら、三流雑誌が喜びそうなスキャンダルだ。

ところが、オフュルスはローラ（マルティーヌ・キャロル）の生涯をサーカスの団長が指揮する華麗な演目として再編成する。装置と衣裳に凝《こ》りに凝り、極彩色のシネマスコープの大画面を縦横に操って、映画的運動と持続の夢幻劇に変えてしまう。

それだけではない。年代記風の構成を排して、サーカスの舞台から自在にローラの過去へとさかのぼる複雑なフラッシュバックの迷宮を作りあげたのだ。最も通俗的な題材による最も華麗なアヴァンギャルド映画である。

だが、オフュルスの野心は受け入れられなかった。観客の不入りを見てプロデューサーは勝手にこの映画を短縮して、単なる年代順の構成に編集しなおしてしまった。『アタラント号』（P56）や『ゲームの規則』（P66）と並ぶ「呪われた傑作」の仲間入りとなったのだ。アンドレ・バザンやトリュフォーなど、数年後にヌーヴェル・ヴァーグ旋風の立役者となる批評家たちはこの映画を熱烈に擁護したが、オフュルスは次作を撮ることなく、54歳の働きざかりで急死した。

**ポイント**

◉**マルティーヌ・キャロル**（1922〜67）　ビアリッツ生まれ。中等教育を終えて、パリで看護婦、歯科医の勉強をしたが、その後、ルネ・シモンの弟子になり、ガストン・バティの劇団に入る。アンリ＝ジョルジュ・クルーゾー監督の目にとまり、コレット原作の『女猫』で主役デビューすることになったが、中止となり、43年『狼のいる農場』でデビューする。ジェラール・フィリップと共演した『夜ごとの美女』（52）、入浴シーンが話題となった『浮気なカロリーヌ』（52）などでスクリーンに豊満な裸体を披露し、セクシー女優として一世を風靡した。なかでも『歴史は女で作られる』はサーカスを舞台にして稀代の悪女の生涯を時空を自在に往還するダイナミックな語り口で描いた傑作で、彼女の代表作となった。クリスチャン＝ジャックと再婚して『女優ナナ』（55）など数多くの主演作を撮ったが、その後、離婚。四度の結婚をしたが、67年、モンテカルロで心臓発作のために急死した。

# No.041 ブローニュの森の貴婦人たち

1944年　上映時間＝85分　監督・脚本◉ロベール・ブレッソン　原作◉ドニ・ディドロ『運命論者ジャック』
台詞監修◉ジャン・コクトー　主演◉マリア・カザレス、エリナ・ラブールデット

ロベール・ブレッソンは第二次大戦のドイツ占領下で、女子修道院を舞台にした『罪の天使たち』を製作して長篇デビューを飾る。この処女作で脚本に劇作家ジャン・ジロドゥの協力を得たのち、やはり占領下で撮った本作『ブローニュの森の貴婦人たち』では、台詞にジャン・コクトーの参加を得た。

原作はディドロの小説『運命論者ジャック』で、そこから有名なポムレー夫人のエピソードを取って、舞台を現代に移した。物語は、同じ18世紀に書かれたラクロの『危険な関係』のように、きわめて人工的な恋愛心理のゲームとその皮肉な結末を描いている。

ヒロイン、エレーヌ（マリア・カザレス）は、冷たくなった愛人に復讐するため、キャバレーの踊り子娼婦アニエス（エリナ・ラブールデット）を貴婦人と偽って接近させ、あとで正体を明かして愛人を嘲弄《ちょうろう》しようとするが……。

18世紀の心理的合理主義は、ブレッソンの不可知論的世界観とは本来相容れない。それゆ

え、本作は、ロココ的に優雅な恋の戯れの物語と、視覚的説明を嫌う禁欲的な画面構成のあいだで引き裂かれている。だが、その不安定なバランスからこそ、本作の脆《もろ》くはかない美の印象が生まれているのである。

これに加えて、ラブールデットが踊る場面にはハリウッド製ミュージカルの影響さえ窺《うかが》うことができ、息苦しいほどの完成度を誇る後期作品からは排除されるブレッソンの多様なルーツを見ることができる。

**ポイント**

**◉マリア・カザレス**（1922〜96）　スペインのラ・コローニュ生まれ。父親はスペインの内務大臣サンチアゴ・カザレス・キラーガ。マドリッドで中等教育を受けた後、36年に内戦を避けて家族とともにパリに移り住む。41年コンセルヴァトワールに入り、ジャン・マルシャンに認められる。マチュラン座の劇団に入り、42年『悲しみのデアドラ』で初舞台を踏んだ。以来、数多くの舞台に出演、悲劇女優としてパリ劇壇で名声を博した。52年からは、コメディ・フランセーズに所属し、国立民衆劇場に移った。映画ではマルセル・カルネ監督の『天井桟敷の人々』（45）の可憐なナタリー役で一躍注目される。その後、『ブローニュの森の貴婦人たち』の冷酷なヒロイン、ジャン・コクトーの『オルフェ』（50）の〈死の王女〉などの凄絶な美しさが印象的だ。魅力ある声を生かして、多くの記録映画のナレーターもつとめた。晩年では、『読書する女』（88）の自称100歳の将軍の未亡人役がある。

# 抵抗

No.042

1956年　上映時間＝99分　監督・脚本◉ロベール・ブレッソン　撮影◉レオンス＝アンリ・ビュレル
主演◉フランソワ・ルテリエ、シャルル・ル・クランシュ

『田舎司祭の日記』に続くこの作品で、ブレッソンの映画スタイルはほぼ完成を見た。ドラマティックな盛りあがりを最小限に抑え、手の動きを中心として、人間の日常の身ぶりと動作を執拗に凝視する。登場人物からプロの役者を排して、行為の意味を一定方向に誘導する演技を禁じる。映画音楽の使用も抑え、代わりに足音や扉のきしむ音や戸外の騒音などを異様な鋭敏さで捕捉する。

こうした特徴から、映画史上最も禁欲的といわれるブレッソン・スタイルが生まれる。

物語は、第二次大戦のドイツによる占領下、死刑を宣告され、リヨンのモンリュック監獄に収容されたレジスタンス派軍人の実際の手記に基づいている。映画のジャンルとしては「脱獄もの」に分類しうる題材であり、生死を賭けた主人公の行為そのものから否応なくサスペンスが発生するはずだが、この映画はそうした観客の期待を完全に裏切る。

独房に投獄された主人公は、ピンを使って手錠を外し、食事用のスプーンを研《と》いでナイフ

を作り、毛布を裂いて縄を編みあげる。そうした身ぶりが脱獄のためという意味づけをこえて、ただ虚心に運命と向かいあい、みずからの義務を全うする純粋な行為の連続に見えてくるのである。

唯一の物語上の転換はもう一人の男が監房に収容され、密偵ではないかと疑われる件《くだり》だが、それも劇的な展開には結びつかず、すべてはあるべき運命として進行するのみだ。

**ポイント**

◉**レオンス＝アンリ・ビュレル**（1892〜1977）撮影監督。ナント生まれ。パリに出て芸術大学で写真を勉強したが、映画の撮影に関心が向き、アベル・ガンスのアヴァンギャルドな短篇を数多く手がける。そして、ガンス畢生の大作『鉄路の白薔薇』(23)では、光と影のリズムや対照を際立たせる、ダイナミックな映像美を実現し、世界中で絶賛された。その後も、『ナポレオン』(27)でのトリプル・エクランなどの大胆で実験的なパノラミックな映像により、画期的な表現として映画史に名を刻んでいる。ロベール・ブレッソンとはドラマチックな『ブローニュの森の貴婦人たち』(44)以後、スターを起用せず内省的で独自の視覚的なスタイルを探求する『田舎司祭の日記』(50)からコンビを組み、不朽の傑作を次々に放った。とりわけ『抵抗』の牢獄内で脱獄という行為を淡々ととらえた描写のすごみ、『スリ』における主人公の手のクローズ・アップのなまめくような美しさなどが忘れがたい。

# No.043 スリ

1959年　上映時間＝74分　監督◉ロベール・ブレッソン　撮影◉レオンス＝アンリ・ビュレル
主演◉マルタン・ラサール、マリカ・グリーン、ピエール・レーマリー

ブレッソン映画の主要な登場人物は、聖職者、受難者、そして犯罪者である。この三者の共通点は、必ずしも本人の意志や欲望とは関わりなく社会から切り離されてしまうということだ。このため、彼らは社会と個人の理不尽な（すなわち絶対的な）関係を意識せざるをえず、それに苛立《いらだ》ち、逆らい、ついには諦める。その結果、彼らは運命という観念と直面する。運命論者とは、人の意志や欲望とは関わりなくすべては運命によって決定されていると考える者のことだが、この運命を神といい換えれば、運命論者はたやすく信仰者（とくにジャンセニスト）に転換する。その場合、どれほど苛酷な運命であろうと、すべては人智を超えた神の恩寵だということになる。ブレッソンはしばしばジャンセニストといわれるが、偶然が動かしがたい運命に見え、さらにはそれが人間を超えた神の恩寵のように見えてくる不思議こそ、ブレッソン映画の本質的な魅力なのである。

『スリ』はブレッソンが初めて犯罪者を主人公に選んだ映画であり、行き当たりばったりで

スリの道に踏みこむ人間の姿を描きながら、その偶然の連続がまぎれもなく運命そのものに見えてくる点で、ブレッソンが真の自分の世界を開示した作品である。

それを象徴するのが、主人公が仲間と組んで駅でスリを行う場面だ。そのショットとショットの連繫の奇跡は、偶然の連続を運命に変える映画そのものの魔術といってもよい。

**ポイント**

**◉マリカ・グリーン**（1943〜）　スウェーデンのストックホルム生まれ。パリに出て、舞踏家、振付師を目指していたが、パリのオペラ座で端役を演じていた16歳の時に、ロベール・ブレッソンに紹介され、いきなり、『スリ』のジャンヌ役に抜擢された。撮影時には、衣装もメイク係もつかなかった。ブレッソンは、自ら彼女の前髪を切り、毎日、こっそり彼女が化粧をした跡がないか、間近から調べたといわれる。マリカは当時を回想し、「ブレッソンは撮影前の準備に長い時間をかけていたはずなのに、ショット毎に20回から75回ものテイクを重ねる日々が続いた。視線、しぐさ、調子の厳密さのために。死の沈黙がセットを支配していた」と書いている。その後、彼女はルネ・クレマンの『雨の訪問者』(70)、『エマニエル夫人』(74)などに出演している。ベルナルド・ベルトルッチの『ドリーマーズ』(03)でデビューしたエヴァ・グリーンは彼女の姪に当たる。

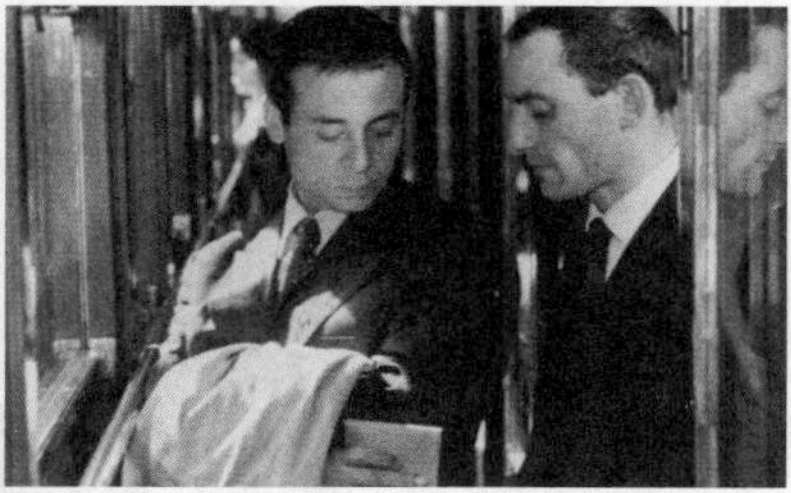

# No.044

# 白夜

1970年　上映時間＝83分　監督・脚本◉ロベール・ブレッソン　原作◉ドストエフスキー
主演◉イザベル・ヴァンガルテン、ギョーム・デ・フォレ

ドストエフスキーといえば哲学的重厚さを誇る小説家だが、この映画の原作である『白夜』は、感傷的で、ロマンティックで、ちょっぴり皮肉な愛すべき小品である。すでにこの短篇の映画化にはヴィスコンティの名作があり、マルチェロ・マストロヤンニ、マリア・シェル、ジャン・マレーという魅力的な布陣で、原作のロマンティックな側面を美しくうち出している。

ところが、ブレッソンの『白夜』は、物語の大筋だけを取りだせば、たしかにヴィスコンティ版と大差はないのだが、ドストエフスキーの原作の、夢に浮かされたような雰囲気をとくに強調して、フランス語原題の「ある夢想家の四夜」というタイトルにふさわしい作品に仕上がっている。

若い画家のジャックは、セーヌ川に入水自殺しようとした娘マルト（イザベル・ヴァンガルテン）を助ける。マルトは再会を約束した恋人と会えないので、世をはかなんだのだ。二

人は身の上を語りあい、一緒に行動し、ジャックはしだいにマルトに恋心を抱くようになるが……。

『白夜』はブレッソンの2本目のカラー映画で、前作『やさしい女』にもましてその色彩は見る者を深く陶酔させる。ブレッソンのまなざしの峻厳さはモノクロ時代といささかも変わらないのに、ここには、その瞬間瞬間しか持続しない事物のはかない美しさが見事に定着されている。ブレッソン映画の新たな深化を印す作品である。

**ポイント**

◉**イザベル・ヴァンガルテン**（1950〜2020）父親は前衛劇作家のロマン・ヴァンガルテン。モデルをしているところを、ロベール・ブレッソン監督に見出され、『白夜』の主役マルトを演じてデビューした。その陶磁器を思わせるようなクールな美貌と妖しいエロティシズムが数多くの熱狂的な賛美者を生んだことはよく知られている。自殺した天折の天才監督ジャン・ユスターシュもそのひとりで、『ママと娼婦』(73)では、ジャン＝ピエール・レオー扮する貧しい作家志望の青年からの求婚を拒む恋人役に起用されて深い印象を残した。出演交渉の際に、「ユスターシュは、ブレッソンの映画に出ていた女優をなんとしても使いたかったので、『白夜』に出た私を起用したのです」と彼女は述懐している。ヴィム・ヴェンダースも『ことの次第』(82)で彼女を起用したが、劇中で製作しているSF映画の主演女優として物憂い存在感を示した。ヴェンダースとは一時期、恋愛関係にあった。

# ラルジャン

No.045

1983年　上映時間＝84分　監督・脚本・台詞◉ロベール・ブレッソン
主演◉クリスチャン・パテー、ヴァンサン・リステルッチ、カロリーヌ・ラング

　ブレッソンは1999年に98歳の長寿を全うするが、82年に撮った本作が遺作となった。これはブレッソンの峻厳な映画作りが到達した最後にして最高の作品であり、80年代の世界映画においても真に孤高というにふさわしい地点に昇りつめた傑作である。原作はトルストイだが、隅から隅までブレッソンの凝視する現代の縮図として結晶している。

　主人公イヴォンは贋札をつかまされ、偽証によって逮捕される。執行猶予で放免されるが、銀行強盗に加わって、投獄される。その間、妻は去り、娘は病死する。出獄したイヴォンはあるホテルに泊まり……。

　出来事が奇跡のように完璧に連鎖し、絶対的な運命となる。主人公が悪へと転落する軌跡は、悪というにはあまりに美しい。もちろん、その輝かしいほどの美は、画面構成の正確さと、編集の厳密さ（映画史上最もスピーディな銀行強盗の場面を見よ！）から生じるものだが、見る者を美に安住させない。運命の残酷さに観客は戦慄するほかないのだ。

ブレッソンが犯罪者を主人公にするのは『スリ』（P112）以来二度目、二十余年ぶりのことだ。『スリ』では、主人公は更生を誓い、女性の愛による救済が示唆されていた（トルストイ的主題である）。だが、『ラルジャン』の主人公は更生の誓いを破り、妻の愛も娘への愛も奪われている。この運命のなかに信仰者ブレッソンははたして神の恩寵を見ることができたのか？　重い問いかけだけが残る。

**ポイント**

◉**ロベール・ブレッソン**（1901〜99）ブロモン＝ラモット生まれ。長い間、画家、写真家として活躍した後、33年から映画の仕事を始め、風刺喜劇『公共問題』（34）でデビュー。長篇第1作『罪の天使たち』（43）と『ブローニュの森の貴婦人たち』（44）では職業俳優を使って、絢爛たるドラマを作っていたが、以後は、「シネマトグラフ」と自らの作品を称し、素人を起用し、映像を彫琢するような禁欲的で厳格な作風で世界にも類例のない独自のスタイルを確立した。いっぽうで、『バルタザールどこへ行く』（66）ではアンヌ・ヴィアゼムスキーを、『やさしい女』（69）ではドミニク・サンダを、『白夜』（70）ではイザベル・ヴァンガルテンを発見したように、主演女優の魅力を最大限に引き出す魔術的な手腕をもっており、ヌーヴェル・ヴァーグの映画作家たちから深い尊敬を受けている。邦訳もあるブレッソンの著書『シネマトグラフ覚書　映画監督のノート』（筑摩書房、松浦寿輝訳）は名著の誉れ高い。

No.046

# ぼくの伯父さん

1958年　上映時間＝116分　監督・脚本・台詞◉ジャック・タチ　撮影◉ジャン・ブルグワン
主演◉ジャック・タチ、ジャン＝ピエール・ゾラ、ピエール・エテックス

フランス喜劇映画の最高峰ジャック・タチは、世界的に見てもきわめて独創的なコメディ作家である。タチ自身が演じるユロ氏は、すでに前作『ぼくの伯父さんの休暇』で、長身を奇妙に傾けてひょこひょこ歩く絶妙の喜劇的人物として造形されていたが、本作『ぼくの伯父さん』では、パイプに雨傘、チロリアンハットにラグランコートといういでたちで、永遠不滅の映画的キャラクターに純化される。彼の行く先ざきでは、それまで当たり前だと思われていた日常生活の秩序がかならず、ささやかに、だが確実に崩壊し、観客に笑いをもたらしつつ、世界の不条理と不確実性を認識させる。

本作ではユロ氏は下町のまことにユニークな住居に住み、その立居振舞いは、サイレント映画のキートンやチャップリンに匹敵する優雅なスマートさを発揮している。ところが、妹が結婚して暮らす超モダンな邸宅に招かれるや、彼は自動式機械生活の仕掛けのすべてと摩擦を生じ、それが笑いのタネとなる。幼い甥はそんな伯父さんが大好きだ。観客もユロ氏を

好きにならずにいられない。
妹はユロに結婚相手を探し、義弟は工場の就職口を世話してやる。だが、世間体と合理性の支配する世界で、心やさしい謙譲の人ユロは災厄の魔にほかならない。工場で大失敗をしたユロは追放される。だが、すべてが簡潔かつ控えめに演出されているため、後味はきわめて良好であり、ノスタルジックな心の安らぎさえ感じさせてくれる。

**ポイント**

**◉ピエール・エテックス**（1928〜2016）ロアール県生まれ。5歳の時にサーカスの道化師に魅せられ、ミュージック・ホール、キャバレーで道化師として人気を博す。ジャック・タチと知り合い、彼の映画のスタッフとして『ぼくの伯父さん』ほかタチ作品のユーモラスなポスターを製作。また、バスター・キートンをはじめサイレント・コメディの天才たちを信奉し、タチ作品では、ギャグマンとしても起用され、出演もしている。61年、短篇『仲たがい』で監督デビュー。このとき共同で脚本を書いたジャン＝クロード・カリエールは、この後、ブニュエルの『小間使の日記』を手がけることになる。エテックスがその後、監督した長篇『恋する男』（62）、『ヨーヨー』（64）は、サーカス世界へのオマージュとなっている。『フェリーニの道化師』（73）では本人役で出演、ジャック・タチの後継者ともいうべきオタール・イオセリアーニ監督の『ここに幸あり』（06）にも出演している。

# プレイタイム

No.047

1967年　上映時間＝125分　監督・脚本◉ジャック・タチ　撮影◉ジャン・バダル、アンドレアス・ヴィンディング
主演◉ジャック・タチ、バルバラ・デネック、ジャクリーヌ・ルコント、ヴァレリー・カミーユ

タチは『ぼくの伯父さん』（P118）で、超モダンな機械仕掛けの邸宅を作りあげ、そこでユロ氏の失敗の数々をパントマイム的な名人芸として描きあげたが、続く『プレイタイム』では、その路線を極限まで押し進める。

タチは破天荒な大金と4年という長い歳月をかけて、パリ郊外に超モダンな高層ビル群を建設する。このプラスチックとガラスの迷路のような小宇宙にユロ氏をさまよいこませ、その結果生じる同時多発的なギャグと笑いの炸裂を、70ミリの巨大画面で、徹底して巨細《こさい》に描きだそうというのだ。

ユロ氏は、商品見本であふれかえる近未来的な都市に就職面接にやって来る。そして、アメリカの観光客に混じって高層ビルのなかをうろつき、町をさまよい、高級レストランの開店に紛れこんで大騒ぎを引き起こすが、結局なにも得るものはない。たった一日のささやかな冒険のあと、夜明けの空気のなかに立つユロの姿には、珍しく脱力感と悲哀が漂ってい

る。感情表現を極力避けてきたタチが図らずも見せたこの一瞬のエモーションが、この上なく貴重である。

説明的な台詞の排除、見逃してしまいそうな瞬間芸、沈黙を重んじ音を際立たせる音響設計など、タチ芸術の特質はこの1作に極まっている。しかし、映像音響芸術としてあまりに完璧なこの映画は観客の支持を得られず、興行的には大失敗に終わる。「呪われた映画」の記念碑のひとつである。

**ポイント**

**◉ジャック・タチ**（1907〜82）パリ郊外ル・ペック生まれ。祖父はロシアの伯爵の称号を持つ。パントマイム役者を目指し、ミュージック・ホールの舞台に立ち、作家コレットにも絶賛される。36年ルネ・クレマン監督の短篇『左側に気をつけろ』の脚本・主演をこなす。46年、ルネ・クレマンが自作の製作に忙しく監督をタチに譲ったため、監督第1作『郵便配達の学校』を完成。この作品に登場するフランソワのキャラクターを主演にした『のんき大将脱線の巻』でヴェネツィア映画祭脚本賞、フランス・シネマ大賞を受賞。『ぼくの伯父さんの休暇』(53)、『ぼくの伯父さん』(58)では、みずからユロ氏という風変わりな主人公を演じ、エスプリに富んだまったく新しいモダンな喜劇映画の誕生と絶賛された。厖大な製作費をかけた超大作『プレイタイム』(67)は興行的に失敗し、莫大な負債を抱えることになったが、この作品も近年、大傑作として再評価の気運が高まっている。

# 顔のない眼

No.048

1959年　上映時間＝90分　監督・脚本◉ジョルジュ・フランジュ　撮影◉オイゲン・シュフタン
主演◉ピエール・ブラッスール、アリダ・ヴァリ

ジョルジュ・フランジュは、ラングロワとともにシネマテーク・フランセーズを創設した人物で、パリの屠場を題材にした衝撃的な短篇ドキュメンタリー『獣の血』で映画製作に入る。その後の作品は、サスペンス映画あり、フイヤードの犯罪映画のリメイクあり、コクトーやモーリアックの原作による文芸映画ありと、一定の傾向をつかむことは難しいが、『顔のない眼』はフランスの恐怖映画史に残る名品であり、いま見ても生々しい怖さで観客を魅了する。

ジェネシエ博士（ピエール・ブラッスール）は名高い皮膚外科医だが、娘（エディット・スコブ）の顔が交通事故のせいで醜くなってしまう。そのため、郊外の屋敷に密かに手術室を設け、助手のルイーズ（アリダ・ヴァリ）に若い娘を誘拐させては、その顔から新しい皮膚を切りとって、娘の顔に移植を行っていた。手術は成功したように見えたが、まもなく娘の顔の皮膚が無残に崩れだす。

手堅いリアリズムで始まったドラマは、娘の手術シーンで、けっして煽情的ではない現実の冷たい直視によって、『獣の血』に匹敵する超現実的な恐怖を醸成しはじめる。白黒のコントラストの強烈な画面を実現したのは、ドイツ表現主義とフランスの詩的レアリスムを通過し、のちにアメリカで『ハスラー』によりアカデミー賞を取る名匠シュフタン。ラストで、乱舞する鳩に囲まれ、森へ消えてゆくエディット・スコブの白い天使のような姿は、いまでもファンの語り草だ。

**ポイント**

**◉ジョルジュ・フランジュ**（1912〜87）　イル＝エ＝ヴィレーヌ県フージェール生まれ。中等教育を終えてから、劇場やミュージック・ホールの装飾美術の仕事に従事した。アンリ・ラングロワとともに35年には、セルクル・デュ・シネマを、37年にはシネマテーク・フランセーズを創設し、古典的な名作映画の上映・保存運動に奔走した。また、38年には、ラングロワと映画雑誌「シネマトグラフ38」を創刊し、編集長となる。38年から45年にかけては、国際フィルム・ライブラリー連盟の事務局長を務めた。49年から監督に転じ、13本の短篇映画を監督。なかでもパリの屠場を描いた『獣の血』は、その乾いた独特のまなざしが異様な残酷美となって昇華された傑作として名高い。地下鉄を舞台にした夢幻的な映像詩『白い少女』（58）も素晴らしい。アド・キルーによってジャン・ヴィゴの後継者と命名されたが、代表作『顔のない眼』には、その超現実的な恐怖と美が結晶している。

# No.049 素晴らしい風船旅行

1960年　上映時間＝84分　監督・脚本◉アルベール・ラモリス
主演◉パスカル・ラモリス、モーリス・バケ

ラモリスは短篇『白い馬』と『赤い風船』で注目された。前者はカマルグ地方の田園を舞台にした野生の馬と少年の交流、後者はパリのモンマルトルの丘で風船（！）と少年のはかない友情を描く。ともに珠玉の映像詩というにふさわしい。特に後者は、灰色のパリ風景をバックに輝く真紅の風船の動きが素晴らしく、この映画にインスピレーションを受けた室生《むろう》犀星《さいせい》は大傑作『蜜のあはれ』を書いて赤い金魚と老作家の交情を賞揚した。

本作『素晴らしい風船旅行』は、『赤い風船』と同じくラモリス監督の息子パスカルを主演に、前作のラストでパリの空に舞い上がった風船にパスカル少年が乗りこんだかのような、一大気球旅行を繰り広げるものである。パスカルは祖父の開発した旅行用の気球に同乗し、北フランスから出発する。ブルターニュからモンブランを経て南仏のカマルグへ。二人の赴くところ、野生の鹿や帆船や山火事など、美しい風景とさまざまな事件が展開する。

本作の見どころは気球から見た地上の風景の美しさである。純粋運動状態でとらえられた

世界の奇跡。大地や山や海、自然と人の営みが渾然一体となって流れるように紡《つむ》ぎだされる。ラモリスはこの驚異の空中撮影を実現するため、ヘリコプター撮影用の「ヘリヴィジョン」という機器を独自に開発した。

その後ラモリスはイランで新作を準備中、ヘリコプターの墜落事故で亡くなった。空への夢想に憑かれた48年の生涯であった。

**ポイント**

◉**アルベール・ラモリス**（1922～70）パリに生まれる。エコール・デ・ロシュで学んだ後、IDHEC（高等映画学院）の聴講生となり、同時に写真家としての修業を積む。監督第1作はアフリカのチェニジアにあるジェルバ島の風物を記録した短篇『ジェルバ』（47）で、49年にはアラブの少年とロバの冒険を描く『小さなロバ、ビム』を発表。これを見た詩人のジャック・プレヴェールが大絶賛し、新たに彼がコメンタリーをつけることで、作品は日の目を見た。第2作『白い馬』（53）は、馬と少年の道行を美しいモノクロ映像でとらえ、カンヌ・グランプリ、ジャン・ヴィゴ賞などを受賞し、彼の名声は一挙に高まった。テクニカラーが美しい『赤い風船』（56）も各種映画賞を受賞。空への夢想にとりつかれた彼の夢の集大成が『素晴らしき風船旅行』であった。08年には、『赤い風船』へのオマージュである『ホウ・シャオシェンのレッド・バルーン』も公開されて、世界的な再評価が高まっている。

# No.050

# 王と鳥（旧題『やぶにらみの暴君』）

**1980年**　上映時間＝85分　監督◉ポール・グリモー　脚本◉グリモー、ジャック・プレヴェール　台詞◉プレヴェール

フランス製アニメーションの最高傑作であるのみならず、全アニメ史においても十指に入る名作。日本の宮崎駿《はやお》（本作にそっくりの『ルパン三世　カリオストロの城』を見よ！）や高畑勲《いさお》に本質的な影響をあたえた映画でもある。これを見ずしてアニメは語れない。

そもそも、この映画に賭けた作者の情熱が尋常ではない。監督のグリモーは1950年にフランス初の長篇色彩アニメとして本作の原版『羊飼いの娘と煙突掃除の少年』を完成したが、公開はようやくその3年後で、作者の意に沿わぬ改変が施されていた（この版は日本でも『やぶにらみの暴君』の邦題で公開され、双葉十三郎など一部に絶賛を博した）。ヴェネツィア映画祭でも審査員特別賞を受賞したが、この版を不満とするグリモーは作品の権利を奪還し、1977年から改作の作業に入る。2年後に完成された『王と鳥』には、元版は4分の1以下しか使われなかった。30年の苦闘の結果である。

やぶにらみの王様に狙われた羊飼いの娘が、恋人の煙突掃除の少年と鳥に導かれて、「カ

リオストロの城」のような宮殿から逃げだし、地下世界に追いやられた人々を率いて、「巨神兵」のような大ロボットを操る王と戦うという荒唐無稽なファンタジーである。脚本・台詞はジャック・プレヴェールで、その物語にはプレヴェールならではの反抗哲学とユーモア精神が満ちみちて、華やかな色彩と音楽の渦で観客を興奮と陶酔に誘う。

**ポイント**

**◉ポール・グリモー**（1905〜94）　パリ郊外のヌイイ＝シュル＝セーヌに考古学者の息子として生まれる。美術学校に学び、家具職人となるが、ジャック・プレヴェールと出会い、31年、実験アニメーション映画の製作会社レ・ジュモー社を設立する。第二次大戦に従軍し、43年には『大熊座号の乗客』を発表する。50年にはジャック・プレヴェールの脚本で、『やぶにらみの暴君』を作るが、予算が超過し、プロデューサーと衝突、グリモーの意に添わぬ編集版が公開されてしまう。63年、フィルムの所有権を取得し、『やぶにらみの暴君』は部分的に撮り直されて『王と鳥』というタイトルで公開された。85年には第1回広島国際アニメーション・フェスティヴァルの名誉会長を務め、ファンの熱狂的な歓迎を受けた。80年には過去の作品を収めた「ポール・グリモー短篇傑作集」を発表、実写部分はジャック・ドゥミが担当している。『王と鳥』は06年、高畑勲の字幕で劇場公開された。

# 6 フィルム・ノワールとその周辺

# No.051

# 嘆きのテレーズ

**1952年　上映時間＝107分　監督◉マルセル・カルネ　原作◉エミール・ゾラ**
**脚本◉カルネ、シャルル・スパーク　主演◉シモーヌ・シニョレ、ラフ・ヴァローネ**

第二次大戦下に『天井桟敷の人々』（P76）という畢生《ひっせい》の大作を完成してフランス一の巨匠となったカルネだが、戦後はこの記念碑が重荷となったかのように創作力にかげりを見せる。なかでは、ゾラの小説を原作とした『嘆きのテレーズ』が、緊迫感にみちた傑作として世界で高く評価された。

ゾラの小説『テレーズ・ラカン』は妻の姦通と夫の殺人というスキャンダラスな内容が好まれて何度か映画化されたが、とくにサイレント時代にジャック・フェデールが映画化した作品が有名である（プリントは現存しないが）。カルネ版『テレーズ』の脚本と台詞を担当したのは、そのフェデールと組んで「詩的レアリスム」の名作を多く生みだしたシャルル・スパーク。

ヒロインのテレーズ（シモーヌ・シニョレ）が愛人ローラン（ラフ・ヴァローネ）と共謀して夫を殺し、夫の死体の記憶におびえ、自滅していくという主筋は原作とほぼ同一だが、カルネとスパークの脚色は、この情痴と殺人の物語に、殺人現場を目撃していた水夫（ローラン・ルザッフル）というもう一人の登場人物を加える。ここから、映画の後半は恐喝をめぐるドラマとして新たなひねりと展開を見せはじめる。

とくに、女中が教会の鐘の鳴りわたるのどかな夕べに手紙をもってポストに向かうさりげない幕切れの余韻は強烈で、残酷なサスペンス映画としても出色の出来映えである。

ポイント

◉**マルセル・カルネ**（1909〜96）パリに生まれる。高級家具師の息子に生まれ、家具実習学校に学び、その後、職業技術学校の写真・映画科に入った。29年映画界に入り、ジョルジュ・ベルナールの撮影助手となった。フランソワーズ・ロゼーに認められ、彼女の推薦でジャック・フェデールの助監督になり、『外人部隊』と『ミモザ館』につく。さらにルネ・クレールの『巴里の屋根の下』の助監督を務め、『女だけの都』では製作主任を務めたが、フェデールが『鎧なき騎士』を撮るためにロンドンへ渡ったので、フランソワーズ・ロゼーの強い推薦により、彼女の主演で長篇劇映画第1作『ジェニーの家』（36）を監督した。以後のカルネ作品には運命の残酷さとペシミズムが全篇に漂っている。なかでも『霧の波止場』（38）、『悪魔が夜来る』（42）、『天井桟敷の人々』（43）など、詩人・脚本家のジャック・プレヴェールとのコンビによる名作はフランス映画史上特筆される。

# 情婦マノン

## No.052

1948年　上映時間＝100分　監督◉アンリ＝ジョルジュ・クルーゾー　原作◉アベ・プレヴォー
主演◉セシル・オーブリー、ミシェル・オークレール

アンリ＝ジョルジュ・クルーゾーは推理作家ステーマン原作の『犯人は21番に住む』（P84）で映画監督となったが、戦後、同じステーマン原作の『犯罪河岸』がヴェネツィア映画祭で監督賞を受賞し、フランス以外の国々でも名を知られる。翌48年の本作『情婦マノン』は、同映画祭の最高賞である金獅子賞に輝き、一躍、世界的な映画作家の地位を獲得する。

原作小説はアベ・プレヴォーが書いた「ファム・ファタル（悪女）もの」の元祖『マノン・レスコー』。ちなみに原作者の「アベ」とは名前でなく「神父」を意味する称号。クルーゾーは、18世紀の小説の舞台を第二次大戦前後のフランス〜パレスチナに移すという大胆な翻案を行っており、映画は、終戦後ユダヤ人を乗せてイスラエルに向かう船の上で始まる。ここで発見された密航者の男女が、主人公のロベール（ミシェル・オークレール）と愛人のマノン（セシル・オーブリー）である。物語は途中までロベールが船長に語る回想として展開する。これは原作の「聞き書き」という形式と一致している。

奔放で浪費癖のある女に振りまわされる男の物語だが、一面、純愛の極致としての「狂気の愛」のドラマともいえる。そのドラマを「情痴の果て」の紋切型から救っているのは、クルーゾーが戦後のフランス社会に向けるまなざしの冷徹さである。また、主人公がマノンの死体をかついで砂漠をさまようラストは、原作の衝撃を現代に伝えるものだ。

**ポイント**

◉**セシル・オーブリー**（1929～2010）パリに生まれる。父親は実業家、母親はソルボンヌ大学の考古学の教授という上流階級に育つ。古典舞踏を学び、コンセルヴァトワールに進んだ。その後はルネ・シモンの演劇学校に通っているときに、クルーゾー監督に見出され、『情婦マノン』の主役で華々しくデビューを飾った。彼女はアプレゲール的なパリ娘を奔放に演じている。とくにラスト、死体となって逆さにかつがれていく凄絶なシーンは、当時、世界中の観客にショックを与えた。50年にはフォックスに招かれて渡米し、数本の映画に出演するが、彼女の熱烈なファンだったモロッコの王族の息子と結婚して引退。この結婚は王族側の希望で一切公にされなかったが、5年後に離婚し、パリに戻った。その後は児童文学の作家に転身。自作『アルプスの犬と少年』、『ぼくらのポリー』のシリーズを原作に、フランスで連続ドラマを製作。脚本を執筆し、何本かの監督もつとめた。

# 恐怖の報酬

# No.053

1952年　上映時間＝148分　監督・脚本◉アンリ＝ジョルジュ・クルーゾー
音楽◉ジョルジュ・オーリック　主演◉イヴ・モンタン、シャルル・ヴァネル

1950年代半ばのクルーゾーは掛け値なしに世界で最も話題になった監督の一人だった。その評価と人気を最高潮に押しあげた作品が『恐怖の報酬』であり、クルーゾーはサスペンス映画の巨匠として世界の頂点に立つ。

舞台は中央アメリカ。焼けつく太陽と耐えがたい湿気にむせかえる風土の描写が超一級品だ。これはクルーゾー流の酷薄なリアリズムが底を究めた映画でもある。危険な仕事に集まってくる喰いつめた男たち5人。そこに主人公マリオ（イヴ・モンタン）と、相棒になるジョー（シャルル・ヴァネル）がいる。モンタンとヴァネルの同性愛という示唆が、全篇にわたって絶妙の布石となる。なぜか早くも一人が消える。残った4人は2組に分かれて、トラックでニトログリセリンを緊急輸送する恐怖の旅に出発する。危うい吊り橋。道をふさぐ巨大な石塊。爆発。油の沼。相棒ジョーの負傷。危機につぐ危機で、文字どおり息継ぐ暇もない。最後にマリオを待つ恐怖の報酬とは何だったのか？

この作品をもって真に現代的なサスペンス映画が始まったといってよい。その場かぎりの無償の恐怖がメカニカルに連続するドラマという意味においてである。しかも、風土の描写、男同士の性愛の含み、ドラマの紆《う》余《よ》曲折《きょくせつ》、無駄のない演出と、どこをとっても一級品。ラストの切れ味鋭い処理も、キューブリックの『現金《げんなま》に体を張れ』からヴェルヌイユの『地下室のメロディー』(P164)まで、無数の映画に模倣されるパターンとなる。

**ポイント**

**◉イヴ・モンタン**(1921〜1991) イタリアのモンスマーノ生まれ。貧しいユダヤ人一家の出身で、23年ムッソリーニの支配を逃れて、フランスに帰化。パリに出て、ミュージック・ホールで歌うが、エディット・ピアフに見出され、45年ピアフ主演の『光なき星』でデビュー。二人はしばし愛人関係にあった。2作目の『夜の門』(46)の主題歌が「枯葉」で彼の持ち歌となった。『恐怖の報酬』がカンヌ映画祭でグランプリを受賞し、一躍、国際的なスターとなる。歌手としても一流で、世界各国でコンサートを開く。51年にシモーヌ・シニョレと結婚。60年の『恋をしましょう』で共演したマリリン・モンローと恋仲になった時には、シニョレが自殺未遂事件を起こすなど何度か危機がささやかれたが、85年に彼女がガンで亡くなるまで夫婦関係を全うした。89年にはキャロル・アミエルとの間に子供をもうけた。晩年は『思い出のマルセイユ』(88)等の洒脱な演技でファンを魅了した。

# No.054 悪魔のような女

1955年　上映時間＝119分　監督◉アンリ＝ジョルジュ・クルーゾー
脚本◉クルーゾー、ジェローム・ジェロミニ　主演◉シモーヌ・シニョレ、ヴェラ・クルーゾー

『恐怖の報酬』（P134）に続き、サスペンスの巨匠クルーゾーの名を世界に高からしめた作品。この2作によってクルーゾーの人気と名声はヒッチコックをもしのぎ、ヒッチコックのライバル意識は『めまい』と『サイコ』を生むことになる。前者の原作は『悪魔のような女』と同じボワロー＝ナルスジャックの小説であり、後者は浴室での殺人という同じ趣向に挑戦しているのである。

ミシェル（ポール・ムーリス）は私立の寄宿学校の校長。学校は妻クリスチナ（ヴェラ・クルーゾー）のものだが、ミシェルは学校の女教師ニコル（シモーヌ・シニョレ）と関係をもち、自分の意のままに振舞っている。その暴君ぶりに愛想を尽かしたクリスチナとニコルは共謀して夫を殺す。ところが、学校のプールに沈めたはずの夫の死体が消えたのを皮切りに、不審な事件が続発し、心臓病を抱えるクリスチナは追いつめられていく。そこへ引退した刑事が捜査に乗りだして……。

『恐怖の報酬』が派手なアクションを連ねる陽性のサスペンス映画であるとするなら、『悪魔のような女』は暗鬱《あんうつ》な雰囲気を持続させ、死体消失の謎をしだいに増幅させる陰性のスリラーである。その周到な演出はことごとく、浴室場面のクライマックスで恐怖を爆発させるための布石にほかならない。

悪女シニョレと病妻クルーゾーという女優二人の鮮烈な対比が見もの。後者はクルーゾー監督の妻で、心臓病（！）で亡くなる。

**ポイント**

◉**ヴェラ・クルーゾー**（1913〜60）ブラジルのリオデジャネイロ生まれ。第二次大戦直前にパリに移住。42年にルイ・ジューヴェ劇団に入り各地を巡業した。この間、劇団の俳優レオ・バラと結婚したが、離婚する。49年アンリ＝ジョルジュ・クルーゾー監督の『ミケットと母』を撮ったときに、スクリプト・ガールを務めたのが縁で、クルーゾーと結婚した。クルーゾーは自分の製作会社を彼女にちなんでヴェラ・フィルムと名づけ、以来、『恐怖の報酬』（52）を皮切りに、不気味なポリティカル・スリラー『スパイ』（57）まで、自作に出演させた。『真実』（60）では共同脚色者で参加している。『真実』の撮影中、クルーゾーと主演のブリジット・バルドーが恋仲となり、ヴェラは神経衰弱に陥った。60年秋、出演作『悪魔のような女』を彷彿とさせるように、心臓に持病があった彼女は、クルーゾー監督の留守中に、パリのホテルの浴室で謎の死を遂げた。

# No.055 肉体の冠

**1951年　上映時間＝98分　監督◉ジャック・ベッケル　脚本◉ベッケル、ジャック・コンパネーズ**
**主演◉シモーヌ・シニョレ、セルジュ・レジアニ**

ジャック・ベッケルは画家セザンヌの家でジャン・ルノワールと知りあい、映画界に入った。『素晴しき放浪者』（P58）や『大いなる幻影』（P64）でルノワールの助監督を務めたのち、ドイツ占領下で『最後の切札』という犯罪映画を撮って監督としてデビューする。ベッケルの多才はフランス映画史上屈指のもので、ミステリーから心理劇、青春ドラマからギャング映画まで、あらゆる題材をこなし、全13作、ただの1本も駄作がないという奇跡的な成果をあげている。

本作『肉体の冠』もベッケルが唯一「ベル・エポック（麗しの時代）」のパリを舞台にしたコスチューム・プレイで、非の打ち所のない演出の冴えから、ベッケルの最高傑作と見る向きも多い。なお、原題は「黄金の兜」といい、ヒロインが兜のように見事に結いあげたブロンドの髪型のことを意味している。

「黄金の兜」と仇名されるマリー（シモーヌ・シニョレ）はやくざロランの情婦だが、大工のマンダ（セルジュ・レジアニ）と恋に落ちる。マンダは決闘でロランを殺してしまい、やくざの元締ルカの策謀で警察に捕えられる。護送車から逃亡したマンダはルカを射殺して、ギロチンの露と消える。

ベッケルの完璧な演出と雰囲気描写に支えられて、シニョレの演じる「黄金の兜」の人物造形が見ものである。とくにラストで処刑される恋人を見つめる姿には恋する女の真情と哀れが滲《にじ》んで、深い感動を禁じえない。

**ポイント**

**◉シモーヌ・シニョレ**（1921〜85） ドイツのヴィースバーデンに生まれる。幼い頃にパリに移住し、大学入学資格と英語教師の免状を得る。タイピスト、英語教師などを経て、パテ映画社の研究所でソランジュ・ソカールの生徒になった。映画での本格デビューは『理想的なカップル』（45）で、個性的な風貌、倦怠感ただようムード、圧倒的な存在感で、戦後フランスを代表する大女優となった。『嘆きのテレーズ』（52）の破滅していく人妻、『肉体の冠』の哀切な情婦役などはとりわけ強烈な印象を残した。『年上の女』（59）で、カンヌ映画祭女優賞とアカデミー主演女優賞ほか数々の栄誉に輝いた。私生活では、イヴ・アレグレ監督と44年に結婚し、49年に離婚。一女のカトリーヌ・アレグレは女優となり、後に『燃えつきた納屋』（73）で、母娘共演している。52年イヴ・モンタンと再婚。何度か離婚の危機をささやかれながらも関係を保った。

# 現金《げんなま》に手を出すな

No.056

1954年　上映時間＝96分　監督◉ジャック・ベッケル　脚本◉ベッケル、アルベール・シモナン、モーリス・グリッフ　主演◉ジャン・ギャバン、ルネ・ダリ、ジャンヌ・モロー

「フィルム・ノワール（暗黒映画）」というフランス語がある。第二次大戦後、『マルタの鷹』など40年代ハリウッドの犯罪映画を見たフランス人が熱狂して付けたジャンル名だ。しかし、ジャック・ベッケルはこの『現金《げんなま》に手を出すな』によって、アメリカ映画とはひと味ちがう独自の格調と味わいをもったギャング映画を完成する。いわばフランス製「フィルム・ノワール」の始まりである。

主人公マックス（ジャン・ギャバン）は相棒のリトンとともに金塊の強奪に成功する。しかし、リトンの情婦（ジャンヌ・モロー）を通じてその事実がギャングのアンジェロ（リノ・ヴァンチュラ）に漏れてしまう。アンジェロはリトンを捕え、金塊と引き替えに身柄を渡せとマックスに迫る……。

フランス製フィルム・ノワールは、この作品によって創始されると同時に完成されてしまったといえよう。パリの夜の街の沈んだ雰囲気。そこに嫋々《じょうじょう》と流れるハーモニカ（ジャ

ン・ヴィエネル作曲の「グリスビーのブルース」)。折り目正しく禁欲的なギャングという人間像。男同士の友情と裏切りという不滅のテーマ。寡黙で淡々とした日常生活と激しいアクションの対比。そうした要素がまるで工芸品のような正確さで組みあわされる。
原作者はフランス暗黒街小説を代表するアルベール・シモナンで、やくざ言葉の使用に特徴がある。ジャン・ギャバンという俳優の後半生の役柄を決定した点でも意義深い映画である。

**ポイント**

◉**ジャン・ギャバン**(1904～76) パリに生まれる。父親はドイツとの国境に近いアルザス出身で、ミュージック・ホールの俳優、母は歌手という芸人家庭に育った。小学校を卒業すると、セメント工、倉庫係として働き、23年、端役で舞台に立つようになる。トーキー到来とともに映画界入りし、デュヴィヴィエの『白い処女地』(34)に出演して注目される。以後、『望郷』(37)、ルノワールの『どん底』(36)、『大いなる幻影』(37)、カルネの『霧の波止場』(38)などにより、フランス映画黄金期を象徴する名優となった。戦後も、『現金に手を出すな』、『フレンチ・カンカン』(54)、『ヘッドライト』(55)などで渋い初老の男の悲哀を漂わせる円熟した個性でファンを魅了した。60年代以後も『地下室のメロディー』(63)、『シシリアン』(69)など、若いアラン・ドロン、リノ・ヴァンチュラなどを引き立てるボス役で重ねた年輪を感じさせる名演を見せた。

# No.057 モンパルナスの灯

1958年　上映時間＝104分　企画◉アンリ・ジャンソン　監督・脚本◉ジャック・ベッケル
主演◉ジェラール・フィリップ、リリー・パルマー、アヌーク・エーメ

名匠ジャック・ベッケルが、主人公にこの上ない適役ジェラール・フィリップを得て描きだした画家モディリアーニの伝記映画。

本作はマックス・オフュルス監督に捧げられているとおり、元来オフュルスの『歴史は女で作られる』（P106）に続く作品として構想されていた。オフュルスは、脚本に『望郷』（P46）や『北ホテル』で有名なアンリ・ジャンソンを起用し、衣裳にも腹心の協力者アンネンコフを指名して、企画はかなり進んでいた。しかし、54歳のオフュルスが心臓病で急死したため、急遽ベッケルが監督の座についた。

ところが、脚本の手直しをめぐって、ベッケルとジャンソンが衝突する。孤高の画家が貧窮の末にパリの陋巷《ろうこう》で夭折するという題材は、ジャンソンの得意とする「詩的レアリスム」に絶好の題材だったが、モディリアーニの生涯を美化するジャンソンに対して、ベッケルは画家の孤独と苦悩をリアルに見つめようとする。対立の結果、ジャンソンとアンネンコフは

映画を去る。

このトラブルのせいか、主題それ自体のせいか、『モンパルナスの灯』はベッケルの映画のなかで例外的に陰鬱な作品となった。しかし、暗いパリの部屋と陽光あふれるニースの対比など雰囲気の描写にはベッケルならではの巧みさが見られる。とくに、この映画の完成からほどなくしてモディリアーニとほぼ同じ年齢で亡くなるジェラール・フィリップの孤影には鬼気迫るものがある。

**ポイント**

**◉ジェラール・フィリップ**（1922～59）カンヌ生まれ。法学士になるためニースの法律学校に通っていたが、第二次大戦の戦火を避けて南仏に滞在中のマルク・アレグレ監督らの映画人と知り合い、演劇に興味を抱く。数々の舞台に立ち、なかでも45年エベルト座でアルベール・カミュ作の『カリギュラ』で主役カリギュラを演じ、パリの劇壇における人気を不動のものにした。映画では、『肉体の悪魔』(47)で、人妻を愛する高校生を演じ、その洗練されたデリケートな物腰と風貌は女性ファンを魅了し、フランス映画を代表する甘い二枚目スターとして絶大な人気を博した。以後、『愛人ジュリエット』(50)などのロマンティックな映画や『夜ごとの美女』(53)などの洒落たエスプリあふれるルネ・クレール作品でも優雅な魅力を発揮し、監督業にも進出、『戦いの鐘は高らかに』(56)を手がけた。59年、肝臓癌のため36歳で急死した。

# 穴

No.058

1960年　上映時間＝126分　監督◉ジャック・ベッケル　原作◉ジョゼ・ジョヴァンニ
脚本◉ジョヴァンニ、ベッケル、ジャン・オーレル　主演◉マルク・ミシェル、ミシェル・コンスタンタン

原作はジョゼ・ジョヴァンニの自伝的小説『穴』。のちにギャング小説の大御所となるジョヴァンニだが、青年時代は実生活でもやくざと交際があった。そして、ある抗争に加わり、6人もの死者を出す事件に発展してしまう。そのなかで実の兄も射殺されるが、ジョヴァンニはパリのサンテ刑務所に投獄され、死刑判決を受ける。しかし、彼は監獄の壁に「穴」を開けて、脱獄を図る。小説『穴』はこの脱獄事件の一部始終を語ったジョヴァンニの処女作である。

ベッケルはこの小説から余剰な要素をすべて殺《そ》ぎおとし、台詞も必要最小限に削り、全篇の興味を5人の囚人の穴掘りに集中する。これほど単純化された物語が、終始一貫、一瞬のたるみもなく描きだされるのは、演出、構図、編集がこれしかないという完璧さで実現されているからだ。その結果、壁と囚人の具象的な戦いが、物質と人間の対立という形而上的な深みすら獲得するに至る。

さらに驚くべきは音響処理で、背景に音楽が一切使われないだけでなく、石に金属の衝突する音が、観客の背筋を凍らせるような鋭さで捉えられている。ここでも、音は物質の具体的な手ごたえであると同時に、抽象的な恐怖に高められている。ラストの処理にも度肝を抜かれる。

映画史上最もハードボイルドな本作を撮ったのち、ベッケルは53歳の若さで亡くなる。『穴』の封切りのひと月前のことだった。

ポイント

**◉ジャック・ベッケル**（1906～60）パリに生まれる。蓄電池会社を経て、大西洋汽船会社に勤める。その航路でキング・ヴィダー監督と知り合い、アメリカの映画界に入るよう勧められるが断り、フランスに戻る。少年の頃から交際していたジャン・ルノワール監督の助監督となり、『大いなる幻影』(37) まで9本の作品についたが、ふたりの篤い友情は終生、変わらなかった。第二次大戦に従軍し、ドイツ軍の捕虜になり、ポメラニの収容所に入れられたものの、癲癇になったフリをして釈放された。この時に知り合ったプロデューサーのもとで、第1作『最後の切札』(42) を監督し大ヒットとなった。『肉体の冠』『現金に手を出すな』とジャンルを問わず、繊細な雰囲気描写では他の追随を許さない才能を発揮、ヌーヴェル・ヴァーグの作家たちにも深い影響を与えた。監督になっている息子ジャンを生んだ先妻と別れた後、女優フランソワーズ・ファビアンと58年に再婚した。

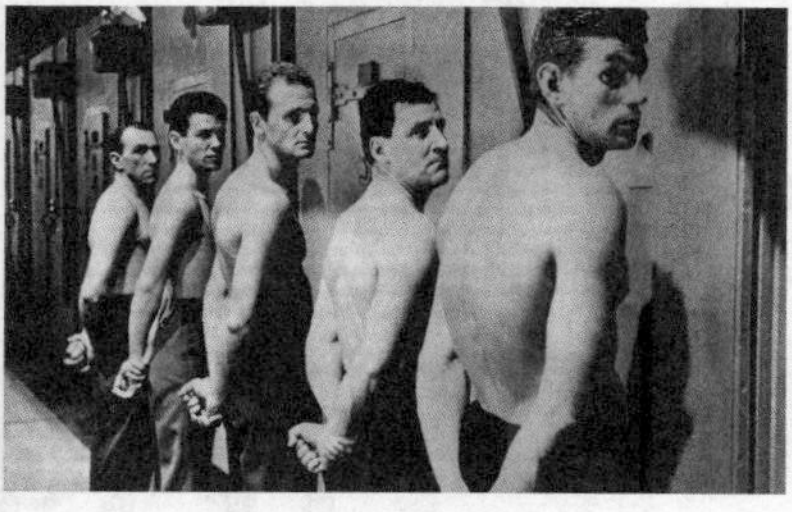

# No.059 いぬ

1962年　上映時間＝109分　監督・脚本◉ジャン＝ピエール・メルヴィル　原作◉ピエール・ルスー
主演◉ジャン＝ポール・ベルモンド、セルジュ・レジアニ、ジャン・ドサイ

メルヴィルは第二次大戦後まもなく、当時のフランスでは異例の独立プロダクションを興す。そして製作・脚本・監督を一人でこなし、レジスタンス文学の名作『海の沈黙』を低予算で映画化する。メルヴィル自身、戦中はレジスタンスの闘士だった。『海の沈黙』の成功からメルヴィルは独立プロ監督の困難な道を歩むが、この姿勢は後に続くヌーヴェル・ヴァーグの若い監督たちから尊敬され、ゴダールは『勝手にしやがれ』（P188）でメルヴィルに出演を仰ぐことになる。

メルヴィルは、『賭博師ボブ』以降、独自のクールなタッチでギャングたちの世界を描き、フランス製犯罪映画の真の巨匠となる。本作『いぬ』は、メルヴィルのスタイルが完成に達した記念すべき作品である。

原題の「ドゥロス」とは「密告者」を意味するやくざの隠語であり、物語は、主人公モーリス（セルジュ・レジアニ）の犯罪と、彼の親友シリアン（ジャン＝ポール・ベルモンド）

が「いぬ」であるかどうかという謎をめぐって二転三転する。冷たいモノクロの画面は登場人物への感情移入を可能なかぎり排し、彼らの行動をつき放して描いてゆく。そこからメルヴィル独特の非情に澄みきった映像美が生まれ、運命悲劇の高貴なポエジーがたち昇る。ここに、ジャック・ベッケルを正統的に後継するフランス製フィルム・ノワールの新たな誕生が告げられた。

**ポイント**

◉**セルジュ・レジアニ**（1922～2004）　イタリアのレジオ・エミリオ生まれ。職工など様々な職業を経て、演劇を志し、コンセルヴァトワールを卒業、コメディ・フランセーズの舞台に立つ。48年、クルーゾーの『情婦マノン』でマノンの兄レオンに扮して注目され、続くアンドレ・カイヤットの『火の接吻』（49）では、当時10代のアヌーク・エーメと組んで、現代版ロミオとジュリエットを好演した。『肉体の冠』（51）ではシモーヌ・シニョレ演じる娼婦マリーと恋仲になり、謀略にあってギロチンにかけられる気のいい大エマンダ役が印象深い。二枚目ながら、クセの強い陰翳のある役を得意とし、アニメーションの名作『やぶにらみの暴君』（52）や『セーヌの詩』（58）のナレーションも忘れがたい。『いぬ』では仲間の裏切りに疑心暗鬼になるギャングも鮮烈だった。『影の軍隊』（69）の床屋など、苦悩を抱えた寡黙な演技には特筆すべきものがあった。シャンソン歌手としても有名である。

# ギャング

No.060

1966年　上映時間＝120分　監督・脚本◉ジャン＝ピエール・メルヴィル
原作・脚本◉ジョゼ・ジョヴァンニ　主演◉リノ・ヴァンチュラ、ポール・ムーリス、ミシェル・コンスタンタン

『ギャング』の原作はジョゼ・ジョヴァンニの小説『おとしまえをつけろ』である（フランス語原題の"Le Deuxième souffle"は小説も映画も同じで「反撃」の意）。ジョヴァンニの処女小説『穴』（P144）はジャック・ベッケルの遺作映画となったが、本作でメルヴィルが新たにジョヴァンニの小説を映画化することにより、ベッケル〜ジョヴァンニ〜メルヴィルというフランス製フィルム・ノワールの黄金の系譜が確立した。その事実にふさわしい名作である。

主人公ギュ（リノ・ヴァンチュラ）は刑務所を脱獄する。そして、情婦との海外逃亡資金を得るため、ギャングたちとプラチナ輸送車の襲撃を行う。襲撃は成功するが、ギュをつけ狙う警察の策略で、裏切り者の汚名を着せられてしまう。ギュは自分の名誉を守るため、仲間たちのもとに赴くが……。

リノ・ヴァンチュラが見事に演じる主人公ギュは、ベッケル監督の『現金に手を出すな』

（P140）でジャン・ギャバンが演じた初老のギャング像を正確に発展させたものである。仲間への信義に篤《あつ》く、自分の名誉を何よりも重んじ、寡黙だが、最後の決断に迷うことなく、行動はつねに正確で素早い。そして、彼らのこうした行動と倫理が最もつらい試練にかけられるのは、ほとんどいつも友情と裏切りというドラマを通してなのである。これはいわばフランス製フィルム・ノワールの任俠劇化であり、実際、メルヴィルは次回作を『サムライ』（P150）と名づけることになる。

**ポイント**

**◉リノ・ヴァンチュラ**（1919〜87） イタリアのパルマ生まれ。幼少時に家族でフランスに移住。ボクサーとしてヨーロッパ・チャンピオンの座につくが、怪我のために引退し、ジャック・ベッケルの『現金に手を出すな』(54)で映画デビューを果たす。主演のジャン・ギャバンがヴァンチュラに感銘を受け、役者を続けるようにアドバイスしたといわれる。実際にこの傑作で、その特異な風貌が一躍注目を浴び、数々のアクション映画にギャング役や刑事役で出演。『モンパルナスの灯』(58)の冷酷な画商役も強烈な印象を残した。大ヒット作となった『シシリアン』(69)ではアラン・ドロン、ジャン・ギャバンと共演してもひけを取らない見事な存在感を示した。『冒険者たち』(67)、『ラムの大通り』(71)などのロベール・アンリコ作品では人間味あふれる個性が発揮されていた。フランチェスコ・ロージの『ローマに散る』(76)での権力犯罪を追及する刑事役のリアルな演技も忘れがたい。

# No.061

# サムライ

1967年　上映時間＝105分　監督◉ジャン＝ピエール・メルヴィル
脚本◉メルヴィル、ジョルジュ・ペルグラン　主演◉アラン・ドロン、ナタリー・ドロン、フランソワ・ペリエ

「サムライ」というタイトルは監督のメルヴィル自身が命名したものである。冒頭にはこんな架空の銘さえ字幕で掲げられる。

「密林のなかの虎にも似て、サムライの孤独ほど深いものはない」

この言葉どおり、本作は孤独な殺し屋の生活と仕事を淡々と描いてゆく。ともかく殺し屋ジェフを演じるアラン・ドロンが圧倒的なかっこよさで輝く。がらんとした殺風景な部屋にひとりで暮らし、心を通わせるものは鳥かごのなかの鳥一羽だけ。襟を立てたトレンチコートとソフト帽に身をかため、鏡の前に立って、目深にかぶった帽子のつばを丹念に直す。まるで切腹か討入りの前の武士のように。一歩間違えば時代錯誤の戯画になりそうな設定を、暗鬱な男の神話にまで高めているのは、アラン・ドロンの虚無的な美貌と一分の隙もない所作、そして、場面場面に優雅さと緊張感を等価に充電するメルヴィルの演出力である。

映画全体を沈んだ灰青色に統一し、いぶし銀のような底光りを感じさせるアンリ・ドカのカメラワークも素晴らしい。

三島由紀夫は「沈黙と直感と行為」に満ちたこの映画を絶賛し、ここにあるのはニヒリズムでも情熱でもなく、「折目節目の正しい行動の充実感」だと喝破した。そう書いた1年後、三島は行動の充実感を求めて、死の沈黙に身を投げた。この映画のジェフのように。

**ポイント**

**◉アラン・ドロン**（1935〜）パリ近郊ソー生まれ。17歳で軍隊に入り、インドシナ戦線に従軍。除隊後、イヴ・アレグレの『女が事件にからむ時』(57) で映画デビュー。『お嬢さんお手やわらかに!』(58) で若い女性の間で人気が沸騰し、『太陽がいっぱい』(60) の完全犯罪で成り上がろうとする貧しい青年トム・リプリー役が決定打となった。ルキノ・ヴィスコンティの『若者のすべて』(60)、『山猫』(63)、ミケランジェロ・アントニオーニの『太陽はひとりぼっち』(61) など巨匠の作品に次々に出演し、世界的なスターとなった。一匹狼の殺し屋を演じた『サムライ』、男の友情を甘美に謳った『さらば友よ』(68) などのフィルム・ノワールものでとくにその翳りある魅力が全開になる。私生活では、ロミー・シュナイダーと婚約したが、解消して後のナタリー・ドロンと結婚。その後、離婚し、ミレーユ・ダルクと同棲するなど派手な女性遍歴にも事欠かない。

# No.062

# 仁義

1970年　上映時間＝140分　監督・脚本◉ジャン＝ピエール・メルヴィル
主演◉アラン・ドロン、イヴ・モンタン、ブールヴィル

メルヴィル流フィルム・ノワールの主題と美学を集大成した大作。原題は「赤い輪」という、冒頭にこんな言葉が引用される。

「男たちが自分でも知らぬながら、いつの日か出会わねばならぬとしたら、彼らにいかなることが起こり、どれほど異なった道をたどったとしても、その日、あらがいがたく、男たちは赤い輪のなかで一緒になるだろう」

つまり、「赤い輪」とは運命のことであり、メルヴィル映画は、『いぬ』（P146）も『ギャング』（P148）も『サムライ』（P150）も、そしてむろんこの『仁義』も、男たちの峻厳な運命悲劇なのだ。その意味で、メルヴィルが主題とスタイルにおいて最も深い親近性で結ばれる映画は、ロベール・ブレッソンのそれをおいてほかにない。『仁義』はワン・カットや1場面が極端に強い緊張感をはらんで続くため上映時間も長いが、物語そのものはかなり単純である。

刑期を終えて刑務所を出たコレー（アラン・ドロン）の車のトランクに、脱獄したヴォーゲル（ジャン・マリア・ヴォロンテ）が逃げこんでくる。一緒にコレーの敵を倒した二人は意気投合し、ヴォーゲルの友人で射撃の名人のジャンセン（イヴ・モンタン）を誘って、高級宝石店襲撃計画を実行に移す。しかし、マッテイ警部（ブールヴィル）がヴォーゲルの行方を執拗に追求してくる。ドロン、モンタン、ブールヴィルというフランスの3大スターの個性を最大限に活かした共演も見ごたえ十分である。

**ポイント**

**◉ジャン＝ピエール・メルヴィル**（1917〜73）パリに生まれた。兵役についた時期に第二次大戦が始まり、従軍。復員と同時に自らのプロダクションを設立し、レジスタンス文学の最高傑作といわれるヴェルコールの同名原作の『海の沈黙』(47)を監督し、注目を集めた。『賭博師ボブ』(55)、『マンハッタンの二人の男』(58)など低予算の作品は、撮影所システムを否定し、ロケーション主義、即興演出を目指したヌーヴェル・ヴァーグの作家たちの先駆けといわれた。アメリカ映画に熱狂し、とくにジョン・ヒューストンの『マルタの鷹』に心酔していたメルヴィルは、フランスの暗黒街映画のスタイルを確立した最初の、そして最高の巨匠となった。『いぬ』(62)、『ギャング』(66)ではモノクロームの美しさ、光と闇の対比による映像が際立って印象的である。アラン・ドロンとのコンビによる『サムライ』(67)から遺作『リスボン特急』(72)まで色彩の美学がストイックなまでに追求されていた。

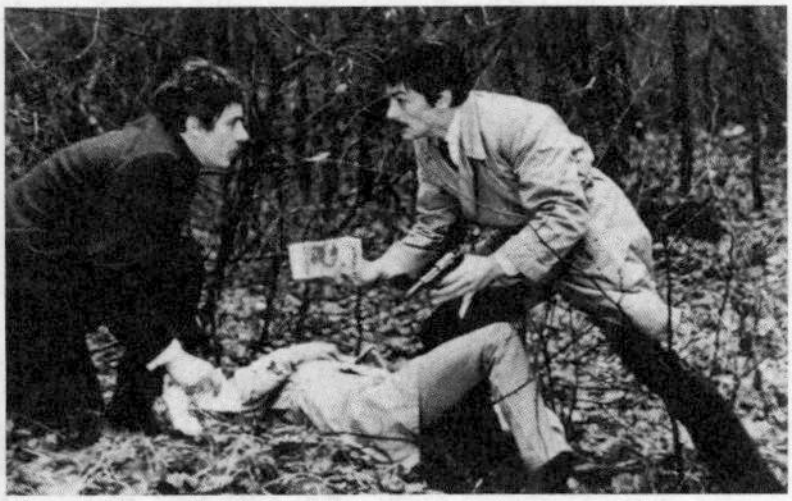

# No.063 デデという娼婦

1947年　上映時間＝114分　監督◉イヴ・アレグレ
主演◉シモーヌ・シニョレ、ベルナール・ブリエ、マルセル・ダリオ

アレグレという姓の監督はフランスに二人いる。一人はマルク・アレグレ。青年時代に、愛人の作家ジッド（長いこと間違ってマルクの伯父だと思われていた）とアフリカ旅行をして記録映画『コンゴ紀行』を撮った人物だ。劇映画としては、チロル地方を舞台にして女優シモーヌ・シモンの魅力を描きだした『乙女の湖』が日本では大きな人気を呼んだ。

もう一人は本作の監督のイヴ・アレグレ。マルクの7歳年下の弟で、兄の『乙女の湖』で助監督をつとめた。女優作りの名人といわれる兄に比して、犯罪や暗い過去をめぐって展開する物語の沈んだ味わいに秀でている。脚本家ジャック・シギュールとのコンビにより、本作のほか、ジェラール・フィリップ主演の『美しき小さな浜辺』などの佳作を生みだした。

『デデという娼婦』はベルギーのアントワープに流れてきた酒場の女が主人公で、愛人との新生活へのはかない望みを描いている。港町を舞台にした脱出へのあがきが死と挫折に終わる物語は、カルネ監督＝プレヴェール脚本の『霧の波止場』（P72）を連想させるし、原作

者はデュヴィヴィエ監督『望郷』（P46）と同じアシェルベである。その点から見て、30年代の「詩的レアリスム」の流れを汲むことは明らかだが、第二次大戦を通過したペシミズムが、「詩的レアリスム」の詠嘆に曇らされない純度の高い暗さを醸成している。『肉体の冠』（P138）、『嘆きのテレーズ』（P130）と並んで女優シニョレの冷たい美貌が冴えわたる一本で、製作当時、彼女はアレグレ監督の妻だった。

**ポイント**

◉**イヴ・アレグレ**（1907〜87）パリ生まれ。兄は映画監督のマルク・アレグレ。中等教育を終えてから、貸し本業を始める。また、ピエール・ブロンベルジェ、ジャン・タリドと映画館パンテオンの経営に参加する。編集の見習いを経て、ジャン・ルノワールの『牝犬』（31）、兄マルクの『乙女の湖』（34）の助監督を務める。第二次大戦勃発前にピエール・ブラッスールやマドレーヌ・ロバンソンと独立プロを組織し、劇映画の製作を開始したが、撮影所の火事でネガが焼失した。第二次大戦中はナチスの占領していない南フランスのニースに避難し、イヴ・シャプランというペンネームで『二人の内気な男』（41）を演出したが、ナチスから上映を禁止された。46年にシモーヌ・シニョレと結婚したが、49年に離婚。『狂熱の孤独』（53）でヴェネツィア映画祭銀獅子賞を受賞している。ジェームズ・ハドリー・チェイス原作の暗黒街もの『目撃者』（57）はロベール・オッセンの好演が光っている。

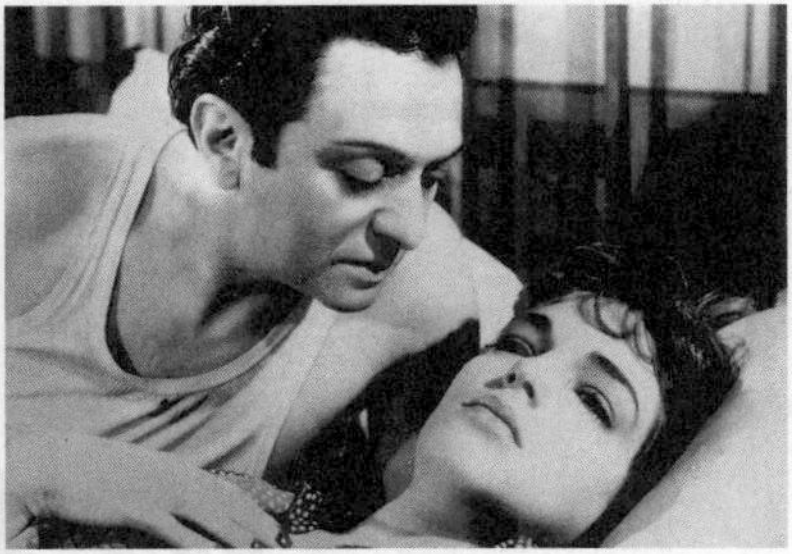

No.064

# 裁きは終りぬ

1950年　上映時間＝100分　監督◉アンドレ・カイヤット　脚本◉カイヤット、シャルル・スパーク
主演◉ヴァランティーヌ・テシエ、クロード・ノリエ

カイヤットは第二次大戦後の「社会派」映画監督として知られるが、『望郷』（P46）の台詞で有名なアンリ・ジャンソンとコンビで共同脚本を書いたり、グレミヨン監督の名作『曳き船』（P80）の脚本をプレヴェールやシャルル・スパークと一緒に執筆した経歴からも分かるとおり、「詩的レアリスム」の流れを汲む映画人でもある。

実際、カイヤットの名を一躍高めた本作『裁きは終りぬ』では、カイヤットはスパークと共同でシナリオを執筆している。また、カイヤットは映画界に入る前は弁護士だったという異色の経歴の持ち主であり、法廷を舞台にした裁判劇を得意とする。本作はカイヤットの裁判映画シリーズの最初の作品であり、ヴェネツィア映画祭で金獅子賞、ベルリン映画祭で金熊賞と、最高賞をダブル受賞した。

主題は安楽死である。女性薬学博士が、上司である愛人が癌《がん》に苦しむのを見て、薬殺してしまう。この事件の裁判が陪審制度に基づいて行われる。シドニー・ルメットの『十二人の

怒れる男』を連想させる設定だが、これが金銭目当ての故殺なのか、愛情からの安楽死なのか、という真相の追究は映画の真の焦点ではない。むしろカイヤットが強調するのは、未亡人の骨董商（ヴァランティーヌ・テシエ）など七人の陪審員の個人生活であり、その個人生活が判決を左右するという理不尽さだ。ピエール・フレネーのナレーションが語るように、裁きには曖昧さが残る。だが、裁きは終りぬ、なのである。

**ポイント**

**◉ヴァランティーヌ・テシエ**（1892〜1981）パリに生まれる。初等教育を終えてから、ポール・ムーネのもとで演技の勉強を基礎から学ぶ。その後、ジャック・コポーの率いるヴュー・コロンビエ座に参加し、舞台デビューを果たした。後にルイ・ジューヴェ劇団に移るが、多くの名優たちとの共演に恵まれて、着実に力をつけていった。映画はサイレント時代の『人質』（11）から出演し、長いキャリアを誇っている。代表作のひとつであるジャン・ルノワール監督の『ボヴァリー夫人』（34）は、版権が切れたばかりのフローベールの小説の映画化を、大出版社社長ガストン・ガリマールが当時、愛人だった彼女をエンマ役に使うという条件で、ルノワールに依頼したのは有名なエピソードである。『裁きは終りぬ』以外では、ジョルジュ・シムノン原作の『雪は汚れていた』（57）における占領軍相手の売春宿を経営するマダム役も印象深い。

# No.065 眼には眼を

**1957年　上映時間＝113分　監督◉アンドレ・カイヤット**
**主演◉クルト・ユルゲンス、ファルコ・ルリ、パスカル・オードレ**

『裁きは終りぬ』（P156）など、法廷を舞台にした裁判劇を通して、カイヤットは一貫して、人は人を裁けるか、という問いを扱ってきた。

本作は、題名どおり、裁きの極限的形式である復讐をテーマとしている。舞台は中東のシリア。主人公の医師ヴァルテル（クルト・ユルゲンス）は、アラブ人のボルタクという男の妻の診療を断る。だが、別の病院に向かう途中でボルタクの車が故障し、彼は妻を連れて徒歩で病院まで行かねばならなくなる。だが、病院の誤診のせいで、ボルタクの妻は死んでしまう。その後、ヴァルテルが砂漠地帯の病人の診療に向かったおり、なぜか車が壊されてしまう。そして、ヴァルテルのまわりにボルタクが出没し、二人は砂漠をさまようことになる……。

当初のテーマは裁きの極限形式としての復讐だが、映画はしだいに主人公が理不尽に迫害される恐怖映画の域に入りこんでゆく。のちにスピルバーグの『激突』や、ロバート・ハーモンの『ヒッチャー』へとつながるパターンである。その意味で、物語の整合性の弱さや、主人公たちの人間造形の紋切型や、演出のあざとさを非難してもはじまらない。むしろ、カイヤットの「良心的社会派」というレッテルを外して、その場かぎりの観客の興味に賭ける娯楽映画の出来映えを賞讃すべきであろう。また、ラストで砂漠が迫《せ》りあがってくるヘリコプター・ショットは、やはり衝撃的である。

ポイント

◉**クルト・ユルゲンス**（1915〜82）　ドイツのミュンヘン生まれ。俳優を志し、ワルター・ヤンセンに就いて演技を学ぶ。初舞台はベルリンのメトロポール歌劇場で、その後、ウィーンのドイツ民衆劇場、ブルグ劇場を歴演。映画にはヴィリ・フォルストの『ワルツの季節』(35)でデビュー。ユダヤ系ということで、45年ゲッペルス宣伝相の命により、強制収容所に抑留された。イブ・シャンピ監督の『悪の決算』(55)でヴェネツィア映画祭の主演男優賞を受賞。中年を過ぎてからは独特の色気、重い威厳が感じられるようになり、とくにナチの将軍役は他の追随を許さなかった。50年からは4本の西ドイツ映画を監督している。私生活では、ルル・バラスキー、ユーディト・キルツマイスター、女優のエヴァ・バルトークと結婚、離婚を繰り返したあと、58年、シモーヌ・ビシュロンと四度目の結婚をしたが、71年離婚。大の酒豪で、76年には華麗な女性遍歴を綴った自伝も出版している。

No.066

# 殺《や》られる

1959年　上映時間＝87分　監督・脚本◉エドゥアール・モリナロ
主演◉ロベール・オッセン、マガリ・ノエル、フィリップ・クレイ

暗黒街のギャングによる女性の人身売買と戦う男（ロベール・オッセン）の物語。原題は「女たちが消えていく」で、ダグラス・サーク監督『誘拐魔』の「娘たちが消えていく」というフランス題に引っかけている。この映画が製作された1959年はヌーヴェル・ヴァーグの激動の年である。一見上出来の娯楽映画に見えるこの作品にも、映画の変化の潮流が如実に反映している。

第1は、ベッケルとメルヴィルに始まるフランス製フィルム・ノワールの流れである。沈んだモノクロで描かれるフランス映画の犯罪の世界は、アメリカ映画よりもクールな底光りがする。長篇第1作『絶体絶命』から本作『殺《や》られる』そして『彼奴《きやつ》を殺せ』と犯罪映画の佳作を連打したモリナロは、フランスのフィルム・ノワールを担う才能と見なされていた。

第2は、初期ヌーヴェル・ヴァーグの影響である。ヴァディム、マルからシャブロル、トリュフォーに至る、従来のスタジオを離れた若者による映画作りは、同じ映画を志す若者に

大きな勇気をあたえていた。モリナロもそこから勇気を汲みとった若い映画作家だったのだ。第3は、『死刑台のエレベーター』（P222）と『大運河』から顕著になった、「シネ・ジャズ」の流行である。本作でも、ジャズ・メッセンジャーズの演奏が使われて、クールなフランス製フィルム・ノワールの世界に独特な活気と味わいを添えている。撮影監督ロベール・ジュイヤールのコントラストの鋭い映像も見ものである。

**ポイント**

**◉ロベール・オッセン**（1927～2020）パリに生まれる。父のアンドレ・オッセンは作曲家で、ロベールが出演した映画の数本で音楽を担当している。中等教育を終え、大学入学資格をとってからルネ・シモンについて演技を学んだ。グラン・ギニョール劇場で2年間、芝居を上演して好評を博した。53年に映画デビューし、『大運河』(56)『殺《や》られる』(59)など主に犯罪、ギャングもので個性を発揮した。なかでも『目撃者』(57)で、列車のミニチュアを偏愛する、幼児性をむき出しにした殺し屋は出色である。監督業にも進出し、監督・脚本を手がけた作品には『悪者は地獄へ行け』(55)、『危険な階段』(59)、『殺し屋に墓はない』(63)、『傷だらけの用心棒』(68)があり、すべて暗黒街ものである。『悪者は地獄へ行け』で共演したマリナ・ブラディと56年に結婚したが、62年に離婚。その後、女優のキャロリーヌ・エリアシェフと結婚し、後に離婚。その後、キャンディス・パトゥと結婚している。

No.067

# ヘッドライト

1955年　上映時間＝101分　監督◉アンリ・ヴェルヌイユ　脚本◉ヴェルヌイユ、フランソワ・ボワイエ
音楽◉ジョゼフ・コスマ　主演◉ジャン・ギャバン、フランソワーズ・アルヌール

ヴェルヌイユは恋愛劇から犯罪アクションまで幅広くこなす職人監督だが、本作は1950年代フランス映画の「良質の伝統」に連なるメロドラマ。ヒロインを演じるフランソワーズ・アルヌールは、ヴェルヌイユのご贔屓《ひいき》の女優で、『過去をもつ愛情』と本作がヴェルヌイユ＝アルヌールのコンビの代表作といえよう。また、ジャン・ギャバンとアルヌールの共演は、前年に製作されたルノワール監督『フレンチ・カンカン』（P68）の大成功にあやかったものである。

主人公ジャン（ギャバン）はパリとボルドーを行き来する長距離トラックの運転手。初老を迎える彼は、ボルドー近くの定宿にしている「キャラバン」で、クリスマスの夜に新しい女中のクロチルド（アルヌール）と出会う。ジャンのパリの家庭は冷たく、彼とクロチルドの仲は急速に深まる。二人が新しい生活に踏みだそうと決意したとき、ジャンは雇い主と喧嘩して運転手の職を失い、クロチルドは妊娠に気づき、ジャンと連絡を取ろうとするが

……。

1930年代の詩的レアリスムを現代に移植したごとき映画である。主人公のギャバンは、『望郷』（P46）や『霧の波止場』（P72）の彼が生き延びていたとしたらそうなったであろう孤独な初老の男であり、女もまた薄幸の運命を背負っている。とくにアルヌールの演じるヒロインの抑えた官能性と繊細な影が忘れがたい。皮肉な原題は「とるに足らぬ人々」。

**ポイント**

◉**フランソワーズ・アルヌール**（1931〜2021）　アルジェリアのコンスタンティーヌ生まれ。父はアルジェリア駐留のフランス砲兵隊の将軍。舞台女優だった母は、映画女優に憧れていたフランソワーズに理解を示し、かつての同僚だったボーエル・テロン夫人の演劇研究所で演技を学ばせた。その頃に撮られた一枚のポートレイトがウィリー・ロジエ監督の目に止まり、49年の『漂流物』で映画デビューを果たす。『禁断の木の実』（52）や『上級生の寝室』（53）などセクシーな肢体で中年男を誘惑するタイプの娘を演じ、ブリジット・バルドー以前のフランスを代表するセクシー女優として活躍した。一方、丸顔で親しみやすい風貌のせいで、庶民的な役も多く、ジャン・ルノワールの『フレンチ・カンカン』（54）では幅広い人気を得た。薄幸なヒロインを演じた『過去をもつ愛情』（54）『ヘッドライト』のほかにも、レジスタンスの女スパイに扮した『女猫』（58）が忘れがたい印象を残す。

# No.068 地下室のメロディー

1963年　上映時間＝121分　監督・脚本◉アンリ・ヴェルヌイユ　原作◉アルベール・シナモン
主演◉ジャン・ギャバン、アラン・ドロン、ヴィヴィアーヌ・ロマンス

娯楽映画の名匠ヴェルヌイユの面目躍如たる犯罪映画のクラシック。ジャン・ギャバンとアラン・ドロンの新旧2大スター初の共演も話題を呼び、日本でも大ヒットした。

監獄から出所した老ギャング、シャルル（ギャバン）は、妻（ヴィヴィアーヌ・ロマンス）の懇願にもかかわらず、老後を海外で裕福に過ごすため、最後の犯罪を行おうとする。カンヌにある「パーム・ビーチ」のカジノに集まる金を奪おうというのだ。そのため、刑務所で知りあった若いフランシス（ドロン）とその義兄のルイを仲間に入れ、金の出入りを観察し、着々と完全犯罪の計画を練りあげる。そして、犯罪決行の日、各自が分担をこなし、予定どおりに計画は進行するが……。

大スターの共演は、えてして監督が両者の見せ場を配分することに腐心するあまり、中途半端な仕上がりに終わることが多いが、ここでは、ギャバンが『現金に手を出すな』（P140）以来の旧世代のギャング、ドロンが軽薄な新世代の犯罪者という個性の色分けを見事に

演じきり、そのコントラストが見ごたえ十分だ。犯罪映画の名台詞作者ミシェル・オディアールの台詞も洒落ている。

また、ミシェル・マーニュが作曲したモダン・ジャズのテーマ曲が後々まで記憶に残る独自のメロディーを持ち、モノクロの映像と相まって、映画の雰囲気を大いに盛り上げている。そして、あのラストシーン！　知らずに見る人は幸せである。

**ポイント**

●**ヴィヴィアーヌ・ロマンス**（1912〜91）ノール県ルーベ生まれ。本名はポーリーヌ・オルトマン。リヨンの絹織物工場、人造真珠工場、裁縫工場などで働いていたが、30年のミス・パリに選ばれて、芸能界入りのきっかけをつかんだ。ミュージック・ホールなどに出演し、ジャン・ルノワールの『牝犬』(31)の端役で映画デビューを果たす。爆発的な人気を博したのはデュヴィヴィエの『我等の仲間』(36)の魔性の若妻役で、30〜40年代にかけては、フランス映画界きっての官能派として一世を風靡した。原作にほれ込んだ『娼婦マヤ』(49)からプロデューサー業を兼ねるようになり、『カスバの恋』(51)などに主演したが、ヒット作には恵まれなかった。56年以後はめっきりスクリーンに姿をみせることが少なくなったが、『地下室のメロディー』で老ギャング、ジャン・ギャバンに引退を勧める恋女房の役は、ひさびさに、戦前を代表する官能派女優の貫禄を見せつけた。

# No.069

# 太陽がいっぱい

1960年　上映時間＝113分　監督◉ルネ・クレマン　脚本◉クレマン、ポール・ジェゴフ
主演◉アラン・ドロン、モーリス・ロネ、マリー・ラフォレ

記録映画タッチの『鉄路の闘い』で長篇監督デビューしたクレマンは、『禁じられた遊び』（P92）では一転して「詩的レアリスム」の伝統を現代に移植してみせた。本作ではさらに転じて、パトリシア・ハイスミスのサスペンス小説を巧妙な手腕で料理し、非の打ち所のない娯楽映画の傑作を実現している。ハイスミスの映画化作品にはすでにヒッチコックの『見知らぬ乗客』があるが、クレマンはヒッチコックにも匹敵するフランス製ミステリー映画の代表作を作りあげたのである。

主人公リプリー（アラン・ドロン）は、友人のフィリップ（モーリス・ロネ）を探しにイタリアにやって来る。フィリップの父親に頼まれて彼をアメリカに連れ戻すためだ。フィリップにはマルジュ（マリー・ラフォレ）という恋人もいて、リプリーはフィリップへの羨望に苛《さいな》まれる。そんなリプリーにフィリップは耐えがたい屈辱を味わわせ……。

人間洞察と意外性に富んだあまりにも見事なストーリーをこれ以上紹介するわけにはいか

ない。有名なラストの衝撃まで観客は息継ぐひまなく引っぱられてゆくだろう。精神的サドマゾ関係（淀川長治は同性愛だと看破した）を演じるドロンとロネの素晴らしさ。ラフォレの「アンニュイ」な魅力。イタリアの海と風土を鮮烈な色彩で描きだすアンリ・ドカのカメラの神業。永遠に忘れがたいニーノ・ロータの哀切なメロディ。どこを取っても超一級のエンタテインメントだ。

**ポイント**

◉**マリー・ラフォレ**（1939〜2019）　ジロンド県スーラック生まれ。レーモン・ルーローのTV番組『スター誕生』に応募した姉に連れられてTV局を訪れたところ、ルーロー本人にスカウトされる。カンヌの新人候補コンクールに出場することになり、審査員のルイ・マル監督の目にとまって、次回作のヒロインに指名される。しかし彼女を一目見たルネ・クレマン監督が、『太陽がいっぱい』のアラン・ドロンの相手役に大抜擢し、18歳のデビューを飾ることになった。野望に燃える貧しい青年ドロンが恋い焦がれるヒロインを魅惑的に演じ、一躍、時代のミューズとなった。『赤と青のブルース』(60) では、けだるいムードたっぷりに主題歌も歌っている。61年の主演作『金色の眼の女』の若手監督ジャン＝ガブリエル・アルビコッコと結婚。しかし、71年には離婚して、同年にアラン・カーン・スリヴェと再婚した。シャンソン歌手としても活躍し、63年フランス映画祭のために来日した。

# 雨の訪問者

## No.070

1969年　上映時間＝120分　監督◉ルネ・クレマン　脚本◉セバスチアン・ジャプリゾ
音楽◉フランシス・レイ　主演◉チャールズ・ブロンソン、マルレーヌ・ジョベール

『太陽がいっぱい』（P166）の後、クレマンはフランス人に限らぬスターを起用して娯楽映画を作るようになる。とくに本作と、『狼は天使の匂い』（ロバート・ライアン主演）では、ジャプリゾの脚本とフランシス・レイの音楽を得て、クレマン独自のクールで謎めいたフィルム・ノワールの世界を展開している。

ある雨の日、南仏の町を一人の男が訪れる。男を目撃した人妻メリー（マルレーヌ・ジョベール）は、夫の留守中この男に犯され、逆に男を殺してしまう。死体を始末したものの、ドブスという男（チャールズ・ブロンソン）が現れ、メリーに殺された男のことをしつこく訊きただす。警察の捜査も始まり、謎はさらに深まってゆく。

ジャプリゾの脚本は謎解きよりもミステリアスな雰囲気を醸成することに力点を置いており、フランシス・レイの美しい音楽がそのための効果を最大限に発揮している。冒頭に『不思議の国のアリス』の一節が引用されるように、幻想と現実の境を行くようなタッチが、こ

の異色ミステリーの個性である。ラストはラヴ・ロマンスとして結実し、ブロンソンの魅力をいっぱいに振りまく。フランス製の本作とイタリア製の『狼の挽歌』がきっかけとなって、ブロンソンは世界的なスターとして復活する。ヒロインを演じたそばかすが印象的なマルレーヌ・ジョベールも、いかにもフランス女優らしいコケティッシュな魅力で、この作品で一時的にスターとなった。

ポイント

**◉マルレーヌ・ジョベール**（1940～） アルジェリア生まれ。父は軍人で9歳のときにディジョンに移り住み、そこで美術学校に4年間通った。やがて音楽家の兄が企画したコメディ・ショーに遊び心で出演して演劇熱にとりつかれ、コンセルヴァトワールに入学。一等賞を得た上、美術学校を落第したこともあって、パリの同校に移り本格的に演技を学ぶかたわら、数々の職業を転々とする。やがて、『多くの道化師』のイヴ・モンタンの相手役で初舞台を踏んだのち、一年ほどTVに出演していたところを、ジャン=リュック・ゴダール監督が発見し、『男性・女性』（65）に助演で起用した。『ある日アンヌは』（68）から主役を演じ、『雨の訪問者』で、トレードマークのソバカスとともにチャーミングな個性でファンを魅了した。80年に双子を出産したが、その一人エヴァ・グリーンは女優となりベルトルッチの『ドリーマーズ』（03）でスクリーン・デビューし、話題となった。

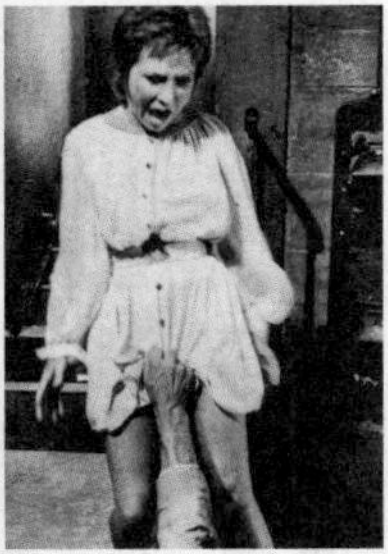

# No.071 墓場なき野郎ども

**1959年** 上映時間＝103分 監督◉クロード・ソーテ
主演◉リノ・ヴァンチュラ、ジャン＝ポール・ベルモンド、サンドラ・ミーロ

ソーテは、フランス恐怖映画史に突出するジョルジュ・フランジュの『顔のない眼』（P122）で、脚本家・助監督として頭角を現し、その後、監督として一本立ちする。本作『墓場なき野郎ども』は、彼の演出の手腕が注目された最初の映画だ。ソーテはこの頃、フランス製フィルム・ノワールの未来を開く逸材として期待されていたのである。原作はジョゼ・ジョヴァンニの同名小説（邦訳題も同じ）で、ジャック・ベッケル監督の『穴』（P144）と並んで、ジョヴァンニ作品映画化の最初期の1本である。

アベル（リノ・ヴァンチュラ）は国際的に指名手配されるギャング。イタリアでひと仕事し、成功するが、銃撃戦で相棒と妻を殺され、子連れで孤立してしまう。パリの仲間に救援を頼んだところ、やって来たのはエリック（ジャン＝ポール・ベルモンド）という一匹狼だった。アベルとエリックは互いに助けあうが、昔の仲間や警察に追いつめられていく。いかにもフランス製フィルム・ノワールにふさわしい友情と裏切りの物語をソーテは堅実

な手際で映画にしていく。ギャング役の主役を張るヴァンチュラと、『勝手にしやがれ』（P188）で世界的なスターになる直前のベルモンドというコンビの共演がこの映画を支えている。とくにヴァンチュラは本作を契機に、フランス製フィルム・ノワールに新たな分厚い個性をもった人物像を構築し、ジャン・ギャバン以来の犯罪者像をさらにハードボイルドなものに鍛え直して、フランス映画の重要な顔となる。

**ポイント**

**●サンドラ・ミーロ**（1935〜） イタリアのミラノ生まれ。ミラノ大学に在学中、スカウトされ、56年に映画デビュー。フランス映画にも進出し、ジャン・ルノワール監督の『恋多き女』（57）、ジャック・ベッケル監督の『怪盗ルパン』（57）など、名匠の後期の傑作に出演している。ロベルト・ロッセリーニ監督の『ロベレ将軍』（59）ではその官能的な美貌とスタイルだけでなく、演技力も高く評価された。『青い女馬』（59）、『墓場なき野郎ども』、『彼奴《きやつ》を殺せ』（59）では奔放なエロティシズムを披露している。映画プロデューサー、モーリス・エルガスとの同棲を機に一時、スクリーンを遠ざかっていたが、フェリーニのたっての希望で『8½』（63）のカルラ役でカムバックを果たし、映画監督マルチェロ・マストロヤンニの愛人をコケティッシュに演じてファンを魅了した。その後、『魂のジュリエッタ』（65）でも、ヒロイン、ジュリエッタ・マシーナの友人役で愛嬌あふれる演技をみせている。

# No.072 コミック・ストリップ・ヒーロー

## (旧題『殺人ゲーム』)

1967年　上映時間＝90分　監督・脚本◉アラン・ジェシュア
主演◉ジャン＝ピエール・カッセル、クローディーヌ・オージェ、ミシェル・デュショッソワ

ジェシュアはマックス・オフュルスやジャック・ベッケルの助監督として映画界に入った人だが、奇想に満ちた映画作りのため寡作を強いられている。日本では、アラン・ドロンが全裸で海岸を走る『ショック療法』で名を知られるが、『ショック療法』は吸血鬼伝説のヴァリエーションとマッド・サイエンティストものを結合した珍品だった。『コミック・ストリップ・ヒーロー』はジェシュアの奇想天外な想像力が開花した作品で、カンヌ映画祭で最優秀脚本賞を受賞している。

作家のピエール（ジャン＝ピエール・カッセル）は、画家の妻（クローディーヌ・オージェ）とマンガを作っている。そこへピエールのマンガの大ファンだという大金持ちの青年ボブが現れ、ボブのアイデアを基に、連載マンガが描かれるようになる。ピエールの連載が進むにつれ、ボブはマンガの主人公と同じ行動を取り、犯罪の世界に入りこみはじめる。虚構と現実の相互浸透をテーマとした点ではブニュエルやフェリーニに連なる幻想映画の

変種といえるのだが、作中にギー・ペラールの描くリキテンシュタインばりのポップ・イラストを自在に挿入し、思いきりキッチュな装いで押していくところに、ジェシュアの面目躍如たるところがある。イラストの原色に合わせて映画自体の色彩設計が巧みに計算されており、そうしたアーティスティックな配慮が、アイデア一発だけではない映画的な快楽を画面にあふれさせている。

### ポイント

◉**クローディーヌ・オージェ**（1941〜2019）パリに生まれる。17歳の時、ミス・フランスに選ばれたのをきっかけに、女優を志してコンセルヴァトワールで演劇を学ぶ。65年、『007／サンダーボール作戦』でボンド・ガールに選ばれ、一挙にスターの座に上った。その後は、『黄金に賭ける男たち』（66）、『ナポリと女と泥棒たち』（66）、『バスタード』（68）など、もっぱらグラマラスな肢体を売りものにしたアクション映画への出演が続く。『コミック・ストリップ・ヒーロー』では、大胆なボディ・ペインティングを施され、当時、大きな話題となった。ジャック・ドレーが監督した、フランソワーズ・サガン原作の『水の中の小さな太陽』（71）では、知的で、しかもミステリアスな上流階級の女性を演じて、大きく飛躍を遂げた。近年は、『モーメント・オブ・ラブ』（89）などで、脇を固める熟年女優として活躍している。ピエール・ガスパール＝ユイ監督と結婚したが、のちに離婚している。

# さらば友よ

# No.073

**1968年　上映時間＝111分　監督◉ジャン・エルマン　脚本◉セバスチアン・ジャプリゾ**
**主演◉チャールズ・ブロンソン、アラン・ドロン**

才人とはエルマンのような人のことをいう。パリ映画高等学院を出て、インドの大学でフランス語を教えるが、そこで、『インディア』をロケに来たロッセリーニの助監督に就く。フランスに戻ってからは、短篇アニメを作って映画祭の各賞を受賞し、同時にリヴェットの『パリはわれらのもの』の助監督も務める。その後、映画から足を洗い、ジャン・ヴォートランの名でミステリーを書き、『神様への大きな一歩』でゴンクール賞を受賞する。

本作『さらば友よ』はアラン・ドロンとチャールズ・ブロンソンの顔あわせにより世界的大ヒットとなったエルマンの代表作。

ヴォートランとジャプリゾという2大作家が組んだ映画にしては、物語はかなり荒っぽい。医師（ドロン）が見知らぬ女から「盗んだ債券を金庫に返してほしい」と頼まれてほいほい引き受け、その仕事の最中にいきなり傭兵（ブロンソン）が現れて、一緒に金庫破りを始めるが、二人とも金庫に閉じこめられてしまい……というサスペンス映画。

作品の要は、金庫室に閉じこめられたドロンとブロンソンという、美男と野獣コンビが暑さのあまり裸になり、妙にホモセクシュアルな友情が芽生えていくプロセスの描写の巧みさにある。同じドロン主演の隠れホモ映画『太陽がいっぱい』(P166)の陽性バージョンといった趣だ。コップにコインを入れる賭け、ブロンソンの「イェーッ」という叫び、ラストの煙草の火の処理など、小技も効きまくっている。

**ポイント**

**◉ジャン・エルマン**(1933〜2015) ムールト＝エ＝モーゼル県パニー＝シェル＝モーゼル生まれ。大学入学資格を取ったあと、パリ映画高等学院に学び、55年卒業。56年からインドのボンベイ大学でフランス語の講師をつとめ、『インディア』のロケに来たロベルト・ロッセリーニに助監督としてつく。帰国後、短編映画を撮り、作品がエミール・コール賞、トゥール国際短編映画祭グランプリ、オーバーハウゼン国際短編映画祭などで受賞する。この間に、ジャック・リヴェットの『パリはわれらのもの』の助監督もつとめた。ジャン・ヴォートラン名義でミステリー作家としても高い評価を受ける。その後、商業映画の監督として頭角を現し、日本で最初に公開された『さらば友よ』で、一躍、チャールズ・ブロンソン人気に火をつけた。その他に、アラン・ドロンとミレーユ・ダルクが恋仲になるきっかけとなったギャング映画『ジェフ』(69)、『太陽の下の200万ドル』(70)などがある。

# No.074 ガラスの墓標

**1969年** 上映時間＝96分 監督・原作◉ピエール・コラルニック 音楽◉セルジュ・ゲンズブール
主演◉ゲンズブール、ジェーン・バーキン

コラルニックは、アンナ・カリーナが主演し、セルジュ・ゲンズブールが音楽を担当したTVミュージカル『アンナ』（世界初の劇場公開は日本でなされた）のほか、長篇劇場用映画としては本作『ガラスの墓標』一本しか撮っていない。しかし、ゲンズブールとジェーン・バーキンが主演したフィルム・ノワールというこの珍品は、いかにも1960年代末期の雰囲気をふんぷんと振りまきながら、映画ファンの記憶に残るだろう（邦題からはなにやら詩的な香りが漂うが、原題はずばり「大麻《カナビス》」。違う香りが立ちのぼります）。

主人公はセルジュ（ゲンズブール）。職業は殺し屋（笑）。素性はロシア人（これは楽屋落ち）。フランスのやくざ一家を殲滅《せんめつ》するため、パリ行きの飛行機に乗り、美女ジェーン（バーキン）と出会う。早速敵と戦うことになるが、傷つき、ジェーンにかくまわれる。だが、ジェーンとの愛に溺れるセルジュのもとに、相棒の殺し屋ポールが現れる……。

ゲンズブールがロシア人殺し屋の役を好演しており、その多才ぶりに舌を巻く。だが、公開当時も今も、この映画のセールスポイントは、ジェーン・バーキンの少年のような裸体を惜しげもなく披露するベッドシーンの数々だろう。殺し屋二人のあいだには同性愛的な関係が示唆され、男と女の愛のあいだで迷う男というパターンは、ゲンズブールの初監督作『ジュ・テーム・モワ・ノン・プリュ』（P324）に通じるものがある。興味深い暗合である。

**ポイント**

◉**ジェーン・バーキン**（1946〜）ロンドン生まれ。両親は舞台俳優。ファッション・モデルとして働いていた時期に、リチャード・レスター監督の『ナック』（65）に端役で出演。その後、アントニオーニ監督の『欲望』（67）で主演のD・ヘミングスにからむ若い女の一人を演じ、注目を集める。18歳の時に作曲家ジョン・バリーと結婚して、女児をもうけたが2年後に離婚。フランスに移り住んで作曲家・歌手のセルジュ・ゲンズブールと同棲し、後に結婚するが、12年後に離婚。ゲンズブールとデュエットで吹き込んだレコード「ジュ・テーム・モワ・ノン・プリュ」があまりにセクシーであるという理由で放送禁止になる。痩身で、傷つきやすさを感じさせる役柄が多いが、80年ジャック・ドワイヨン監督と出会い、公私にわたるパートナーとして『ラ・ピラート』（84）などで主演をつとめる。ゲンズブールとの間にできた娘のシャルロットも現代フランス映画を代表する女優に成長した。

# 女王陛下のダイナマイト

No.075

1966年　上映時間＝90分　監督◉ジョルジュ・ロートネル　脚本◉ミシェル・オディアール
主演◉リノ・ヴァンチュラ、ミレーユ・ダルク

フランス製フィルム・ノワールの珍品中の珍品。ロートネルの演出の冴え、オディアールのセリフの生きのよさ、役者陣のはまりぶりと、見事に三拍子揃って、ブラック・ユーモアとアクションが理想的な結合をとげた映画と相成った。

主人公アントワーヌ（リノ・ヴァンチュラ）は引退したやくざで、今はコート・ダジュールで平穏に暮らしている。昔の仲間の依頼で、親友のジェフ（ミシェル・コンスタンタン）とともに、ミシャロン（ジャン・ルフェーヴル）といううろくでなしから借金を取りたてることになる。ところがそこに、ミシャロンを憎む「大佐」というイギリス人が現れ、ビートルズ風の格好をした配下を率いて、無慈悲な攻撃を始める。アントワーヌとジェフとミシャロンは、ミシャロンの元妻（ミレーユ・ダルク）の家へ逃げこむのだが……。

引退したやくざがやむにやまれず再び昔の稼業に手を染めるという物語は、ジャン・ギャバンが演じたらお似合いの正統的なフランス製フィルム・ノワールの主題だ。しかし、ロー

トネルとオディアールと役者たちはその主題を完全にパロディ化し、精密きわまる技巧によって狂った細部を積み重ね、サイケな英国ロックグループと昔気質のフランスやくざのダイナマイトによる爆破合戦というクライマックスにもっていく。「怒らないようにしよう」という原題がむやみにおかしい。爆笑また爆笑のフランス喜劇の大傑作だ。

**ポイント**

**◉ミレーユ・ダルク**（1938〜2017）南仏のトゥーロン生まれ。当地のコンセルヴァトワールで19歳まで演劇を学び、同年単身でパリに出てしばらくマヌカンをしていたが、演出家ルネ・デュピーに見出され、『英雄の兵士』のグラモン座公演の娘役を演じる。60年の『気晴らし』で映画デビューし、数本の作品に出演したが、65年の『恋するガリア』でスレンダーな肢体とコミカルな魅力が注目され、一躍人気スターになった。監督ジョルジュ・ロートネルとは公私ともにパートナーとなり、以後、『女王陛下のダイナマイト』、『牝猫と現金』（67）をはじめ抱腹絶倒のアクションコメディの傑作を放った。その後、『ジェフ』（69）で共演したアラン・ドロンと長い同棲生活に入った。ドロンと共演した『栗色のマッドレー』（70）は彼女が書き下ろした小説が原作だった。一時、持病の心臓病が悪化し、大手術を受けたが回復。88年には『ソフィー／遅すぎた出逢い』で監督デビューした。

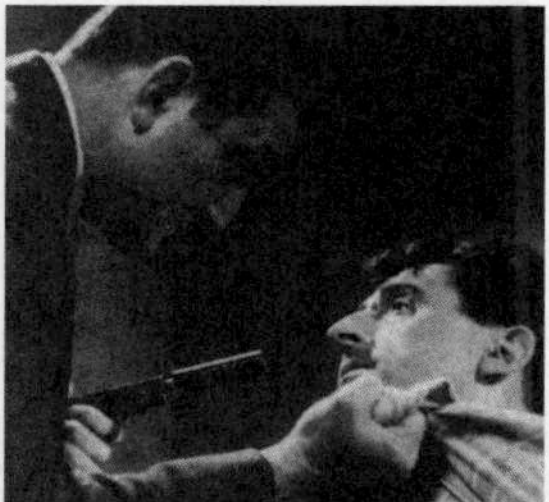

# No.076

# 狼どもの報酬

1972年　上映時間＝105分　監督◉ジョルジュ・ロートネル　脚本◉ロートネル、ベルトラン・ブリエ
主演◉ジャン・ヤンヌ、ベルナール・ブリエ、ミシェル・コンスタンタン

ロートネルが1960年代に撮った奇跡的なドタバタ犯罪活劇の熱狂的なファンは日本にもフランスにもいまだ多い。ただ、『女王陛下のダイナマイト』（P178）と並ぶヴァンチュラ主演の大傑作、『*Les Tontons flingueurs*』と『*Les Barbouzes*』が公開されていないのがとても残念だ（タイトルは俗語なので邦訳しにくいが「ドンパチおじさん奮戦記」に「ダマしダマされスパイ大作戦」といったところか）。

『狼どもの報酬』は70年代初頭に撮られたロートネル最後の（？）傑作である。
主人公セルジュ（ジャン・ヤンヌ）は刑期を終え、刑務所を出た途端、殺し屋たちに襲われ、刑事（ベルナール・ブリエ）につけ狙われる。セルジュが隠した宝石が目当てなのだ。セルジュは仲間のミシェル（ミシェル・コンスタンタン）に助けられ、妻のカルラ（ミレーユ・ダルク）と再会し、宝石を回収する旅に出る。しかし、追手と、思わぬアクシデントが次々に三人に襲いかかる。

真面目に撮ればそれなりに緊迫感をもったフィルム・ノワールになるのである。ところが、ロートネルの意図はこれを「マンガ」にすることだった。実際、登場人物のセリフが吹き出しになって画面に浮かんだりするのだ。コンスタンタン、ダルク、ブリエの三人は文句なしにロートネル映画の住人だが、唯一ヤンヌのリアルな犯罪者づらがこの世界に似合わない。ロートネル流の、大人のためのお伽話が生きにくい時代になっていたのである。

**ポイント**

**◉ジョルジュ・ロートネル**（1926〜2013）　ニース生まれ。母親はトーキー初期に『最後の億万長者』にも出演し、晩年まで活躍したルネ・サン＝シールである。学校では法律・政治を学んだが、現像所の実習生からスクリプト、編集者を経て、52年、助監督となる。ノルベール・カルボー、ロベール・ダレールなどの現場につく傍ら、短編映画の演出にも手をそめ、58年に長編デビューをする。日本では、ナチの残党が隠した黄金をめぐって仏、独、英、ソの4国が虚々実々のスパイ合戦を繰り広げる『スパイ対スパイ』(62)で注目された。以後、『太陽のサレーヌ』(66)、『女王陛下のダイナマイト』(66)、『牝猫と現金』(67)などミレーユ・ダルクをヒロインにユーモアと軽快なアクションをちりばめた犯罪コメディの秀作を放ち、一部に熱狂的なファンを擁した。70年代後半からは、アラン・ドロン、ジャン＝ポール・ベルモンドらの映画製作にも協力しているが、往年の冴えはない。

# ボルサリーノ

1970年　上映時間＝126分　監督◉ジャック・ドレー　脚本◉クロード・ソーテ、ドレー、ジャン＝クロード・カリエール　主演◉アラン・ドロン、ジャン＝ポール・ベルモンド、ミシェル・ブーケ

ジャック・ドレーは、1950年代を通じて助監督としてフランス映画の製作に関わった人物だ。つまり、ヌーヴェル・ヴァーグの登場で映画作りが根本的に変わってしまう以前、フランス映画がスタジオの職人たちの技術によって保証される「良質の伝統」を保持していた時代のことである。それゆえ、ドレーの映画作りには時代の限界が表れているが、今では失われたフランス映画の古き良き香りが漂い、そこが貴重な味わいになっている。

監督として独立してからは、アラン・ドロン主演の犯罪映画を多く撮って名声を得た。本作は、ドロンに、ジャン＝ポール・ベルモンドという最良の助っ人を迎え、舞台も1920年代マルセイユというまさに古き良き時代。ドレーの資質に最適の配役と題材である。

物語は、カペラ（ベルモンド）とシフレディ（ドロン）というチンピラが意気投合し、古い親分の支配する暗黒街を自分たちの手に入れるという1930年代ハリウッドのギャング映画によくある設定だ。たやすく人を殺す荒っぽいヤクザ二人の話だが、カリエールや

No.077

ソーテの加わった脚本がうまく、また、主役コンビの髪型から服装までレトロなファッションが気障《きざ》なほどに決まっているので、肩の凝《こ》らない絵空事として十二分に楽しめる。ラストにはやるせない哀しみも描かれている。

### ポイント

●**ジャック・ドレー**（1929〜2003）ローヌ県リヨン生まれ。俳優出身で、マルセル・カミュ、ジャン・ボワイエ、ジュールス・ダッシンなどの助監督につき、監督を目指す。日本での公開第一作はマルセイユを舞台にしたセリ・ノワール物の『皆殺しのシンフォニー』（65）。『ある晴れた朝突然に』（65）もベルモンド主演、ジェイムズ・ハドリー・チェイス原作の誘拐サスペンスである。B級アクションを得意とする手腕が高く買われ、68年の『太陽が知っている』以来、アラン・ドロンの座付き作者のようにコンビを組んでいる。『ボルサリーノ』は、1920年代へのノスタルジーというブームの先鞭をつけた作品で、予想外に大ヒットしたために、ドロンの単独主演で『ボルサリーノ2』（74）も監督している。フィルモグラフィでは異色のサガン原作の恋愛もの『水の中の小さな太陽』（71）がある。この作品でヒロインを演じたクローディーヌ・オージェとは一時、愛人関係にあった。

# 暗黒街のふたり

# No.078

1973年　上映時間＝99分　監督・脚本◉ジョゼ・ジョヴァンニ　音楽◉フィリップ・サルド
主演◉アラン・ドロン、ジャン・ギャバン、ミムジー・ファーマー

ジョヴァンニはフランス犯罪小説最高の作家の一人であり、自作の小説の題材をそのままスクリーンに移したギャング映画を数多く撮っている。そのなかにあって、本作は、前科者の更生の困難さを正面から描く異色の力作であり、『地下室のメロディー』、『シシリアン』（監督はともにアンリ・ヴェルヌイユ）に次いで、アラン・ドロンとジャン・ギャバンの三度目にして最後の共演となった。

ジノ（ドロン）が銀行強盗を犯し、長い刑期を勤めて出所する。保護司のジェルマン（ギャバン）はそんなジノを陰に陽に助けるが、前科者には、世間の冷たい目と古い仲間の誘惑が付きもので、転職や引越しを余儀なくされ、自動車事故で妻が死んでしまう。その傷が癒え、リュシーという新しい恋人もできた矢先、ジノを怪しむ刑事が現れ、彼のまわりに出没する。刑事の手がリュシーに伸びたとき、ジノは怒りを抑えられなかった……。

ジノが死刑判決を受け、ジェルマンや女性弁護士が彼の助命に奔走するという物語には、

ジョヴァンニの実体験が反映している。ジョヴァンニ自身、チンピラの抗争に絡んで死者を出し、死刑判決を受けたが、父親の努力で命を救われた経緯があるからだ。本作のラストで、ドロンがギャバンを見つめる場面には、その万感の思いがこもっている。
ジョヴァンニは自分の死刑判決と父親の救命嘆願の話を『父よ』という感動的な映画にまとめ、これがジョヴァンニの遺作となった。

**ポイント**

**◉ジョゼ・ジョヴァンニ**（1923～2004）パリ生まれ。曾祖父母はコルシカ出身。中等教育の途中で第二次大戦が起こり、学業を放棄する。20歳のときに山岳ガイドになり、レジスタンス運動にも参加し、波乱に富んだ青春時代を送る。戦後はギャングに加わり、入獄。出所後自らの獄中体験を踏まえ、初めて書いた小説がジャック・ベッケルによって『穴』（60）として映画化された。以来、数多くの暗黒小説を発表し、『墓場なき野郎ども』（59）、『勝負をつけろ』（61）、『冒険者たち』（67）の映画化では、『穴』と同様、自ら脚色に当たった。なかでも『冒険者たち』の出来栄えが気に入らず、同じ原作を自ら『生き残った者の掟』として監督している。以後、『ベラクルスの男』（68）、『ラ・スクムーン』など主にジャン＝ポール・ベルモンド主演のギャングものを手がけた。遺作『父よ』は、作家としてデビューした当時を振り返った見事な自伝的フィルム・ノワールに仕上がっている。

# 7

# 映画の革命
## ――ヌーヴェル・ヴァーグと六〇年代

# 勝手にしやがれ

No.079

1959年　上映時間＝92分　監督・脚本・台詞◉ジャン＝リュック・ゴダール
主演◉ジャン＝ポール・ベルモンド、ジーン・セバーグ

映画史に深い亀裂を入れた革命的作品。この1本から、映画史には、ゴダール以前とゴダール以後ができた。

原案トリュフォー、脚本・監督ゴダール、監修シャブロル。これはゴダール個人の作品であると同時に、ヌーヴェル・ヴァーグという若者の連帯が生んだ幸福な果実でもある。しかし、当時のゴダールは不幸の只中にいた、とトリュフォーは語っている。そんな絶望的な気分に、トリュフォーが知った警官殺しの青年の実話はよくマッチしていた。そして、車を盗み、警官を殺し、みずからも虫けらのように射殺されるちんぴらの物語に、ゴダールは、自分がシネマテークで浴びるように見たアメリカのフィルム・ノワールの記憶を注ぎこんでゆく。作中で主人公ミシェル・ポワカール（ジャン＝ポール・ベルモンド）がハンフリー・ボガートのしぐさをまねる場面に、ゴダールのアメリカ製犯罪映画への愛が表れている。

だが、できあがった映画はこれまでの映画とは全く違っていた。まず、ゴダールは完成したシナリオを書かず、その場その場の即興を重視した。そのため、画面には予期せぬ生気がみなぎり、しかも、場面場面を適当に切り縮めるジャンプ・カットという手法から、鮮烈な映像のリズムが生まれた。映画はスタジオから大通りに飛びだし、新しい時代を開いたのだ。ベルモンドとアメリカ女優ジーン・セバーグのカップルも新時代の開幕を画す鮮烈なアイコンとなった。

**ポイント**

**◉ジーン・セバーグ**（1938〜79）　アメリカ、アイオワ州マーシャルタウン生まれ。57年、オットー・プレミンジャー監督の『聖女ジャンヌ』の主役公募に一万八千人の中から合格、ジャンヌ・ダルク役で映画デビューを果たす。続く同監督の『悲しみよこんにちは』（58）のセシル役でボーイッシュなセシル・カットとともに人気スターになる。さらにゴダールの『勝手にしやがれ』のパトリシア役で国際的なスターの地位を固めた。ロバート・ロッセン監督の『リリス』（64）の精神を病んだ繊細なヒロインも忘れがたい。61年フランソワ・モレイユと離婚。63年、作家で外交官のロマン・ギャリと再婚し、一児をもうけた。ギャリが監督した『ペリーの鳥』（68）に主演し、68年離婚。72年デニス・ベリーと結婚。79年パリの自宅近くの車の中で死体で発見された。ブラックパンサー党との関わりから、陰謀説も取り沙汰されたが、死因は不明。一年後、ギャリも後を追うように自殺している。

# No.080 女は女である

**1961年**　上映時間＝84分　監督・脚本◉ジャン＝リュック・ゴダール　撮影◉ラウール・クタール
音楽◉ミシェル・ルグラン　主演◉アンナ・カリーナ、ジャン＝ポール＝ベルモンド

ゴダールのアメリカ映画への愛が狂い咲いた原色大型画面のミュージカル。とはいうものの、登場人物が歌う場面はほとんど皆無。つまり、これは登場人物が歌を歌わないミュージカルとして構想された一作なのである。いかにもゴダールらしい、お洒落で、皮肉な映画だ。

主人公はストリッパーのアンジェラ（アンナ・カリーナ）。彼女は子供が欲しくて仕方がないが、夫のエミール（ジャン＝クロード・ブリアリ）はその気がない。そこで彼女は一計を案じ、下の部屋に住むアルフレッド（ジャン＝ポール・ベルモンド）に色目を使う。嫉妬にかられたエミールはアンジェラに挑み、ことが終わってから妻の策略だと悟る。「アンファム（汚いぞ）」となじる夫に、アンジェラは、私は「ユヌ・ファム（女なのよ）」と答える。この駄洒落がオチであり、タイトルの由来。まるでエルンスト・ルビッチを思わせる艶笑喜劇だが、実際、ベルモンドの役名はアルフレッド・ルビッチというのである。

音楽ミシェル・ルグラン、美術ベルナール・エヴァンというコンビはジャック・ドゥミの映画の常連であり、これにゴダールの片腕、撮影監督のクタールが加われば鬼に金棒。大型画面の色彩と艶に目を奪われ、現れては消える妙なるメロディに酔わされる。当時、ハリウッドのミュージカル黄金時代はとっくに終わっていたが、その遠く甘い追憶に染めあげられた至福の一篇である。

**ポイント**

**◉ミシェル・ルグラン**（1932〜2019）パリに生まれる。父レイモンはバンド・リーダー兼作曲家、姉クリスティーヌは声楽家。幼少からピアノを学び、神童と呼ばれて父のバンドでピアノを担当。映画にも興味を持ち、19歳で初めて映画音楽を作曲。55年『過去をもつ愛情』で本格デビュー。以来、フランソワ・レシャンバックの短篇やヌーヴェル・ヴァーグの作家の作品も手がけ、ゴダールとは『女は女である』で初めて組む。ジャック・ドゥミとのコラボレーションで世界的な名声を博し、『シェルブールの雨傘』（64）でアカデミー音楽賞と主題歌賞の候補をはじめ、数々の音楽賞に輝いた。アメリカにも進出し、『華麗なる賭け』（68）で主題歌賞、『おもいでの夏』（70）で音楽賞、『愛のイエントル』（83）で歌曲賞の三つのオスカーを獲得した。ジャズマンとしても才能を発揮し、数回グラミー賞を受賞している。マイルス・デイヴィスらと共演した『ルグラン・ジャズ』は名盤である。

# No.081 女と男のいる舗道

1962年　上映時間＝80分　監督・脚本・台詞◉ジャン＝リュック・ゴダール
主演◉アンナ・カリーナ、アンドレ・S・ラバルト、ブリス・パラン

ゴダールの長篇第4作。彼の冷徹な方法意識とエモーショナルな喚起力が絶妙のバランスを保つ秀作。次作の『カラビニエ』からは、このバランスが大きく方法意識の方に傾き、「難解なゴダール」という神話が始まる。

映画は、生活苦から売春を行う女ナナ（アンナ・カリーナ）の無意味な死に至る生涯を12の断章で描く。ばらばらの断章形式とは、統一的な物語の流れを失った現代の人間と映画とが行きつく必然的な方法である。

原題は「自分の人生を勝手に生きる」の意味だが、もちろん勝手に生きることのできない私たちの人生への皮肉にほかならない。

また、今後、売春という主題はゴダール映画に頻出するが、その理由は、自分の最もプライヴェートな部分と交換に金銭を得るこの行為が、すべてを交換価値に還元する資本主義社会を生きることの直接的なメタファー（比喩的表現）だからである。

とはいえ、ナナという名前が示すように（ジャン・ルノワールの映画『女優ナナ』のヒロインと同じ名だ）、ゴダールはまだ映画の力への信頼は失っていない。その至上の証しが、映画館でドライヤーの『裁かるるジャンヌ』（P26）を見てナナが涙を流す場面である。ナナを演じる当時のゴダールの愛妻アンナ・カリーナの好演もあって、このとき売春婦ナナはジャンヌ・ダルクと同じく人生の理不尽な受難に耐える聖女に変身しており、見る者の感動は極限にまで高まる。

**ポイント**

**◉アンナ・カリーナ**（1940〜2019）　デンマークのコペンハーゲン生まれ。ダンスを学びながらモデルの仕事を始め、パリに進出。ピエール・カルダンのマヌカンとして活動し、ゴダールから『勝手にしやがれ』（59）の出演依頼を受ける。これを断り、同作の成功を知り、翌年、『小さな兵隊』（60）に出演したが、同作はアルジェリア戦争を主題にしていたため、63年まで上映禁止措置を受ける。『女は女である』（61）ではベルリン映画祭主演女優賞を受賞している。ゴダールと結婚し、ヌーヴェル・ヴァーグを代表するカップルとして注目を集め、『女と男のいる舗道』『気狂いピエロ』『メイド・イン・USA』で世界の映画ファンを魅了したが、64年離婚。65年『修道女』の舞台に挑戦、ジャック・リヴェットの映画版で新境地を開いた。68年同映画の助監督ピエール・ファーブルと再婚、その後、ファーブル、ダニエル・デュヴァルとの離婚を経て、82年、デニス・ベリーと再婚した。

# No.082 アルファヴィル

1965年　上映時間＝98分　監督・脚本・台詞◉ジャン＝リュック・ゴダール　撮影◉ラウール・クタール
主演◉エディ・コンスタンティーヌ、アンナ・カリーナ

本作の主人公、レミー・コーションは一時期フランスで人気を博した私立探偵。その映画シリーズでスターになったエディ・コンスタンティーヌが『アルファヴィル』でも主役のレミーを演じている。本作はゴダール唯一の長篇SF活劇で、全篇実在の場所のロケ撮影でSFを撮るという実験作でもある。

レミーは同僚の行方を追って星雲都市アルファヴィルに向かう。そこは、コンピュータ、アルファ60が支配する全体主義国家だった。人々は記憶や感情を禁じられ、これに反した者は公開処刑される。レミーはここで出会った娘ナターシャ（アンナ・カリーナ）を救出するため、アルファ60に戦いを挑む。

非人間的な技術支配に反逆し、人間的感情を解放するというこの映画の寓意はあまりにも明白である。この物語を映画にするにあたって、ゴダールはドイツ表現主義映画の巨匠、『ノスフェラトゥ』のムルナウに敬意を表して光と闇のコントラストを強調し、また、コクトー

の『オルフェ』（P100）に出てくる「ゾーン（生と死の中間地帯）」のイメージを引用する。さらに、ポール・エリュアールの詩「苦悩の首都」も読みあげられる。こうした引用は単なる遊びではない。記憶を禁じるアルファヴィル的全体主義と戦うためのかけ替えのない武器なのである。

ラストで車に乗って地球に向かう主人公とカリーナの姿は、やはり車で南仏へと脱出する次作『気狂いピエロ』（P196）のベルモンドとカリーナの姿にオーヴァーラップする。

**ポイント**

◉**エディ・コンスタンティーヌ**（1917〜93） ロシア移民の両親のもと、ロサンジェルスに生まれる。父はバリトン歌手。声楽を学びにウィーンに渡る。帰国後、ニューヨークのラジオ・シティ・ミュージック・ホールのコーラス団員となり、映画のエキストラもこなす。パリでナイトクラブの歌手になり、そこでエディット・ピアフに見初められ、レコード・デビューを果たす。53年より映画に進出し、アメリカ人探偵レミー・コーションを主人公にしたベルナール・ボルドリー監督による一連のシリーズに主演して映画スターとなる。ゴダールも『アルファヴィル』で同役を演じさせ、一躍カルト的な存在となる。70年代はファスビンダー作品を始めドイツ映画界でも活躍した。91年『ゴダールの新ドイツ零年』でレミー役をふたたび演じて話題となった。75年に競馬界を舞台にした犯罪小説『ゴッド・プレイヤー』を刊行し、小説家としてデビューした。

# No.083 気狂いピエロ

1965年　上映時間＝110分　監督・脚本・台詞◉ジャン＝リュック・ゴダール
主演◉ジャン＝ポール・ベルモンド、アンナ・カリーナ

初期ゴダールの総決算ともいうべき作品。ひとりの男の愛と冒険を描き、いまや1960年代の夢と悲劇を体現する名画となった。

物語は処女作『勝手にしやがれ』（P188）に酷似している。同じジャン＝ポール・ベルモンドの演じる主人公フェルディナンが、マリアンヌ（アンナ・カリーナ）という女に恋をし、ギャングに追われて、車で南に向かって逃走する。しかし、女の裏切りにあって、女を殺し、みずからも自殺をとげる。

『勝手にしやがれ』と決定的に違うのは、まばゆいまでの色彩である。血の赤、海の青、輝く黄色、純粋な白。原色の炸裂する画面は、フェルディナンの愛や希望や苛立ちの比類なき強度の表現である。そこには直接に人を刺激してやまない感覚の昂揚がある。

そして、エリ・フォールのベラスケス論から始まる引用の洪水。また、「ピエ・ニクレ」のマンガ、ゴダール自身の手書きノート、泰西名画、実在の映画監督サミュエル・フラー。

あらゆるイメージが直接画面にコラージュ（貼りあわせ）される。それは世界の多様さを丸ごとじかに映画に取りこもうとするゴダールの熾烈な欲望の表れだ。
だが、すべては挫折する。顔に青いペンキを塗りたくり、頭にダイナマイトを巻いて火をつけ、しかし、消しそこなって無様に爆死する男の姿は、『勝手にしやがれ』のラストよりさらに悲痛である。そこにランボーの詩が流れ、永遠の海が映る。これが人生＝映画だ！

**ポイント**

**◉ジャン＝ポール・ベルモンド**（1933〜2021）　パリ郊外のヌイイ＝シュル＝セーヌ生まれ。舞台俳優として活動した後、クロード・シャブロル監督『二重の鍵』（59）の反抗的な青年役で注目される。ゴダールの『勝手にしやがれ』（59）の自由奔放で虚無的な自動車泥棒ミシェルが当時の若者の深い共感を呼び、一躍、ヌーヴェル・ヴァーグを代表するスターとなった。いっぽうでフィリップ・ド・ブロカの『大盗賊』（62）、『リオの男』（64）などのエンタテインメント作品でもスタントを使わぬ切れのよいアクションを演じてみせ、ピーター・ブルックの『雨のしのび逢い』（60）などのシリアスなドラマでも強い印象を残した。88年には『ライオンと呼ばれた男』でセザール賞男優賞を受賞。名実ともに、往年のジャン・ギャバンのような地位を獲得している。91年にはパリ最古の劇場ヴァリエテ座を買い取り、大きな話題を呼んだ。19年にはレジオンドヌール勲章を授与された。

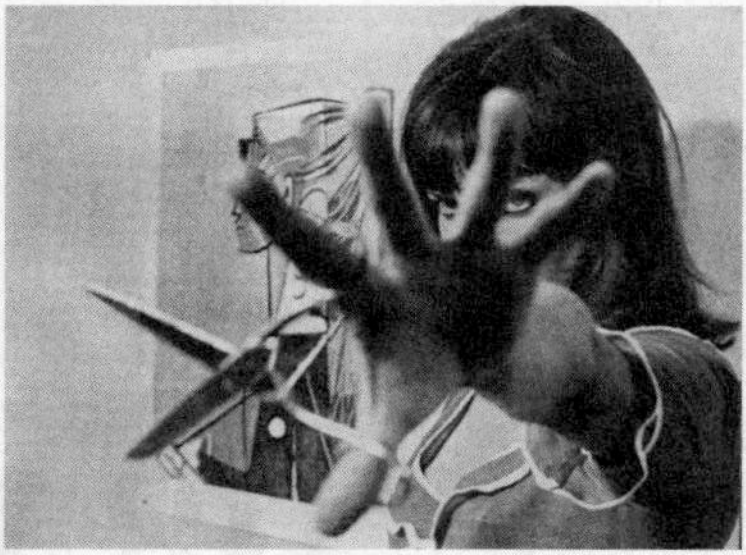

# No.084 男性・女性

1966年 上映時間＝103分 監督・脚本・台詞◉ジャン＝リュック・ゴダール 原作◉ギー・ド・モーパッサン
撮影◉ウィリー・クラント、ラウール・クタール 主演◉ジャン＝ピエール・レオー、シャンタル・ゴヤ

『気狂いピエロ』（P196）で自身の映画的探求を総合したゴダールが、ひと息つくように、パリの若者と時代の空気をみずみずしく描きだした作品。ゴダール最後のモノクロ長篇であり、彼は二度とこのはかないセンチメントの漂う世界に回帰することはなかった。

主人公のポール（ジャン＝ピエール・レオー）はまだ20歳そこそこの青年である。喫茶店で知りあったマドレーヌ（シャンタル・ゴヤ）に恋をし、結婚してもいいと思っている。ヴェトナム戦争への反対運動が盛んな時代で、ポールの周囲にも政治参加する友人たちがいる。マドレーヌは歌手になることを夢見、ポールは世論調査のアルバイトで色々な若者にインタヴューをしてまわる。彼らは「マルクスとコカコーラの子供たち」なのだった。

『気狂いピエロ』のフェルディナンがすべてを自分の色彩に染めあげる主人公であるとするなら、本作のポールは世界のさまざまな陰影を浮き彫りにする触媒であり、プリズムである。『女と男のいる舗道』（P192）と同様、「15の明白な事実」という断章的な構成が導入され、

ポールの接する現実と人間たちの多様な曖昧さがそのまま画面に映しだされる。インタヴュー形式の採用は「シネマ＝ヴェリテ（真実＝映画）」派への接近を感じさせ、この映画の記録映画的感触を強めている。しかし、なんといってもこの映画の鮮烈さを保証しているのは、主人公レオーの青春期にしかありえないフラジャイルな（もろい）存在感である。

**ポイント**

◉**シャンタル・ゴヤ**（1942〜） ベトナムのサイゴン（現・ホーチミン市）生まれ。フランスの60年代を代表するポップス歌手で、フランス・ギャルなどと並び称されるアイドルとして人気が高かった。ゴダールの『男性・女性』では、ジャン＝ピエール・レオーが好きになる歌手の女の子役を好演し、その可憐な表情が熱狂的なファンを獲得した。映画の中でも彼女がレコーディングする風景があり、当時の彼女のヒット曲「名前を教えて」「乙女の涙」などを聴くことができる。その後は、ロバート・フリーマン監督の『フランソワの青春』（69）でジャクリーン・ビセットと共演したぐらいで、映画出演はほとんどない。私生活では、60年代に作詞・作曲家のジャン＝ジャック・ドヴーと結婚している。TVで子供向けに作られた番組での〈歌のお姉さん〉的な活動で知られている。数年前、リバイバル・ブームでベスト盤がヒットした。

# No.085 ウイークエンド

1967年　上映時間＝104分　監督・脚本・台詞◉ジャン＝リュック・ゴダール　撮影◉ラウール・クタール
主演◉ミレーユ・ダルク、ジャン・ヤンヌ、ジャン＝ピエール・レオー、アンヌ・ヴィアゼムスキー

「宇宙で迷子になり、くず鉄置場で見つかった映画」とは、ゴダール自身の考案になる本作のキャッチコピーだが、この言葉にふさわしい黙示録的な一大絵巻であり、月並みなブルジョワ夫婦の週末が文字どおり物質文明の終末へとなだれこんでゆく。

主人公はコリンヌ（ミレーユ・ダルク）とロラン（ジャン・ヤンヌ）の夫婦。車に乗って週末恒例のドライブ旅行に出かけるが、大渋滞に遭遇し、迂回路をとる。その結果、次から次へと奇妙な人物に出会い、血みどろの事故や殺人に巻きこまれる。そして、ロランは「セーヌ＝エ＝オワーズ県解放戦線」を名乗るゲリラに殺され、コリンヌはゲリラたちと一緒に夫の肉を食らう。

バタイユの『目玉の話』の長い引用から始まり、機械文明の風刺というにはあまりに突拍子もない出来事が連続する。公開当時最も話題になったのは、車の大渋滞を撮る300メートルに及ぶワン・ショットの移動撮影だが、それも物語的な効果はほとんどなく、横に

流れる絵巻物のように車と人の混乱を平然と眺めているニヒルな感覚だ。対象へのこの無責任な距離の取り方から黒いユーモアが生まれる。

『ウイークエンド』は68年の5月革命の直前に撮られ、その混沌《こんとん》を予見した映画ともいわれるが、5月革命で過激に政治化する以前のゴダールの最後の作品であり、この人間文明を嘲笑う巨大なカオスの提示をもって60年代ゴダールは終末を迎える。

**ポイント**

**◉ジャン・ヤンヌ**（1933～2003）パリに生まれる。ジャーナリストとして活動した後、ミュージック・ホールの台本を書き、自ら出演もした。軍隊に召集され、数年間、北アフリカに赴任。57年に帰国し、キャバレーの舞台に立つようになり、人気が出た。61年にはラジオに進出し、プロデューサーも手がけるようになる。63年から映画にも進出、ゴダールの『ウイークエンド』における不機嫌な中年ブルジョア男でいい味を出した。クロード・シャブロルの一連のミステリーにも出演しており、なかでも名作『肉屋』(69) におけるインドシナ戦争体験のトラウマを抱えた寡黙な主人公は強烈な印象を与えた。70年代に入ると、自ら製作、脚本、主演をこなした諷刺コメディを監督し、成功を収める。パリに留学中の長塚京三が主役でデビューした『パリの中国人』(74) は、その代表的な一本である。92年はカトリーヌ・ドヌーヴ主演の『インドシナ』でセザール賞助演男優賞にノミネートされた。

# 大人は判ってくれない

No.086

1959年　上映時間＝97分　監督・原案◉フランソワ・トリュフォー　脚本◉トリュフォー、マルセル・ムーシー
主演◉ジャン＝ピエール・レオー、クレール・モーリエ、アルベール・レミー

トリュフォーの処女長篇であり、ゴダールの『勝手にしやがれ』(P188)に先立つヌーヴェル・ヴァーグの記念碑である。

題材はありふれた不良少年アントワーヌ・ドワネル（ジャン＝ピエール・レオー）の物語だ。不倫を働く母親に愛されず、学校をさぼっては級友と映画館や遊園地で遊ぶ。そのうち家出を繰り返すようになり、タイプライターを盗んだ罪で感化院（児童自立支援施設）に送られる。いかようにもお涙頂戴にできる月並みな話。

だが、27歳のトリュフォーの映画的天才はこの月並みを普遍性へと転じる。アントワーヌの喜びと悲しみが、みずみずしいモノクロ画面のなかで人間の至純の感情として結晶をとげるのだ。例えば、義父に映画館に連れて行ってもらえると知ったときのアントワーヌのはしゃぎよう！　しかし、その異様な生々しさゆえに、この場面は夢だという解釈さえ誘発する。あるいは、感化院に送られる夜の車のなかでアントワーヌの頰に光る涙の痛ましさ。随

所にユーモアも忘れない。先生に欠席の理由を問われ、思わず「母が死にました」と答える場面の面白さ！

そして、冒頭でエッフェル塔のカットを積み重ねる魔法のようなタイトルバックから、ラストの海辺の長い移動撮影とストップモーションまで、まるでアントワーヌの心理と生理に同調するように柔軟なアンリ・ドカのカメラワーク。これこそ、真のヌーヴェル・ヴァーグ（新しい波）の名に値するものだ。

**ポイント**

**◉ジャン＝ピエール・レオー**（1944〜）　パリに生まれる。父は脚本家で、アンドレ・カイヤット監督の助監督をつとめたピエール・レオー、母は舞台と映画の女優ジャクリーヌ・ピエールという映画一家だった。59年にトリュフォーの『大人は判ってくれない』の主役の少年募集に応募し、100人近い候補者のなかから主役に選ばれ、その初々しい存在感が感銘をあたえた。その後も、トリュフォーの自伝的なシリーズ〈アントワーヌ・ドワネルもの〉に出演し、『二十歳《はたち》の恋』(62)、『夜霧の恋人たち』(68)、『家庭』(70)、『逃げ去る恋』(78)までその成長譚を演じ続けた。ゴダールの『恋人のいる時間』(64)では助監督をつとめ、『男性・女性』(66)では不安を抱えた現代青年を好演している。近年はヌーヴェル・ヴァーグへのオマージュを象徴するキャラクターとして、アキ・カウリスマキ監督の『コントラクト・キラー』(90)などへの出演が目立っている。

# No.087 ピアニストを撃て

**1960年**　上映時間＝82分　監督◉フランソワ・トリュフォー
脚本◉トリュフォー、マルセル・ムーシー　主演◉シャルル・アズナブール、マリー・デュボワ

トリュフォーの長篇第2作は、自伝的な前作とはがらりと異なり、一風変わったギャング映画となった。原作はアメリカの作家デヴィッド・グーディスのハードボイルド小説。アメリカの犯罪小説とフィルム・ノワールはヌーヴェル・ヴァーグの大きな影響源であり、トリュフォーは遺作『日曜日が待ち遠しい！』まで、この源泉に回帰しつづけた。『ピアニストを撃て』はフィルム・ノワールへの最初の讃歌なのだ。また、映画の根底にあるのは、男の自己回復の試みとその挫折という、これまたフィルム・ノワールに特徴的な主題である。

主人公シャルリー（シャルル・アズナブール）は酒場のピアノ弾き。かつてはコンサート・ピアニストとして名をはせたが、妻の不貞と自殺という事件以来、世を捨てたように暮らしている。だが、酒場のウェイトレス、レナ（マリー・デュボワ）の助力でもう一度ピアニストとして立とうとした矢先、レナをめぐるトラブルで人を殺してしまい、逃亡を余儀なくされる。

犯罪映画の定石《じょうせき》に則った作りとはいえ、音楽映画、メロドラマ、コメディと、この作品にはさまざまな要素が詰まっていて、どこか茫洋として掴みがたい作品という印象が生まれることも事実だ。だが、その雑多で、軽快で、無責任なタッチにこそ、トリュフォーの独創的なフィルム・ノワールの味わいがある。二人組のギャングが飛ばすギャグや、ボビー・ラポワントの歌など、何度見ても楽しい。

**ポイント**

◉**シャルル・アズナブール**（1924〜2018）パリに生まれる。両親はアルメニア人で、父ミーシャはオペレッタのバリトン歌手、母は女優だった。のちにパリに移り、レストランを経営。姉のアイーダも歌手で、パリでアルメニア民謡を歌っていた。アイーダはギリシア生まれの音楽家ジョルジュ・ガルヴァランツと結婚し、ガルヴァランツはのちにアズナブール主演作品をはじめ多くの映画の音楽を書いている。シャルル自身は少年時代より俳優志望で、シャンゼリゼの小劇場に出演していた。42年、シンガー・ソングライターのピエール・ロシェと知り合い、音楽の道を歩み始める。「イザベル」など大ヒット曲も生まれ、シャンソン歌手の地歩を固めた。本格的な映画出演は、『今晩おひま？』(59) あたりからで、『ピアニストを撃て』の気弱なピアニスト役は鮮烈な印象を残した。マイケル・ウィナーの『栄光への賭け』(70) のランナー役も忘れがたい。

# No.088 突然炎のごとく

1961年　上映時間＝107分　監督◉フランソワ・トリュフォー　原作◉アンリ＝ピエール・ロシェ
主演◉ジャンヌ・モロー、オスカー・ウェルナー、アンリ・セール

長篇第3作にして、トリュフォーはヌーヴェル・ヴァーグの軽やかな映画作りと、純然たる愛のドラマとを理想的な形で融合させた。映画史に残る恋愛映画の古典である。題材は、かつてエルンスト・ルビッチが得意とした男二人と女一人の三角関係。終生変わらぬ友情で結ばれたジュールとジムという男が、同じ女性カトリーヌ（ジャンヌ・モロー）を愛する物語だ。

映画の成功の鍵はカトリーヌの人間造形にある。愛と人生の喜びにつねに真剣だが、真剣の度が過ぎて、どこか危ういところがある。実際、いきなりセーヌ川に飛びこむことも辞さぬ女性なのだ。しかし、カトリーヌを囲むジュールとジムは彼女のおかげでこの上なく純粋な愛と友情の喜びを満喫することができた。作中で歌われる「つむじ風」のような激しさで。束の間の青春の特権だ。

だが、時間は残酷である。戦争で引き裂かれた二人の男が再会したとき、愛と友情は両立

がかなわず、曖昧な男女三人の共同生活が始まる。映画のリズムも前半とはがらりと変わる。その転調を描きだすトリュフォーの演出がすばらしい。軽やかさが重苦しさに、喜びが苦しみにとって替わられ、カトリーヌの目と心の病が進む。その彼方から、一見軽妙に見えるトリュフォー映画の重い主題が姿を現す。死の誘惑である。生の喜びの極みにセーヌに飛びこんでみせたカトリーヌは、同じ身ぶりをもって死の誘惑に屈するのだった。

**ポイント**

◉**オスカー・ウェルナー**（1922〜84）　オーストリアのウィーンに生まれる。少年時代から舞台に憧れ、18歳で名門ブルク劇場の一員として公演に参加。第二次大戦に従軍し、復員後は、ブルク劇場にもどり、中堅俳優として活躍。ドイツ＝オーストリアきってのシェイクスピア役者として名声を得た。59年には劇団テアトル・アンサンブル・オスカー・ウェルナーを創設した。『突然炎のごとく』のジュール役で注目され、65年の『愚か者の船』でアカデミー賞主演男優賞にノミネートされる。そのブロンドの髪、ブルーの瞳、甘いマスクは女性ファンを魅了した。トリュフォーとは『華氏451』(65)でふたたび組んだが、現場で意見の対立があり、ほとんど口をきかないような険悪な仲になったといわれる。一度離婚した後に、タイロン・パワーの養女アンナ・パワーと再婚した。84年、仲たがいしたトリュフォーの死の直後に、まるでトリュフォーの後を追うように亡くなった。

# 柔らかい肌

No.089

1964年　上映時間＝117分　監督◉フランソワ・トリュフォー　撮影◉ラウール・クタール
主演◉ジャン・ドサイ、フランソワーズ・ドルレアック

トリュフォーの長篇第4作。『大人は判ってくれない』（P202）の感動、『ピアニストを撃て』（P204）のユーモア、『突然炎のごとく』（P206）の繊細さのあとで見ると、『柔らかい肌』はいかにも陰鬱で皮肉な冷たさに沈んでいるように見える。物語も三面記事から発想された色恋沙汰の話だ。

文芸評論家のピエール（ジャン・ドサイ）には妻があるが、講演旅行に行く途中で知りあったスチュワーデスのニコル（フランソワーズ・ドルレアック）と恋に落ちる。妻はこの関係に気づくが、離婚には応じない。一方、ニコルも結婚には応じない。感情の袋小路に陥り、夫婦生活の修復を求めるピエールに、妻は予想外の結末をもたらす。

トリュフォーはこうした恋愛の卑俗な側面にこそ人間の真実が露呈すると考えていたふしがある。実際、早すぎる晩年にも、『隣の女』という、『柔らかい肌』と同工異曲の不貞のドラマを映画にしている。トリュフォーの恋愛観は、『突然炎のごとく』や『アデルの恋の物

語』に見られる純粋な狂気の愛の称揚と、『柔らかい肌』や『隣の女』のような、愛の暴発を恐れてかえって思わぬ悲劇を引きよせてしまうリアリズムの追求とに引き裂かれていたように思われる。一定の観念を一定のスタイルで映画にする作家たちとは対極にある、よくいえばデリケートで複雑、悪くいえば中途半端で優柔不断な資質が、こうしたトリュフォー映画の陰翳ゆたかな魅力の源泉となっているのである。

**ポイント**

**◉ジャン・ドサイ**（1920〜2008）　パリに生まれる。美術学校を卒業し、アマチュア劇団で舞台に立つ。41年コンセルヴァトワールに入り、42年、喜劇部門の一等賞で卒業。ただちにコメディ・フランセーズに採用され、華やかなデビューを飾った。46年、マドレーヌ・ルノー、ジャン＝ルイ・バローに従って退団し、ルノー＝バロー劇団に参加した。映画出演は戦時中からで、『乙女の星』（45）、『田園交響楽』（46）などに出演、最初は二枚目役が多かったが、50年代からは、渋い脇役が多くなった。なかでもメルヴィルの『いぬ』のクラン警視役のおっとりとした存在感は印象的だ。トリュフォーの『柔らかい肌』では、美しいスチュワーデスと深い仲になり、妻との間で優柔不断な態度を続ける気弱な文芸評論家を見事に演じ、生涯の代表作となった。59年にはジャン＝ルイ・バローたちと来日公演を行っている。夫人は『リスボン特急』にも出演している女優のシモーヌ・ヴァレール。

# いとこ同志

1959年　上映時間＝110分　監督◉クロード・シャブロル　脚本◉シャブロル　撮影◉アンリ・ドカ
主演◉ジェラール・ブラン、ジャン＝クロード・ブリアリ

ヌーヴェル・ヴァーグの映画作家のなかで、最初に長篇デビューを飾ったのは、28歳のシャブロルである。その記念すべき作品『美しきセルジュ』は鮮烈なタッチでフランスの田舎町の青春を描き、ジャン・ヴィゴ賞を受賞する。この映画のひと月ほどのちには、シャブロルの長篇第2作『いとこ同志』も公開され、こちらはベルリン映画祭の金熊賞（最高賞）を獲得する。シャブロルはヌーヴェル・ヴァーグの最初のスター監督となる。

『いとこ同志』は、『美しきセルジュ』と同じジェラール・ブランとジャン＝クロード・ブリアリという二人の男優を主役に据え、今回はパリを舞台に、やはり痛ましい青春の軌跡を描きだしている。

パリに上京したシャルル（ブラン）は、いとこのポール（ブリアリ）の家に寄宿させてもらう。二人とも法学士の試験を受けるつもりだ。シャルルは朴訥《ぼくとつ》で真面目、ポールは遊び人で女好きと、性格はまるで違う。シャルルはフロランスという娘に恋をするが、ポールは遊

No.090

び半分で彼女を誘惑してしまう。失意のシャルルは試験勉強に精を出すが……。シャブロルの人間観察は、トリュフォーやゴダールよりはるかにシニック（冷笑的）かつ運命論的である。そのまなざしをアンリ・ドカのカメラが完璧に体現し、そこから冷たく透明な映像美が生まれてくる。ラストの無意味な惨劇には、のちに犯罪映画に専心するシャブロルの決定的な萌芽《ほうが》がある。

ポイント

◉ジェラール・ブラン（1930〜2000）　パリに生まれる。16歳で演劇を志し、女優のガブリエル・フォンタンについて演技を学ぶ。その後、ジャン＝ルイ・バローの劇団に入り、待望の舞台に立つ。映画では、アンドレ・カイヤットの『洪水の前』（53）の不良少年役で注目され、ジュリアン・デュヴィヴィエの『殺意の瞬間』（55）でスターへの道を開いた。小柄で内気な青年を繊細に演じた『いとこ同志』は、生涯の代表作となったが、その後、ハワード・ホークスの『ハタリ！』（61）でも、甘いマスクと機敏なアクションが光っていた。ヌーヴェル・ヴァーグの影響を受けたヴィム・ヴェンダースの『アメリカの友人』（77）にもゲスト出演している。私生活では、デビュー作で共演したミシュリーヌ・エステラと結婚。その後、離婚し、女優ベルナデット・ラフォンと再婚。トリュフォーの『あこがれ』（58）に主演したことがきっかけで、59年彼女とも別れ、モニク・ソゼースキーと結婚した。

# No.091 二重の鍵

1959年　上映時間＝88分　監督◉クロード・シャブロル　脚本◉シャブロル、ポール・ジェゴフ
主演◉ジャン＝ポール・ベルモンド、アントネラ・ルアルディ

シャブロルが初めて犯罪映画の監督に乗りだした作品。これ以降、彼は半世紀にわたって犯罪映画を撮りつづける。その質・量において、シャブロルは、ラングやヒッチコックに匹敵する映画作家だといえる。

原作はアメリカの推理作家スタンリー・エリンの『ニコラス街の鍵』。『二重の鍵』は、初期ヌーヴェル・ヴァーグがどれほどアメリカのフィルム・ノワールやミステリーから創造上の刺激を受けたかを証す一例でもある。

舞台は南仏のブルジョワ家庭。当主のアンリは近くの日本風家屋に若い愛人レダ（アントネラ・ルアルディ）を住まわせるが、妻のテレーズは世間体のため黙認している。息子のリシャールは音楽マニアのぐうたら。娘のエリザベートは無国籍者ラズロ（ジャン＝ポール・ベルモンド）と婚約中。テレーズは、夫にレダを紹介した無礼者のラズロを憎んでいる。そんななか、レダの死体が発見される。

『美しきセルジュ』や『いとこ同志』（P210）のクールなモノクロとは全く異なる極彩色のカラー画面で、気狂いじみた家庭破壊の物語が描かれる。偽善的なブルジョワ家庭に対する憎悪は、今後のシャブロル映画の不可欠の主題となる。ブルジョワ的秩序をうち破り、犯罪として噴出するほかない人間の狂気こそ、シャブロルを魅了してやまない根本的なテーマなのである。また、ラズロの人間像は、シャブロルが愛したルノワールの『素晴しき放浪者』（P58）の主人公を彷彿《ほうふつ》とさせて興味深い。

**ポイント**

**◉アントネラ・ルアルディ**（1931〜）本名はアントニエッタ・デ・パスカール。レバノンのベイルート生まれ。父はイタリア人、母はギリシア人。第二次大戦中に一家はイタリアに戻り、ミラノ、フィレンツェ、ローマで育つ。早くから女優を志し、49年、マリオ・マットリ監督の『お嬢ちゃん』で映画デビューを飾る。この時に、新聞で芸名を公募し、アントネラ・ルアルディに決まった。エキゾティックな美貌で人気を得て、演技者としての確かな才能も認められた。フランス映画にも出演するようになり、『女の一生』（58）や、『目撃者』（57）、『墓にツバをかけろ』（59）などのフィルム・ノワールでも妖艶な魅力を発揮した。『二重の鍵』では、ブルジョワ一家の主人アンリと関係を持ち、殺される隣人レダを演じている。54年にフェリーニの『青春群像』（53）に主演したイタリアの美男俳優フランコ・インテルレンギと結婚、娘のアントネラ・インテルレンギも女優になった。

# 素直な悪女

No.092

1956年　上映時間＝91分　監督◉ロジェ・ヴァディム　脚本◉ヴァディム、ラウール・レヴィ
主演◉ブリジット・バルドー、クルト・ユルゲンス

ヴァディムが28歳で撮った長篇デビュー作。この作品の成功に刺激されたように、フランス映画の古い伝統を離れた若い監督が続々とデビューすることになる。その意味で、ヌーヴェル・ヴァーグの先駆ともいえる。

舞台は南仏の別荘地サン・トロペ。孤児のジュリエット（ブリジット・バルドー）は本屋の夫婦に引きとられる。彼女の裸体を覗き見る本屋の主人はじめ、ヨットを所有するドイツ人（クルト・ユルゲンス）、女好きのアントワーヌと内気なミシェル（ジャン＝ルイ・トランティニャン）という対照的な兄弟など、男たちはジュリエットの豊満な肉体に魅了され、奔放な性格に振りまわされる。原題は「そして神は女を創った」という意味だが、邦題はヒロインの性格を言い得て妙である。

『ニュー・シネマ・パラダイス』で、少年たちが横長の画面いっぱいに横たわる『素直な悪女』のバルドーのヌードを見て一斉にオナニーする場面があるように、この映画が世界中で

センセーションを呼んだのは、バルドーのセクシーな魅力のせいだった。当時としてはスキャンダラスな裸体もむろんその重要な要素ではあるが、彼女のしなやかな動きや不満をあらわす顔の表情などに、それ以前の女優の紋切型を一挙に無効にするような新鮮さがあふれていたのだ。映画の撮影時にバルドーはヴァディムの愛妻だったが、皮肉なことに、映画のなかで結ばれるトランティニャンと実際に恋に落ち、ヴァディムと離婚する。

**ポイント**

◉**ブリジット・バルドー**（1934〜）　パリに生まれる。父は航空会社の経営者、母は保険会社重役の娘という裕福な家庭で、パリ16区のブルジョワ的雰囲気の中で育った。女性誌『エル』のカヴァー・ガールをしている時に、当時、『パリ・マッチ』の記者をしていたロジェ・ヴァディムと出会い、19歳で結婚。まもなくヴァディムは監督になり、第一作『素直な悪女』で彼女を起用、シネマスコープの画面いっぱいに横たわる彼女の全裸がセンセーションを呼んだ。この作品でバルドーは、フランス映画の歴史に残るセックス・シンボルとなり、アメリカのMM（マリリン・モンロー）に対抗してBB（ベベ）という愛称で呼ばれるようになった。その後、ヴァディムと離婚、男性遍歴も派手になっていき、ジャック・シャリエ、歌手のジルベール・ベコー、監督のクルーゾーなどと浮名を流した。73年には映画界を引退。その後は動物愛護運動のキャンペーンで、マスコミを時おり賑わしている。

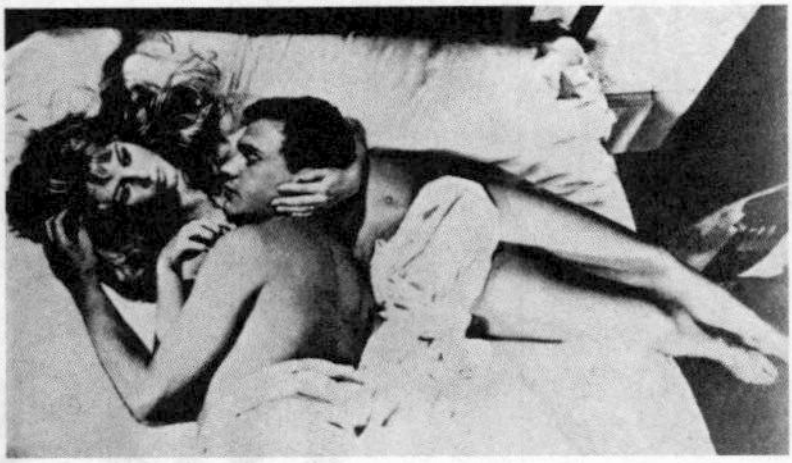

# No.093 危険な関係

1959年　上映時間＝107分　監督◉ロジェ・ヴァディム　原作◉ラクロ　脚本◉ヴァディム
主演◉ジャンヌ・モロー、ジェラール・フィリップ、アネット・ヴァディム

18世紀にラクロが書いた『危険な関係』は、1980年代末にスティーヴン・フリアーズとミロス・フォアマン（『恋の掟』）によって続けて映画化されたが、本作は『危険な関係』の最初の映画化であり、舞台を現代に移している。ヴァディム自身、70年代に、『エマニエル夫人』のシルヴィア・クリステルを起用し、『危険な関係』のソフトポルノ版リメイクを行っている（邦題『華麗な関係』）。

1959年版の本作では、冷たいドンファンを気どりながら貞淑《ていしゅく》なマリアンヌに引かれてゆく主人公ヴァルモンをジェラール・フィリップが演じ、ヴァルモンへの対抗心から次々に恋と復讐の策謀を仕掛ける悪女ジュリエットにジャンヌ・モローが扮するという配役が光っている。マリアンヌを演じたアネット・ヴァディムは、ブリジット・バルドーと別れた直後のヴァディムの新妻である。

また、すでにヴァディムは『大運河』でMJQ（モダン・ジャズ・カルテット）の音楽を

使っていわゆる「シネ・ジャズ」ブームに先鞭《せんべん》をつけていたが、本作ではアート・ブレイキーとジャズ・メッセンジャーズを起用して成功している。とくに、デューク・ジョーダンが作曲したテーマ「危険な関係のブルース」は、今でも好んで演奏されるモダン・ジャズの人気ナンバーとなった。

**ポイント**

◉**ロジェ・ヴァディム**（1928〜2000）パリに生まれる。父親はロシア人で母親はフランス人。大学入学資格をとり、シャルル・デュランに演技を学んだ。44年から俳優として舞台に立ち、『パリ・マッチ』の記者を務めるかたわら、テレビドラマの脚本・演出を担当する。映画界入りし、マルク・アレグレ監督の助監督となり、『この神聖なお転婆娘』『裸でご免なさい』『黙って抱いて』の脚本を書いた後、監督第一作『素直な悪女』で、新妻のブリジット・バルドーを大々的に売り出す。『大運河』『血とバラ』『獲物の分け前』とその作品には耽美的なエロティシズムが匂う。女性関係も派手で、バルドーと離婚後は『危険な関係』に主演したアネット・ヴァディムと再婚。その後はカトリーヌ・ドヌーヴと非公式な結婚をして一児をもうけ、その後、ジェーン・フォンダと結婚、73年に離婚している。その華麗な遍歴を綴った自伝『わが妻バルドー、ドヌーブ、J・フォンダ』が翻訳されている。

# 血とバラ

1960年　上映時間＝74分　監督・脚本◉ロジェ・ヴァディム　撮影◉クロード・ルノワール
主演◉アネット・ヴァディム、エルザ・マルティネリ、メル・ファーラー

大江健三郎の小説「性的人間」のなかに、本作への言及がある。『血とバラ』というタイトルは出てこないが、有名な手術室の悪夢のシーンだということはすぐに分かる。世界幻想映画史に残る、血だけが真紅にねっとりと流れるモノクロ場面である。大江健三郎もこの不可思議な恐怖映画に魅了されたのだろう。文句なしにヴァディムの最高傑作だ。

原作は英国作家レ・ファニュの「吸血鬼カーミラ」。レズビアンの吸血鬼というアイデアをひねり出した点で怪奇小説史上特筆される作品である。

舞台はイタリア。貴族レオポルド（メル・ファーラー）とジョルジア（エルザ・マルティネリ）の結婚が近い。レオポルドの一家には吸血鬼が存在したという伝説があり、全員殺されたはずだが、ミラーカという女吸血鬼の墓だけは見つからなかった。そのミラーカの肖像画に、レオポルドの従妹カーミラ（アネット・ヴァディム）は瓜二つだった。ある夜、カーミラがジョルジアの寝室におもむき、ジョルジアは奇妙な悪夢を見る……。

No.094

ジャン・ルノワールの甥（名優ピエール・ルノワールの息子）であるクロード・ルノワールが撮影監督をしており、数多い彼の華麗なカラー映画のなかでも、『血とバラ』はひときわ豪奢《ごうしゃ》な美しさで輝く作品である。

なお、『乙女の湖』の監督マルク・アレグレが脇役で登場しているが、これはヴァディムが長いことアレグレの助監督をつとめた縁による。

**ポイント**

◉**アネット・ヴァディム**（1936～2005） デンマークのコペンハーゲン生まれ。本名はアネット・ストロイベルグ。中等教育終了後、ロンドンに渡る。やがて、ファッションモデルを志し、パリへやってきて、雑誌のカヴァー・ガールなどをしていた。その頃、ブリジット・バルドーと離婚直後のロジェ・ヴァディム監督と出会い、58年に結婚。59年『危険な関係』でジェラール・フィリップに誘惑される貴婦人役で映画デビューし、その大胆なエロティシズムが話題となった。『血とバラ』では、アネット・ヴァディムの名前で主演している。吸血鬼伝説をベースに神秘的なエロスの世界が展開され、この映画はロジェ・ヴァディムのみならず彼女の代表作となった。とくにエルザ・マルティネリとのからみのシーンにただよう妖しい官能美は語り草になっている。本作で一躍、スターになったが、完成間もなく離婚、数本のイタリア映画に出演したが、その後引退した。

# バーバレラ

1967年　上映時間＝98分　監督◉ロジェ・ヴァディム　原作◉ジャン＝クロード・フォレスト
主演◉ジェーン・フォンダ、ジョン・フィリップ・ロー

フランスのマンガのことを「バンド・デシネ（デッサンした帯の意）」、略してＢＤ（ベデ）というが、本作『バーバレラ』の原作は初めて成人向けＢＤとして１９６２年に発表されたエロティックなＳＦマンガだ。すぐに大人気を博したが、単行本刊行時には検閲とのトラブルも生じた。

ヴァディムは、この荒唐無稽なＢＤを実写版映画にするという、これまた荒唐無稽な企てに挑んだ。公開当時は馬鹿馬鹿しいとの悪評もあったが、現在ではそのくそまじめな馬鹿馬鹿しさがかえってファンの評価を高め、奇想天外なＳＦ映画の古典となっている。

原作を描いたマンガ家はジャン＝クロード・フォレストで、この種の映画の成否の鍵を握る美術デザインも、彼自身が担当した。

舞台は紀元4万年（！）。ヒロインの女戦士バーバレラ（ジェーン・フォンダ）は、強力な破壊光線を発明した悪人デュランン・デュランを追って宇宙を行く。その行手には、凶暴な

No.095

子供の群れや、地下世界を支配する黒の女王や、盲目の鳥人などが現れる。おりから地下世界では革命騒ぎが勃発していた……。

見どころは、原作者フォレストがデザインしたキッチュな舞台装置・小道具と、お色気たっぷりの衣裳をまとって活躍する監督ヴァディムの当時の妻、ジェーン・フォンダ。手のひらだけを合わせて行う未来の性行為や、セックスマシンによるバーバレラの拷問など、エロティックなお遊びが楽しい。

**ポイント**

**◉ジェーン・フォンダ**（1937～）　ニューヨーク市生まれ。父は名優ヘンリー・フォンダ。弟も俳優で監督のピーター・フォンダ。名門校ヴァッサー女子大に入学し、父とともに夏季の演劇公演に参加、女優への第一歩を踏み出す。ジョシュア・ローガンの『のっぽ物語』(60) で映画デビューし、63年に『危険がいっぱい』への出演依頼が来て渡仏。共演したアラン・ドロンの紹介でロジェ・ヴァディム監督に出会い、彼の『輪舞』に出演した後、65年に結婚。続く『獲物の分け前』(66)、『バーバレラ』(67) などのヴァディム作品で官能的な魅惑にあふれた女優に変身した。その後、政治活動に目覚め、ヴァディムと離婚。『コールガール』(71) と『帰郷』(78) でアカデミー主演女優賞を受賞している。その後、政治活動家トム・ヘイドンとの結婚、離婚をへて、91年には、メディア界の大立者テッド・ターナーと結婚して、大きな話題となったが、2001年に離婚している。

# No.096 死刑台のエレベーター

**1957年** 上映時間＝91分 監督・脚色◉ルイ・マル 撮影◉アンリ・ドカ
主演◉ジャンヌ・モロー、モーリス・ロネ

ルイ・マルはカンヌ映画祭で最高賞を取った海洋記録映画『沈黙の世界』でデビューした。この映画で、高名な海底探検家ジャン＝イヴ・クストーと並んで、弱冠23歳のマルの名が共同監督としてクレジットされたのだ。彼が一本立ちして撮った最初の長篇劇映画が本作『死刑台のエレベーター』であり、この作品の斬新な映像センスは、のちに続くヌーヴェル・ヴァーグの先駆となる。

物語はノエル・カレフの原作。主人公ジュリアン（モーリス・ロネ）は人妻フロランス（ジャンヌ・モロー）と愛しあっており、彼女の夫を殺して自殺に見せかける。だが、逃げるときにエレベーターに閉じこめられ、一夜を明かす。その間に、若いカップルがジュリアンの車と拳銃を奪い、モテルでドイツ人夫婦を殺してしまう。ジュリアンはドイツ人殺しの犯人として警察に追及されることになる。

二転三転してドンデン返しに至る物語も面白いが、本作の決定的な興味は2点に尽きる。

一つは、高感度フィルムと手持ちカメラを使ったアンリ・ドカによる屋外撮影の鮮烈さ。あとに続くシャブロルやトリュフォーは争ってドカを撮影監督に招くことになる。もう一つは、当時滞仏中のジャズマン、マイルス・デイヴィスを起用した映画音楽。マイルスは現像したばかりのラッシュの映像を見ながら、即興で音楽をつけていった。その後、ジャズを映画音楽に用いる手法が流行するが、この映画のマイルスを超える音楽はない。

**ポイント**

**◉ルイ・マル**（1932〜95） 北フランスのノール県テュムリー生まれ。生家は砂糖と鉄工業の二大事業を経営するフランス有数の大ブルジョワだった。その裕福な家庭に反撥を感じて孤独な少年時代を過ごし、映画へ関心が向かった。51年、IDHEC（高等映画学院）に入学。クストーの『沈黙の世界』の共同監督として注目される。デビュー作『死刑台のエレベーター』で世界の注目を浴び、『恋人たち』でヴェネツィア映画祭審査員大賞を受賞。以後、『地下鉄のザジ』『私生活』『ビバ！マリア』『鬼火』と一作ごとに才気煥発ぶりを発揮した。78年にはアメリカへ渡り、『プリティ・ベビー』を発表。80年にはカナダ映画『アトランティック・シティ』を撮り、同年、女優キャンディス・バーゲンと三度目の結婚をして話題を集めた。フランスに戻って占領下における幼少期の切実な記憶をテーマにした自伝的な『さよなら子供たち』（87）を撮り、名匠の地位を確固たるものにした。

# 地下鉄のザジ

No.097

**1960年　上映時間＝93分　監督◉ルイ・マル　原作◉レーモン・クノー**
**主演◉カトリーヌ・ドモンジョ、フィリップ・ノワレ**

サスペンス映画『死刑台のエレベーター』（P222）の大ヒットで世界に名をはせたルイ・マルは、次作『恋人たち』ではエロティックな恋愛映画に挑んでこれもまた成功を収める。しかし、長篇劇映画第3作となる本作では、みたびスタイルを一変させ、少女を主人公にして、夢のような色彩のスラップスティック（ドタバタ）喜劇を作りあげる。

原作はレーモン・クノーの同名小説。途方もない言葉遊びにみちたユーモア小説だが、ジャン＝ポール・ラプノーと組んだマルの脚色は原作のオリジナルな言葉を尊重して、台詞の面白さでも出色の仕上がりとなった。

ヒロインのザジ（カトリーヌ・ドモンジョ）は10歳の少女。地下鉄に乗りたくてパリにやって来る。ザジを預かったのはガブリエル叔父さん（フィリップ・ノワレ）。だが、地下鉄はストでお休み。叔父さんはザジを連れてエッフェル塔などを案内するが、どこからともなく怪人トルースカイヨンなど奇人変人が現れ、ザジの行く先は突拍子もない事件の連続となる。ザジは地下鉄に乗れるのか？
ザジを演じる少女カトリーヌが素晴らしい。彼女のイノセンスが触媒となって、現実のパリが夢と幻想のパリへと変貌するのだ。そのプロセスを支えているのが、サイレント時代のドタバタ喜劇を主な発想源とする無数のギャグと、スローモーションやコマ落としなどメリエス的な特殊撮影である。ダイレクトに映画の原初的な喜びを爆発させた快作だ。

ポイント

◉**レーモン・クノー**（1903〜76）詩人、小説家。パリ大学で哲学を学んだ後、シュルレアリスム運動に参加。30年、ジョルジュ・バタイユ、ジャック・プレヴェールらとともに同運動と決別し、以後、次第に言語の問題への関心を深めていく。戦中から戦後にかけて、愚かな失敗ばかりを重ねながら、人生に夢を見続けるピエロを主人公に、多彩な小説的技法を駆使した『わが友ピエロ』（42）を発表した。その後、ひとつの短い出来事を九九通りの文体で書き分けた『文体練習』（47）などによって、言語的探求を通じて文学の可能性と極限を探ろうとする立場を明確にしていった。クノーの名前が一躍、知られるようになったのは、ルイ・マルによって映画化された『地下鉄のザジ』（60）である。アラン・ロブ＝グリエ、ナタリー・サロートらによるヌーヴォー・ロマンが隆盛を迎えると、クノーの小説は、反レアリスムの新しい小説形式としても高く評価されるようになった。

# 鬼火

1963年　上映時間＝104分　監督・脚本◉ルイ・マル　原作◉ドリュ・ラ・ロシェル
主演◉モーリス・ロネ、レナ・スケリア

才人マルは長篇4作目にして、またも変貌をとげる。『鬼火』は、前作『地下鉄のザジ』（P224）の対極に位置する作品である。『ザジ』が生きることの喜びを謳歌し、華やかなカラーで描かれていたのに対し、『鬼火』は生きることの苦痛と否定が作品の主題であり、冷え冷えと沈むモノクロで撮られている。本作はマルのペシミズムの最も端的な表現である。

主人公アラン（モーリス・ロネ）はアルコール中毒者。部屋の鏡には7月23日と書いてある。自殺決行の日付だ。拳銃も用意してある。残された時間は2日。アランは旧友を再訪する。ジャンヌ（ジャンヌ・モロー）は麻薬中毒に冒され、ソランジュ（アレクサンドラ・スチュワルト）はアランの苦しみに理解を示す。だが、彼の孤独は癒されない。

自殺の日付を書いた鏡のあるアランの自室が彼の内心の縮図である。この部屋の冷たい空虚さを浮き彫りにしたのは、ベルナール・エヴァンの美術とギスラン・クロケのカメラだ。ジャック・ドゥミと組んでお伽話のような空間造形をさせたら肩を並べる者のない彼らの技

No.098

が、『鬼火』では、まさにタイトルのごとく、美しく、冷たく、恐ろしい人間の孤独を画面に定着するために発揮されている。
そして、忘れがたいサティのピアノの旋律。今ではエレベーターのなかでさえ聞かれる音楽だが、この映画がサティ復興のきっかけになった。『鬼火』はルイ・マルの趣味の良さを最大限に発揮した審美的な映画でもある。

**ポイント**

◉**ドリュ・ラ・ロシェル**（1893〜1945）パリ生まれ。小説家。ブルジョワ家庭に生まれ、外交官のエリートを養成する国立政治学院に学んだ後、第一次世界大戦に従軍して三度負傷する。復員後は、離婚し、ナイトクラブや売春宿に入り浸る日々を送る。アンドレ・ブルトンやルイ・アラゴンの提唱したシュルレアリスム運動に接近し、現代政治にも関心を抱く。当時書かれた中篇小説『空っぽのスーツケース』は、何も信じることのできない虚無的な戦後青年の代名詞となって一世を風靡した。現実変革を夢見る他のシュルレアリストの多くがコミュニスムに向かったのに対し、ドリュはデカダンス克服の道をファシズムに求めた。そのころ書かれた『鬼火』や『ジル』は、精神的自伝ともいわれる。第二次大戦中は対独協力者となり、フランス解放後は、窮地に追いやられ、45年3月、自ら生命を絶った。その独自の美意識に貫かれた小説は今なお熱狂的なファンを擁している。

# No.099
# 黒いオルフェ

1959年　上映時間＝103分　監督◉マルセル・カミュ　脚本◉カミュ、ジャック・ヴィオ
主演◉ブレノ・メロ、マルペッサ・ドーン

ヌーヴェル・ヴァーグが世界を席捲《せっけん》し、若きトリュフォーがカンヌ映画祭で監督賞を受賞した1959年、カンヌでパルム・ドール（最高賞）に輝いたのは『黒いオルフェ』だった。この作品はアカデミー賞でも最優秀外国語映画賞を受賞して、この年を代表する一本となり、世界的にも大ヒットとする。

原作は、ボサノバの多くの名歌詞を書いた詩人のヴィニシウス・ジ・モラエスの戯曲。とはいえ、原作自体がギリシア神話のオルペウスの伝説を現代に移した翻案である。

主人公オルフェはリオ・デ・ジャネイロの路面電車の車掌。田舎から謎の男（死神）に追われて逃げてきた娘ユリディスを電車に乗せる。歌とギターの名人であるオルフェとユリディスは恋に落ち、リオのカーニヴァルの前夜と当日、恋と音楽と踊りの陶酔を満喫する。

しかし、執拗な死神と、嫉妬に狂うオルフェの婚約者ミラが、ユリディスに迫り、悲劇が起こる。

出演者はほとんどブラジルの一般市民から選ばれ、リオのカーニヴァルの情景が華麗な色彩で描きだされる。リオ・デ・ジャネイロのエキゾティックな風景は、現代にありながら古代の神話の背景にふさわしい。

とくにこの映画が記憶に残りつづけるのは、全篇にボサノバの哀切なメロディをふりまくアントニオ・カルロス・ジョビンの作曲した音楽の魅力による。主題曲「カーニヴァルの朝」は今や不滅のスタンダード・ナンバーである。

**ポイント**

◉**マルセル・カミュ**（1912〜82）ベルギーとの国境に近いアルデンヌ県シャップ生まれ。中等教育を終えてから、パリでデッサンと彫刻の教師を勤めた。第二次大戦に従軍し、四年間ドイツ軍の捕虜となり、その間、演劇の演出をした。45年映画界入りして、アンリ・ドコワン監督の『弾痕』や、ジャック・ベッケル、マルク・アレグレ、アレクサンドル・アストリュック監督らの助監督をつとめた。短篇映画を数本手がけ、56年に、第二次大戦後の戦火がまだ消えやらぬ仏領インドシナを舞台に、貿易商社に勤める青年セルジュ・レジアニとベトナム人娘との恋を描いた『濁流』を発表した。カンヌ映画祭でパルム・ドールを獲得した『黒いオルフェ』、同じくブラジルの森林を舞台に、ダイヤモンドの争奪をめぐる憎悪と愛欲の葛藤を描いた『熱風』(60)など、カミュの初期の作品には、西欧文明と対蹠的なアジア、南米へのエキゾティスム、異郷への限りない憧憬が垣間見える。

# 獅子座

1959年　上映時間＝99分　監督・脚本・台詞◉エリック・ロメール
主演◉ジェス・アーン、ヴァン・ドゥード

ロメールの長篇第1作。彼はヌーヴェル・ヴァーグのなかで年齢的にゴダールやトリュフォーの兄貴分に当たる（ゴダールの10歳年上）。本作は、すでに『いとこ同志』（P210）などをヒットさせたシャブロルの資金提供で製作に入るが、完成後3年間もお蔵入りになってしまう。しかし、内容には難解なところはなく、むしろ、ほとんど事件らしい事件の起こらない淡々とした物語展開が、時代の常識よりはるかに先に進んでいたといえる。

獅子座生まれの主人公ピエールは売れない音楽家。伯母が死んで遺産が転がりこむというので、仲間を呼んで盛大にパーティを開く。しかし、伯母はぐうたらな甥に財産を遺贈することを禁じていた。借金に追われたピエールは友人たちに助けを求めるが、時は夏のヴァカンスの真最中で、誰もパリには残っていない。

映画の大半は、友人を探すピエールがむなしくパリの街をさまよう様子を丹念に映しだす。金に困り、イワシの缶詰の油をズボンにこぼし、ホテルを追いだされ、パリ郊外まで歩

No. 100

いていくが仕事を得られず、万引きをしてこっぴどく殴られ、浮浪者と物乞い生活に入る。そんな転落の軌跡が素気なく描かれるうち、次第にピエールの目に入るパリの風景は通常の意味を失い、超現実的な色あいを帯びてくる。そうしたドキュメンタリー的感覚が、まさにヌーヴェル・ヴァーグのしるしである。ここにも深く静かな映画の革命が起こっていたのだ、と見るたびに新鮮な感動に誘われる。

ポイント

**◉エリック・ロメール**（1920〜2010）ナンシー生まれ。古典文学を研究し、48年からパリのリセで古典文学を教えつつ、アンドレ・バザンと知り合い、「ガゼット・デュ・シネマ」誌を創刊。トリュフォー、ゴダールと知りあい、「カイエ・デュ・シネマ」誌を創刊。ヒッチコックやホークスを偉大な映画作家として評価する〈作家主義〉の論陣を張り、57年から63年まで編集長を務めた。59年『獅子座』を発表。以後、62年から72年にかけて〈六つの教訓的物語〉シリーズを発表し、『コレクションする女』『モード家の一夜』で独特のモラルを探求する。そのダイアローグの魅力とエロティシズムは異彩を放っている。その後も81年から86年にかけての〈喜劇と格言劇〉シリーズ、さらに89年から98年にかけての〈四季の物語〉シリーズと連作が続き、フランスを代表する名匠の地位を確立した。クロード・シャブロルとの共著『ヒッチコック』や評論集『美の味わい』などの著書もある。

# 修道女

1965年　上映時間＝142分　監督◉ジャック・リヴェット
主演◉アンナ・カリーナ、リゼロッテ・プルファー、ミシュリーヌ・プレール

初期のリヴェットは難解な映画作家だという通念を持たれていた。実際、実験的手法で綴られる4時間以上の『狂気の愛』などは、見る前から観客を身がまえさせる桁外れの映画である。しかし、リヴェットの長篇第2作『修道女』はヌーヴェル・ヴァーグ初のコスチューム・プレイ（時代劇）であり、その後も、前・後篇6時間近い超大作『ジャンヌ・ダルク』を撮って、彼が時代劇の創造に天才を発揮していることを忘れてはならない。

『修道女』はディドロの高名な小説の映画化。ヒロインのシュザンヌ（アンナ・カリーナ）は貴族の娘だが、親の都合で女子修道院に入れられる。最初の修道院の善良な院長（ミシュリーヌ・プレール）が亡くなったのち、次の院長は過度に厳格で、シュザンヌを悪魔憑きだと責め、独房に監禁する。ようやく移った別の修道院は、院長はじめレズビアンの巣窟《そうくつ》で、またしても彼女は災難に見舞われる。

主人公が現世の悪によって迫害の連続にあうという物語は、ヴォルテールの『カンディー

No. 101

ド』やサドの『美徳の不幸』など啓蒙主義小説のパターンだが、リヴェット版『修道女』は、原作の貴族社会や宗教への風刺的意図をこえて、個人の運命の変転を厳しく凝視する純化されたまなざしに貫かれている。アンナ・カリーナの可憐な美しさ、舞台美術と衣裳の華やかさ、青と黄色を主調とする色彩の鮮烈なコントラストなど、リヴェットの古典的な演出の完璧さに陶然とさせられる。

**ポイント**

**◉ジャック・リヴェット**（1928〜2016）ルーアン生まれ。パリに出てシネマテークに通い、トリュフォー、ゴダールらと出会う。52年より「カイエ・デュ・シネマ」誌の編集に携わり、取材で知りあったジャック・ベッケルとジャン・ルノワールの作品（『アラブの盗賊』『フレンチ・カンカン』）に助監督としてつく。56年、シャブロルの製作で短篇『王手飛車取り』を監督。60年には長篇第一作『パリはわれらのもの』を完成させた。『修道女』は、カトリックから冒瀆的だと批判され、一時、上映禁止となる。70年には12時間半という長尺の『アウト・ワン』を撮って半伝説的存在となった。その後、『セリーヌとジュリーは船で行く』（73）が傑作と絶賛され、『美しき諍い女』（91）はカンヌ映画祭でパルム・ドールを獲得し、フランスを代表する監督としての評価をゆるぎないものにした。バルザック原作の『ランジェ公爵夫人』（07）でも艶やかで、重厚な画面作りで大いなる力量を発揮した。

# ローラ

1961年　上映時間＝85分　監督・脚本◉ジャック・ドゥミ
主演◉アヌーク・エーメ、マルク・ミシェル、エリナ・ラブールデット

No. 102

ジャック・ドゥミの処女長篇。ジャン＝ピエール・メルヴィルがこの映画を評して言った「ヌーヴェル・ヴァーグの真珠」というひと言が、この作品の尽きせぬ魅力を語り尽くしている。

舞台は港町ナント。ローラ（アヌーク・エーメ）はキャバレーの踊り子で、一人息子を育てながら、その父親であるアメリカ人のフランキーが帰ってくるのを待っている。ローラに恋するロランは彼女に結婚を迫るが、断られ、セシルという娘とデートする。そして、それぞれの登場人物に新しい運命が訪れる。

この映画の主人公はローラだけではない。ローラも、ロランも、セシルも、そして、お伽話の王子さまのように人間らしさを欠いた水兵のフランキーも、セシルの母親のデノワイエ夫人（エリナ・ラブールデット）も、みなが同じ重みの過去を背負い、それぞれの運命に翻《ほん》弄《ろう》されながら、出会い、別れてゆく。

ドゥミは自分の全作品のなかで、登場人物たちが何度か姿を現しながら、ひそかにすれ違うような、運命の人間喜劇を作ろうと夢見ていた。『ローラ』はその着想の最も素朴で純粋な実現である。この映画のラストで港に向かったロランは、『シェルブールの雨傘』（P236）で、セシルが住む（はずの）シェルブールに大富豪となって現れる。

『ローラ』はマックス・オフュルス監督に捧げられている。オフュルスほど運命の残酷さと、運命に弄《もてあそ》ばれる人間の愛おしさを美しく描いた映画作家はいないからである。

### ポイント

**◉アヌーク・エーメ**（1932〜） パリに生まれる。父は男優のアンリ・ドレフュス、母は女優のジュヌヴィエーヴ・ソリヤ。14歳でダンスを習い始め、ルネ・シモンの演劇学校にも通う。映画デビューは『密会』（46）だが、彼女の人気を一躍高めたのはジャック・プレヴェールが彼女のために脚本を書いた現代版「ロミオとジュリエット」、『火の接吻』（49）だった。そのメランコリックで神秘的な美しさは、アレクサンドル・アストリュックの『恋ざんげ』（53）でも傑出していた。ドゥミは『ローラ』に彼女を起用した理由として「それまでの謎めいた情熱とは別な彼女の個性、魅力を引き出そうと思ったから」と語っている。フェリーニの『甘い生活』（60）、『8½』（63）で世界的な名声を得たが、その後も大ヒット作『男と女』（66）でアカデミー主演女優賞にノミネートされた。私生活では70年にアルバート・フィニーと4度目の結婚をし、8年後にまた離婚している。

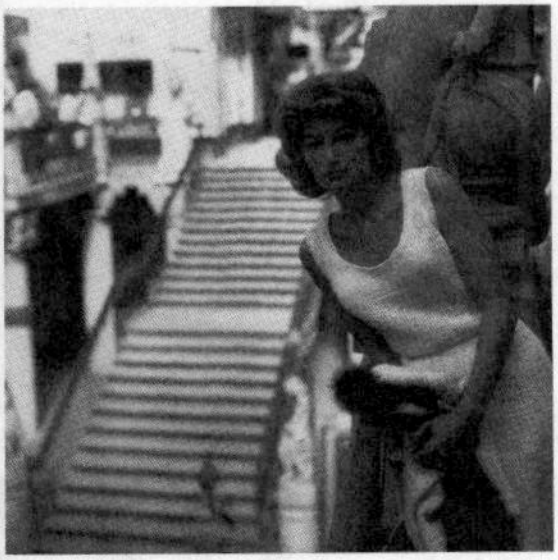

# シェルブールの雨傘

No. 103

1964年　上映時間＝91分　監督・脚本・台詞◉ジャック・ドゥミ　撮影◉ジャン・ラビエ
主演◉カトリーヌ・ドヌーヴ、ニーノ・カステルヌオーヴォ

ドゥミの名を世界に知らしめた作品で、カンヌ映画祭で最高賞パルム・ドールを受賞した。すべての台詞が歌で歌われるというミュージカル映画の極限例だが、同じ趣向であるオペラのような鈍重さはどこにもなく、ジャン・ラビエの鮮やかなカラー画面に乗って、登場人物が哀切で甘美なメロディを歌う。ミシェル・ルグラン作曲のテーマ曲は映画音楽史上に特筆すべき名旋律としてファンに記憶される。

ジュヌヴィエーヴ（カトリーヌ・ドヌーヴ）はシェルブールの雨傘屋で働く娘。自動車工のギーと恋に落ち、妊娠するが、ギーはアルジェリア戦争に出征して行方知れずになる。そんな境遇のジュヌヴィエーヴに、富裕な宝石商のロランが求婚する。結局、ジュヌヴィエーヴはロランとの結婚を受け入れ、シェルブールを去る。ギーは負傷して祖国に戻るが、雨傘屋は閉まっていた……。

『シェルブールの雨傘』は、ドゥミの処女作『ローラ』（P234）の密かな続篇である。『ロー

ラ』の結末で、ロランとデートしたセシルと、彼女の母親はシェルブールに出発し、ロランは港に向かう。しかし、その後、海外で宝石商として成功したロランは、セシルとその母親との淡い交情を思い出して、彼女たちのいるはずのシェルブールにやって来たらしいからだ。そんな運命と偶然がロランとジュヌヴィエーヴを結びつける。ジュヌヴィエーヴとギーが切ない運命を背負いながら、それぞれの人生を歩みつづけるラストシーンは感動的だ。

**ポイント**

**◉ジャック・ドゥミ**（1931〜90）ロワール＝アトランティック県ポン・シャトー生まれ。ナントの美術学校で学び、その後、パリに出て写真学校に通った。ポール・グリモー、ジョルジュ・ルーキエらの助監督をつとめ、56年に短篇第一作『ロワール渓谷の木靴工』を撮り、その後、短篇を5本撮った。長篇デビュー作『ローラ』は、低予算でありながらも、後のドゥミ作品を貫く運命論的なモチーフが美しく凝縮した名作となった。62年に女流監督アニェス・ヴァルダと結婚。63年には『シェルブールの雨傘』を発表する。すべての台詞が歌となり、ミシェル・ルグランのメロディに乗る純粋なフランス製ミュージカルとしてその独創性が高く評価され、カンヌ映画祭最高賞を受賞し、世界中で大ヒットした。姉妹編『ロシュフォールの恋人たち』(66)、そして、遺作『想い出のマルセイユ』(85)まで、生涯を通して、港を舞台に男女の出会いと別れを哀切をこめて描いた名匠だった。

# No. 104 ロシュフォールの恋人たち

1967年　上映時間＝127分　監督・脚本・台詞・歌詞◉ジャック・ドゥミ　撮影◉ギスラン・クロケ
主演◉カトリーヌ・ドヌーヴ、フランソワーズ・ドルレアック

『シェルブールの雨傘』（P236）から3年。ドゥミは本家アメリカですでに終焉したミュージカル映画をフランスで再生させる。ヒロインにドヌーヴと、彼女の姉のドルレアックを起用し、実の姉妹に双子を演じさせるというトリッキーな配役を行った。さらに、アメリカから戦後ミュージカル映画最大のスターであるジーン・ケリーを招き、ドルレアックが恋するアメリカ青年の役を大胆にも演じさせた（当時ケリーは55歳。ミュージカル役者としての頂点は10年以上も前である）。

また、ドゥミと美術監督ベルナール・エヴァンによる色彩設計は、『シェルブールの雨傘』をこえてほとんど常軌を逸し、画面に登場する実際のロシュフォールの街を、赤、青、黄色、緑、ピンク、薄紫といった原色に近い色に塗り替えてしまった。お伽話的な色彩への執念は、のちの『ロバと王女』に至って完璧な達成を見る。

本作のドラマもまた、王子さまとの恋を夢見つつ、歌とダンスの修行に余念のないデル

フィーヌ（ドヌーヴ）とソランジュ（ドルレアック）の双子姉妹が、それぞれ、理想の水兵（ジャック・ペラン）やアメリカ青年（ケリー）に出会うという筋書きであり、今様お伽話であることに変わりはない。

だが、『ローラ』（P234）や『シェルブールの雨傘』のような、ドゥミ映画に独特の味わい深さを添える人生の苦みはここにはない。それだけに、究極の映画的至福の実現として、ドゥミ作品中の貴重な珍品ともいえる。

**ポイント**

◉**フランソワーズ・ドルレアック**（1942〜67）パリに生まれる。父は50年代はじめ頃に活躍した俳優モーリス・ドルレアック、母は舞台女優のルネ・シモノ。カトリーヌ・ドヌーヴの姉で、10歳の時にルイ・ジューヴェと共演して舞台にデビューしている。中等教育を終えて、コンセルヴァトワールでレイモン・ジラールにつき演技を勉強した。その後、婦人週刊誌のコンクールで認められ、クリスチャン・ディオールのモデルとなり、プロデューサーのジルベール・ゴールドシュタインに見出され、映画界入りした。妹ほどの華やかさはないが、メランコリックなかげりをもつ美貌が印象的だった。『ロシュフォールの恋人たち』はこの美人姉妹が共演した唯一の作品である。フランソワ・トリュフォーの『柔らかい肌』（64）とロマン・ポランスキーの『袋小路』（66）はそんな彼女の独特の魅力をあざやかにとらえていた。67年、カンヌ郊外で交通事故に遭い、25歳という若さでこの世を去った。

# No.105 二十四時間の情事

1959年　上映時間＝91分　監督◉アラン・レネ　撮影◉サシャ・ヴィエルニー、高橋通夫
主演◉エマニュエル・リヴァ、岡田英次

レネの長篇第1作。すでにレネは『夜と霧』などの短篇でドキュメンタリー作家として名を上げていた。『夜と霧』では、アウシュヴィッツにおけるユダヤ人虐殺に焦点を当てたが、本作『二十四時間の情事』では、広島に投下された原爆の悲惨を出発点にして、記憶と忘却という自身の根源的主題を追究している。

冒頭、男（岡田英次）と女（エマニュエル・リヴァ）の肉体が絡みあう。女は「私、広島で何もかも見たわ」といい、男は「君は何も見てはいない」と答える。男は日本人の建築家。女はフランスの女優で、広島に映画の撮影にやって来た。女は病院や博物館や映画や写真で広島の悲惨を確かに見たと主張する。しかし、男はそれは見ることではないと繰り返す。この嚙みあわない会話に映画の本質的な命題が要約されている。人は本当に何かを見ることができるか？　他人と記憶を共有することができるのか？

広島の現在に、女がフランスのヌヴェールで過ごした戦争中の記憶が混入してゆく。女に

はドイツ人の恋人がいて、彼は殺され、女は坊主頭にされた。この記憶を他人に語り、共有させることができるか？　真実と虚偽、記憶と忘却、現在と過去、広島とヌヴェールが境界をこえて、融解しはじめる。
朗誦《ろうしょう》のように語られる詩的な台詞はマルグリット・デュラスが担当した。原題は「ヒロシマ　わが愛」。日本では煽情的なタイトルが付けられ、上映は4日で打ち切られた。

ポイント

◉エマニュエル・リヴァ（1927〜2017）　ヴォージュ県レミルモン生まれ。父親は村の地主。幼い頃から憧れていた演劇の道に進むため、両親の反対を押し切って、パリに出て演劇センターでジャン・メイエルについて演技を学んだ。初舞台は53年の『英雄と兵士』で、以後、舞台中心に活動を続ける。58年、アラン・レネ監督に認められ、『二十四時間の情事』で岡田英次の恋人役で主演。この作品で一躍、彼女の名は世界的に知られるようになった。68年には日本映画『栄光への5000キロ』に出演するため来日している。その後も、フィリップ・ガレル監督の『自由、夜』（83）、クシシュトフ・キェシロフスキ監督の『トリコロール／青の愛』（93）といった作品で陰翳と深みのある演技を見せている。2008年には、彼女が『二十四時間の情事』のロケで訪れた広島の子供たちや町の様子を撮った写真集の刊行に合わせ、展覧会が開催され、久々に来日して話題となった。

# 去年マリエンバートで

No. 106

1961年　上映時間＝90分　監督◉アラン・レネ　脚本・台詞◉アラン・ロブ＝グリエ
撮影◉サシャ・ヴィエルニー　主演◉デルフィーヌ・セーリグ、ジョルジョ・アルベルタッツィ

『二十四時間の情事』（P240）の前衛的手法で世界を驚かせたレネの長篇第2作。脚本はヌーヴォー・ロマンの旗手ロブ＝グリエが書いた。記憶と忘却というテーマは前作と深く通底しているが、バロック様式の城館と庭園を舞台にして、レネとロブ＝グリエのスタイリッシュな美学が全篇にあふれる。

豪奢な城館で、客たちが物憂い時間を過ごしている。女（デルフィーヌ・セーリグ）に男（ジョルジョ・アルベルタッツィ）が接近する。男は女に、二人は去年マリエンバートで会ったことがあり、愛しあったのだと主張する。女には、全く身に覚えのないことだ。しかし、男は執拗に去年の愛の出来事を語り、さまざまな証拠まで持ちだしてくる。女はしだいに記憶に自信をなくし、真実と虚偽、現在と過去が曖昧に浸透しあってゆく。

三角錐の樹木が時間を止めたように、白い庭に黒い影を落とす庭園。華麗な装飾を施された長い城館の廊下。シャネルがデザインした登場人物の典雅な衣裳。城館の客たちが演じる

活人画。何から何まで計算ずくで配置された舞台の美しさに驚嘆させられる（樹木の影は本物ではなく描いたものだ）。サシャ・ヴィエルニーのカメラはそれらを沈鬱なモノクロの画面に収め、催眠的な速度で緩慢なトラヴェリングを反復する。そうして、現実は夢か幻の世界へと滑りこみ、男の主張する記憶にない過去が息づきはじめる。観念的な主題と人工的な様式が絶妙のバランスで支えあい、観客を陶酔（と睡眠？）に誘う。

**ポイント**

◉**デルフィーヌ・セーリグ**（1932〜90）　レバノンのベイルート生まれ。両親はアルザス出身のフランス人だが、父親が在レバノンの考古学研究所長だったため、ベイルートで生まれた。その後、パリのウーヴル座、サラ・ベルナール劇場などに出演。59年に渡米し、舞台『民衆の敵』に出ているところをアラン・レネに見出され、『去年マリエンバートで』に主演。映画はヴェネツィア映画祭グランプリを獲得。次いで主演したレネの『ミュリエル』（63）で同映画祭女優賞を得て、彼女の名声は決定的なものとなった。その後も、トリュフォーの『夜霧の恋人たち』（68）、ブニュエルの『ブルジョワジーの秘かな愉しみ』（71）など名匠の作品に出演、とくにジャック・ドゥミの『ロバと王女』（70）の妖精役や、デュラスの『インディア・ソング』（74）の謎めいたヒロインの官能的な美しさは忘れがたい印象を残した。90年、肺病のためパリで死去した。

# 不滅の女

# No. 107

1962年　上映時間＝110分　監督・脚本・台詞◉アラン・ロブ＝グリエ　撮影◉モーリス・バリー
主演◉フランソワーズ・ブリオン

『去年マリエンバートで』（P242）の脚本で世界を驚かせたロブ＝グリエの監督第1作である。ヌーヴォー・ロマンの旗手というこわもてな一面とは裏腹に、皮肉な遊び心にもあふれたロブ＝グリエのこと、題名からしてひと筋縄ではいかない。題名のimmortelはmortel（かならず死ぬべき運命の）という形容詞の否定形、つまりは「死なない」という意味で、この映画のヒロインは死んだのか生きているのか分からない女なのである。また、この言葉は、タイトル〝L'Immortelle〟のごとく女性形で名詞化されると「ドライフラワー」のことを表す。つまり、死んだ（枯れた）のちにも永遠の美をとどめる存在のメタファー（比喩）でもあるのだ。

物語の内容はといえば、イスタンブールにやって来た男が美しい女に出会い、一緒に街を歩く。深い仲になっても男は女のことを何も知らない。そして女は突然消えてしまう。男がふたたび女を見出したとき、女は亡霊のように見える。女は交通事故で死んでもまた現れたりする。女の正体を見きわめようとする男の試みは空《むな》しい。
「みんなにせものよ」とは死なない女の口癖だが、本作は、真実の相対性、不可知性、そして現実の表層性という作者の根本主題を、文字どおり表層的なイメージの連続として提出する。ここから現実の不条理（＝ばかばかしさ）までは一歩の懸隔《けんかく》しかない。実際、ロブ＝グリエはその後の作品でどんどんブラックユーモア色を強めていくことになる。

**ポイント**

**◉アラン・ロブ＝グリエ**（1922〜2008）　ブレスト生まれ。国立農業大学を卒業後、農業技師として、仏領海外植民地のモロッコ、ギニア、マルチニックなどに滞在した。53年、『消しゴム』を発表し、〈ヌーヴォー・ロマン〉の旗手として革新的な小説表現の可能性を追求した。アラン・レネの求めに応じて『去年マリエンバートで』のシナリオを執筆。自らも映画製作に興味を抱き、第1作として監督したのが『不滅の女』である。61年に市川崑監督で日仏合作映画のシナリオを執筆するために来日したが、企画は実現しなかった。その後も、『ヨーロッパ横断急行』(66)、『嘘をつく男』(67)、『エデン、その後』(70)、『快楽の漸進的横滑り』(73)、『危険な戯れ』(75)、『囚われの美女』(83)などの作品を監督しているが、いずれも難解かつ奇妙で、生前には日本の商業ルートでほとんど公開されなかった。2004年、アカデミー・フランセーズの会員に選出された。

# 雨のしのび逢い

No. 108

1960年　上映時間＝90分　監督・脚本◉ピーター・ブルック　原作・脚本◉マルグリット・デュラス、ジェラール・ジャルロ　主演◉ジャンヌ・モロー、ジャン＝ポール・ベルモンド

監督のブルックが英国の高名な演出家であることを除いて、本作は生粋のフランス映画である。デュラスの脚本は原題を「モデラート・カンタービレ」という。ヒロインが息子にピアノのレッスンを受けさせる場面で、ディアベリのソナチネの「モデラート・カンタービレ（中くらいの速さで、歌うように）」の部分が使われ、そのモチーフが反復されるからである。デュラスの作品における音楽的な特質をよく表したタイトルだが、邦題はご覧のとおり、安っぽいメロドラマのようになった。

フランスの地方都市で単調なブルジョワ生活を送るアンヌ（ジャンヌ・モロー）は、息子がピアノ・レッスンを受けているとき、階下のカフェから女の叫び声を聞く。見ると、男が自分の熱愛する女を殺したらしい。その光景がアンヌの頭から離れなくなる。この事件をきっかけに、彼女はショーヴァン（ジャン＝ポール・ベルモンド）という労働者と知りあい、愛しあうようになる。この関係は彼女に何をもたらすのか？

緩慢な音楽のように続く単調な生活の流れを破って、愛と絶望の叫びがあがる。これはのちにデュラスが監督する『インディア・ソング』（P320）とまったく等しい劇的構成である。しかし、叫びは一瞬の幻影のように消え、あとには無限に続く時間と、叫びの記憶だけが残される。だが、この記憶もしだいに忘却と死の彼方に消えていくであろう。その消滅前の余韻の反復こそが、この映画の詩学である。

**ポイント**

◉**ピーター・ブルック**（1925〜2022）　ロンドン生まれ。幼い頃から神童と呼ばれ、オックスフォード在学中から演劇に携わり、18歳で『フォースタス博士』を演出。23歳でコヴェント・ガーデン・オペラハウスのプロダクション・マネージャーとなる。映画監督の第1作目はローレンス・オリヴィエがプロデュースした『三文オペラ』（53）で、ジョン・ゲイの『乞食オペラ』初演版を映像化した作品だった。『雨のしのび逢い』の後に撮られた『蝿の王』（63）は、後にノーベル文学賞を受賞するウィリアム・ゴールディングの同名小説の映画化で、孤島で野獣化していく無垢な少年たちを寓話的なスタイルで描いた傑作。67年には自ら舞台演出も手がけた『マラー／サド』を映画化し、大きな話題となった。以後は、神秘思想家グルジェフを描いた『注目すべき人々との出会い』（79）、アジアの叙事詩をテーマにした『マハーバーラタ』（89）など宗教的な色彩の強い作品が目立っている。

# かくも長き不在

No. 109

**1960年　上映時間＝98分　監督◉アンリ・コルピ　脚本◉アンリ・コルピ、マルグリット・デュラス、ジェラール・ジャルロ　主演◉アリダ・ヴァリ、ジョルジュ・ウィルソン**

監督のコルピは、ヴァルダの『ポワント・クールト』やクルーゾーの『ピカソ　天才の秘密』の編集者として名を上げ、とくに『去年マリエンバートで』（P242）などアラン・レネとの共同作業で知られた人だ。レネの長篇劇映画第1作『二十四時間の情事』（P240）の編集も担当しており、この映画の脚本を書いたマルグリット・デュラスに、本作『かくも長き不在』のシナリオを依頼する。これがコルピの監督デビュー作となり、1961年のカンヌ映画祭パルム・ドール（最高賞）を受賞した。

デュラスの脚本は、『二十四時間の情事』（原題「ヒロシマ　わが愛」）と同じく、戦争の拭いがたい記憶を主題にしている。

女主人公テレーズ（アリダ・ヴァリ）は小さなカフェを経営している。ある日、その店の前を浮浪者（ジョルジュ・ウィルソン）が通りかかる。その男をテレーズは十数年も前にゲシュタポに連行されて行方不明になった夫ではないかと思う。だが、男は記憶を喪失していた。テレーズは男の正体を探り、記憶を呼びさますべくさまざまな努力を重ねる。

記憶をとり戻せぬまま立ち去ろうとする男に、背後からテレーズが声をかける場面が、この映画のクライマックスだ。呼び声の反響のなかで、男のぎこちない身ぶりだけが、一瞬、悲痛な記憶をスパークさせる。それまで禁欲的な演出に徹してきた長い時間の持続がここで最大限の効果を上げる。その裂け目から戦争の地獄が顔をのぞかせる。

**ポイント**

◉**アンリ・コルピ**（1921～2006）スイスのブリーグ生まれ。南仏のセート市で中等教育を終え、モンペリエ大学を卒業、文学士号をとる。卒業後は、映画雑誌『シネ・ダイジェスト』の編集にたずさわり、『映画と映画人』と題する映画監督批評事典を出版したり、戯曲を発表したりした。48年から短篇映画の編集にたずさわり、自身でも短篇映画を作った。50年から長篇劇映画の編集者となり、アラン・レネの『夜と霧』『二十四時間の情事』『去年マリエンバートで』、アンリ＝ジョルジュ・クルーゾーの『ピカソ　天才の秘密』、チャップリンの『ニューヨークの王様』(57) などを編集した。レネ、ヴァルダらの〈セーヌ左岸派〉に属する。『かくも長き不在』で監督デビューし、カンヌ映画祭パルム・ドールをはじめ多くの賞を得た。その後は、寡作で、主にテレビシリーズを手がけ、アントニオ・バルデムと共同監督した『ミステリー島探検　地底人間の謎』(73) がある。

# No. 110 5時から7時までのクレオ

1962年　上映時間＝86分　監督・脚本◉アニェス・ヴァルダ　撮影◉ジャン・ラビエ
主演◉コリンヌ・マルシャン　ミシェル・ルグラン

ヌーヴェル・ヴァーグには、ゴダール、トリュフォーなどの「カイエ派」と、レネ、ヴァルダなどの「左岸派」がある。前者は「カイエ・デュ・シネマ」誌に集い、後者はセーヌ河左岸を交友の場にしたことからそう名づけられた。「カイエ派」の最初の長篇劇映画はシャブロルの『美しきセルジュ』だが、「左岸派」も含めれば、アニエス・ヴァルダの『ポワント・クールト』が4年も早いヌーヴェル・ヴァーグ初の長篇劇映画となる。ヴァルダという映画作家の革新的な先見性がよく分かる事実だ。

本作『5時から7時までのクレオ』はヴァルダの長篇第2作。「バスター・キートンのように美男な」ゴダールが黒眼鏡を外した明るい素顔でアンナ・カリーナと客演し、「左岸派」と「カイエ派」の交流を証明している。

本作は題名どおり、ヒロインの歌手クレオ（コリンヌ・マルシャン）が癌宣告に怯《おび》えてパリの左岸（モンパルナスからモンスリ公園まで）をさまよう2時間をほぼリアルタイムで描いている。死の影に覆われる彷徨という暗い話になりそうだが、映画は微風に誘われるような奇妙な浮遊感覚とパリという街の魅力に満ち、また、音楽家ミシェル（ミシェル・ルグラン自身が演じる）との友情、ゴダールとカリーナのサイレント映画のように純朴な恋物語、さらにはラストのクレオと青年兵士との出会いなど、不思議とお伽話のような雰囲気が漂っている。ヴァルダの才気が遺憾なく発揮された愛すべき作品だ。

### ポイント

**◉コリンヌ・マルシャン**（1931〜）　パリに生まれる。早くから女優を目指し、歌やバレエを習っていた。のちにジョルジュ・ヴィタリーのもとで演技を学び、エキストラで映画に出たり、ミュージカルの舞台の端役などの下積み生活を送っていたが、60年、ジャック・ドゥミの『ローラ』に出演したことが大きなチャンスとなった。当時、ドゥミの婚約者だったアニェス・ヴァルダの『5時から7時までのクレオ』の主役に抜擢されたからである。この実験的な作品で彼女は癌の告知におびえる金髪で美しいシャンソン歌手のヒロインを演じている。その、繊細な演技は大いに注目を浴び、62年度の新人女優に与えられるシュザンヌ・ビアンケッティ賞を受賞した。以後、フランス映画では手堅い脇役としての出演作が多い。『雨の訪問者』（69）、『ボルサリーノ』（70）などのアクションものでは、ブロンドのセクシーな役で色を添えている。

# 幸福《しあわせ》

**No. 111**

1965年　上映時間＝80分　監督・脚本◉アニエス・ヴァルダ　撮影◉ジャン・ラビエ
主演◉ジャン＝クロード・ドルオー、クレール・ドルオー、マリー＝フランス・ボワイエ

長篇第1作『ポワント・クールト』以来、夫婦間の心理の微妙なゆらぎはヴァルダの映画の重要なテーマだが、本作『幸福』は、夫の浮気と家庭の崩壊というありきたりな物語を題材にしながら、人間心理の底知れぬ不可解さを映像化している。

フランソワとテレーズの夫婦には二人の子供があり、幸福な家庭を築いている。夫は郵便局で働くエミリー（マリー＝フランス・ボワイエ）と出会い、二人は愛しあうようになる。夫にとっては、テレーズとの夫婦生活も、エミリーとの愛人関係も、同じ幸福の源泉だった。ある日、夫は妻と子供を連れてピクニックに出かけ、妻にすべてを告白する。妻は夫の浮気を許すが、のちに水死体となって発見される。残された家族のなかにエミリーが入り、家庭生活は続く。

物語はほぼ以上のように要約できるが、妻テレーズの死が事故死なのか自殺なのかは最後まで分からない。また、インモラルな幸福が露悪的に賛美されているわけでもない。表面的

な幸福が善悪の判断ぬきで肯定されているように見えながら、妻の突然の死がそうであるように、どんな幸福も死の影に覆われ、もろく砕け散ってしまうかもしれない、という無常感が強く感じられるのである。シャブロルの盟友である撮影監督ラビエの作りだす色彩画面はあまりにも柔らかく美しいが、この映画にはヴァルダの根源的なニヒリズムが露呈しているように思われる。

**ポイント**

**◉マリー＝フランス・ボワイエ**（1938～）パリに生まれる。4歳の頃から女優やサーカスの踊り子に憧れるというとてもおませな娘だった。5歳で芸能界入りし、50年の『巴里の空の下セーヌは流れる』をはじめとする40本近くの映画に出演し、コマーシャルにもひっぱりだこの子役時代を送る。その後、本格的な女優を目指して修業するため、コンセルヴァトワールに入学する。パリでレーモン・ルノーの『危険な転落』に出演し、17歳で初舞台を踏んだ。この頃、助監督のミシェル・ボワイエと結婚。女優はやめず、アンリ・ヴェルヌイユ監督の戦争映画『ダンケルク』（64）などに出演している。ほんの端役だった『接吻・接吻・接吻』（63）の短いシーンが女流監督アニェス・ヴァルダの認めるところとなり、『幸福』のヒロイン役で一躍注目された。その後も、セルジオ・ゴッビ監督の異色作『幸福の行方』（67）での大胆なヌードが話題となった。

# アデュー・フィリピーヌ

No. 112

1962年　上映時間＝110分　監督◉ジャック・ロジエ
主演◉ジャン＝クロード・エミニ、イヴリーヌ・セリー

ヌーヴェル・ヴァーグの真っ只中で撮られた最も潑剌《はつらつ》として美しい映画の一本。これは寡作家ロジエの長篇第1作であり、『大人は判ってくれない』（P202）や『勝手にしやがれ』（P188）に比べうる、処女作のみに許される生き生きとした躍動感がみなぎっている。

主人公ミシェルはテレビ局の見習いで、リリアーヌとジュリエットという、いつも一緒に行動する女の子のコンビと知りあう。三人はデートを重ね、恋仲になるが、ミシェルがどちらを選んでいいか分からないまま、三人はコルシカ島のヴァカンスに出かけてゆく。

主人公の設定はテレビ局で働いたロジエの経歴に基づいている。また、この軽い恋物語が、アルジェリア戦争に送りこまれる直前の若者の物語である点にも、当時のフランスの世相が反映している。この軽さの裏には、一寸先は闇という暗鬱《あんうつ》な時代の空気があり、それゆえ、そうした気分を吹き飛ばす刹那的な生の飛躍がいっそう輝きをますのだ。

映画的には、ドラマ的な盛り上がりや完結性を目的としないワン・ショット、ワン・

ショットの自由な撮り方にこそ、この映画の今でも色あせぬ魅力がある。ヌーヴェル・ヴァーグという運動がめざした映画作りの、これは一個の純粋な達成である。ロジエはその後『亀島の遭難者たち』や『メーヌ・オセアン』など少数の傑作を撮るが、登場人物がヴァカンスで行方定めぬ旅に出るという物語の結構は変わらない。

ポイント

◉**ジャック・ロジエ**（1926～）パリに生まれる。50年から52年まで映画高等研究所で学んだ。ジャン・ルノワールの『フレンチ・カンカン』(54)で助監督実習生となったあと、ジャン・オーレル監督の助監督をつとめた。47年から短篇映画を4本演出し、なかでも『十代の夏』(58)は評価が高い。『アデュー・フィリピーヌ』は、長篇第1作で、長い間、幻のヌーヴェル・ヴァーグ作品として伝説化されてきた傑作である。「ガールハントをしながらぶらぶらとたのしく旅をするという青春の時間をテーマにした」この作品の魅力について、フランソワ・トリュフォーは「いわば完璧に計算された即興演出によって、たった一本の骨子をどんどん肉付けしてゆくという映画であり、そのプロセスの果てには、実際、おどろくほど的確な語り口が生み出されるのだが、それは、まさに地中海的陽気さとも言うべきものなのである」（『わが人生　わが映画』）と見事に分析している。

# No.113 ラ・ジュテ

1962年　上映時間＝29分　監督・脚本・台詞◉クリス・マルケル
出演◉エレーヌ・シャトラン

クリス・マルケルは、インタヴューを主な手法とする〈シネマ＝ヴェリテ（真実＝映画）〉というドキュメンタリー流派の代表者だが、『ラ・ジュテ』は、実験映画史に残る異端的SF作品である。全体を普通の映画用カメラで撮影したのち、各ショットから1コマだけを抜きだし、この1コマの連続によるストップモーションで映画の全体を構成している（ただし一か所だけ、短い動きのある重要なショットが隠されている）。

物語の舞台は、第三次世界大戦の核戦争で地上が滅びたあとの地下世界だ。科学者たちは過去と未来にタイムトラベラーを送って、人類の生き残りの鍵を探ろうとする。この時間旅行に選ばれた男は、自分の幼年期の記憶にとり憑かれていた。それは、オルリー空港のジュテ（搭乗用通路）で、瀕死の人物を見守る女の顔を目撃したという記憶だ。男は過去に送りこまれ、記憶の女と再会し、二人は愛しあう。ついで、男は未来へ送りこまれ、人類を救うエネルギー源をもって現在へ帰る。だが、男は現在にとどまろうとせず、ふたたび女の待つ過去へ戻る。そして、オルリー空港で、女のもとに駆け寄ろうとして……。

30分足らずの短篇だが、このタイムトラベルの物語は、きわめて精妙な語りの構造をもっている。その結果成立する逆説的なオチには誰もが驚くだろう。このラストに魅せられたテリー・ギリアムは、本作をリメイクして『12モンキーズ』を製作した。

ポイント

◉**クリス・マルケル**（1921〜2012）ヌイイ＝シュル＝セーヌ県生まれ。大学では哲学を学び、ジャーナリスト、写真家、旅行家として多彩な活動をしていたが、アラン・レネと知り合って、ドキュメンタリーの製作に関わるようになる。第三次世界大戦後の世界を舞台に、時間と記憶をテーマにした『ラ・ジュテ』は、傑作である。60年代には東京オリンピックに沸きたつ東京をテーマにした『不思議なクミコ』、そしてゴダール、レネたちに呼びかけオムニバス『ベトナムから遠く離れて』を製作し、自らも監督する。日本、アフリカの映像に哲学的な断章が織り込まれた『サン・ソレイユ』（82）もドキュメンタリーの限界を踏破したユニークな映像エッセイといえる。近年は映画監督に関する作品が目立っている。なかでも『乱』の撮影風景を描いた『AK　ドキュメント黒澤明』（85）、アレクサンドル・メドヴドキンを描いた『アレクサンドルの墓、最後のボルシェビキ』（92）は力作である。

# シベールの日曜日

No. 114

1962年　上映時間＝115分　監督◉セルジュ・ブールギニョン　撮影◉アンリ・ドカ
主演◉パトリシア・ゴッジ、ハーディ・クリューガー

ある少女の感情的イノセンスの喪失を哀切なイメージで描いた傑作である。ピエール（ハーディ・クリューガー）は記憶喪失を病む青年。恋人もいるが、彼の心は閉ざされている。そんな彼が、ある日、一人の少女（パトリシア・ゴッジ）と出会う。少女は父親によって寄宿学校に押しこまれ、孤独な日曜日を過ごしていた。二人はおずおずと接近し、日曜日ごとにささやかなデートを重ねる。ピエールに心を許した少女は、一緒にクリスマスを祝い、ついに自分の名前がシベールであることを打ち明ける（邦題はこの場面の大きな感動を減殺する、いわばネタばれである）。これが彼女のクリスマスのプレゼントだったのだ。だがピエールの恋人が二人の仲を怪しみ、医者に相談したため……。

この牧歌的な共感の物語の背後には、戦争の悲惨と幼女性愛という恐るべき主題が隠されている。それがセンチメンタリズムに対して絶妙の毒として作用しているのだ。ここに、この物語の巧みさがある。ラストでシベールの発する「もうわたしには名前はないわ」という

名セリフが効果をあげるゆえんである。
また、ピエールとシベールがデートを重ねるパリ郊外の公園の風景が美しい。池の水面に広がる波紋、灰色の空に突きささる木々の枯れ枝のシルエット。一度見たら忘れがたいこのモノクロの映像を撮りあげたのは、アンリ・ドカ。この名カメラマンの仕事のなかでも5指に数えられる出来映えといえよう。

ポイント

◉パトリシア・ゴッジ（1950〜）　イタリアの北部生まれ。3人姉妹の次女。イタリア人の父、フランス人の母とも芝居好きだったため、幼い頃から演劇を身近に育った。その後、一家でパリに移り住み、姉のシャンタルがルネ・クレマン監督の『居酒屋』（56）に出演したことがきっかけとなって、スクリーン・テストを受ける。9歳で、ギャング映画『特赦情報』で映画デビューする。その後、数本の出演作をへて、セルジュ・ブールギニョン監督の『シベールの日曜日』に主演。12歳の少女シベールと戦争で傷を受けた男の愛の世界と悲痛な結末を墨絵のようなモノクロの画面を通して美しく描いたこの作品は、62年度ヴェネツィア映画祭特別表彰、63年度アカデミー外国語映画賞を受賞。彼女の愛らしい演技は世界中を魅了した。脱走した犯罪者ディーン・ストックウェルとの交流を描いたジョン・ギラーミン監督『かもめの城』（65）の不安を抱える思春期の少女も記憶に深く残る。

# わんぱく戦争

**No. 115**

**1962年**　上映時間＝90分　監督◉イヴ・ロベール
主演◉アンドレ・トルトン、ジャン・リシャール、マルタン・ラルティーグ

イヴ・ロベールはフランス映画界きっての異才である。使い走り、菓子職人見習い、植字工、肉体労働者など、多種多様な職業を転々としたあと、キャバレーや大衆劇場でヴィアン、プレヴェール、クノーなどの舞台を手がけた。さらにカルネの『愛人ジュリエット』からヴァルダの『5時から7時までのクレオ』（P250）まで役者もこなし、その間、映画監督にも進出する。本作はロベール監督の日本初公開作品で、彼自身の故郷でもある南仏を舞台に子供たちの「ボタン戦争」（原題）を描き、興行的にも大成功した。

二つの村の子供たちはいつも喧嘩ばかりしている。一方の村の総大将ルブラックは敵の策略にはまって、服のボタンを全部取られてしまう。父親にもこっぴどく叱られた。そこでルブラックは、敵からボタンを取りあげ、自分たちは取られないために、素っ裸で戦うという戦術を考案する……。

出演する素人の子供たちの自然な演技が愛らしく、とくに子供の大群が全裸でおちんちん

を丸出しにして戦う荒唐無稽な場面が話題を呼んだ。ロベールの演出もスピーディで、舞台で鍛えあげたセリフの切れも抜群である。田舎の自然を背景にした子供の楽園の溌剌《はつらつ》とした描写は、永遠に観客のノスタルジックな微笑みをかき立てるに違いない。

出演者のなかでも、プチ・ジビュス（ジビュス坊や）を演じたマルタン・ラルティーグが人気を呼び、ロベールの次作『わんぱく旋風』ではプチ・ジビュスの名で堂々主役を張った。

**ポイント**

**◉イヴ・ロベール**（1920〜2002）　南フランスのソーミュール生まれ。パリに出て、植字工、配達夫、菓子職人、土工など、さまざまな仕事に就く。42年から舞台の俳優、寄席のパントマイム役者、キャバレーの演出などを経験する。48年、俳優として映画界に入り、マルセル・カルネの『愛人ジュリエット』(50)、ルネ・クレールの『夜の騎士道』(55)、クロード・オータン＝ララの『青い女馬』(59)など数多くの映画に脇役で出演、達者な演技を披露した。この間、53年から監督にも進出した。日本で初めて公開された『わんぱく戦争』は少年たちの姿が生き生きと描かれ、独特の風刺とユーモアが絶賛された。映画が好評だったため、プチ・ジビュスを主人公に、『わんぱく旋風』(63)が作られた。1990年にはマルセル・パニョルの少年時代の回想録を映画化した『マルセルの夏』『マルセルのお城』を発表した。夫人は女優のダニエル・ドロルム。

# No.116 リオの男

**1963年　上映時間＝116分　監督◉フィリップ・ド・ブロカ　脚本◉ダニエル・ブーランジェ**
**主演◉ジャン＝ポール・ベルモンド、フランソワーズ・ドルレアック**

フィリップ・ド・ブロカは、アンリ・ドコワンやジョルジュ・ラコンブなど1950年代フランス映画の「良質の伝統」に属する映画人のもとで助監督としてデビューしたが、まもなくシャブロルの『美しきセルジュ』やトリュフォーの『大人は判ってくれない』（P202）の助監督となって、ヌーヴェル・ヴァーグ成立の真っ只中で彼らから大きな影響を受ける。監督として一本立ちするときも、シャブロルのプロデュースによる恩恵をこうむっている。

本作『リオの男』は純然たる娯楽冒険映画でありながら、軽快なテンポとリズミカルな物語展開に、ヌーヴェル・ヴァーグの大胆な映画作りの息吹きが感じられる。

パリの博物館でアマゾンの彫像が盗まれ、民俗学者が失踪する。さらに、この事件の鍵を握るアニェス（フランソワーズ・ドルレアック）が、主人公アドリアン（ジャン＝ポール・ベルモンド）の目の前で誘拐されてしまう。アドリアンはアニェスの行方を追って、ブラジルのリオに飛び、彫像と財宝の争奪戦に巻きこまれる。
南米を舞台にした財宝の争奪戦というストーリーはマンガの「タンタン」、めまぐるしい場面転換はヒッチコックの『北北西に進路を取れ』、スーパーヒーローの国際的な活躍は当時流行りつつあった007シリーズを連想させるが、そのヒーローを体現するベルモンドの躍動的な存在感が見どころだ。ブロカ＝ベルモンドのコンビは一世を風靡《ふうび》する。

**ポイント**

●**フィリップ・ド・ブロカ**（1933〜2004）　パリ生まれ。高校時代から映画に興味を持ち、写真映画技術学校に通い、19歳でシネアストとしての卒業証書をもらい、アフリカ探検隊に加わる。アフリカでは多くの短篇映画を撮り、フランスに戻ると兵役につき、アルジェリア部隊映画班に属し、ニュース・リポーターになる。シャブロル、トリュフォーの助監督につき、シャブロルがアジム・プロを創立したのを機に長篇デビューした。脚本のダニエル・ブーランジェとの名コンビによる、軽快なタッチとエスプリをきかせたコミカルなアクション物には定評があり、ベルモンド主演の『リオの男』は大ヒットした。『まぼろしの市街戦』（67）もファンタスティックな反戦映画としていまやカルト・ムーヴィとなっている。やはり主人公であるマンガ家のベルモンドが、現実と妄想が錯綜する荒唐無稽なギャグ世界に突入していく『おかしなおかしな大冒険』（73）も隠れた傑作コメディである。

# まぼろしの市街戦

No. 117

**1967年　上映時間＝103分　監督◉フィリップ・ド・ブロカ　脚色◉ダニエル・ブーランジェ**
**主演◉アラン・ベイツ、ピエール・ブラッスール、ジュヌヴィエーヴ・ビュジョルド、ミシュリーヌ・プレール**

スピーディな娯楽冒険映画を得意とするブロカだが、本作では、盟友のダニエル・ブーランジェと組んだオリジナル脚本で、リアルな戦争映画とユーモラスな幻想映画の融合という新たな境地を開いた。公開当初は興行的にも批評的にも芳《かんば》しい成果が出なかったが、しだいにアメリカを中心に再評価が高まり、現在では本国フランスや日本でも「カルト・ムーヴィ」としての地位を固めている。

第一次世界大戦中、フランスのある田舎町にドイツ軍が爆弾を仕掛ける。イギリス軍は爆弾を捜索するため、プランピック（アラン・ベイツ）という兵士を送りこむ。しかし、住人は町を逃げだし、残されたのは、サーカスの動物と精神病院の患者だけ。猛獣や猿は檻《おり》を出る。患者たちも病院を出て、各々の幻想の世界を生きはじめる。自分の軍隊を作る将軍（ピエール・ブラッスール）、公爵になる男（ジャン＝クロード・ブリアリ）、売春宿を開く女性（ミシュリーヌ・プレール）、その店の娼婦（ジュヌヴィエーヴ・ビュジョルド）等々。プランピックは「ハートの王様（原題）」に祭りあげられる。そのうち、独軍と英軍の激戦が開始される。狂っているのはどっちだ？

色鮮やかな中世絵巻のような雰囲気のなかに痛烈な風刺精神が脈打ち、正常と異常が逆転するカーニバル的世界を打ち立てている。だが、フェリーニのようなこれ見よがしの人工世界にならない趣味の良さが、この映画の持ち味だといえよう。

**ポイント**

◉**ジュヌヴィエーヴ・ビュジョルド**（1942〜）　カナダのモントリオール生まれ。演劇学校に学び、卒業と同時に『セビリアの理髪師』で初舞台を踏み、リドー・ヴェール劇団に入団してソ連、フランスを巡業した。パリの『真夏の夜の夢』公演がアラン・レネ監督の目にとまり、『戦争は終った』(65)の主役に抜擢される。『まぼろしの市街戦』の妖精のような娼婦も魅力的だった。66年度新人女優のためのシュザンヌ・ビアンケッティ賞を受賞、以後、達者な語学力を生かして国際的に活躍するようになる。キャリアを重ねても童女のような愛らしさを持ち不思議な魅力を放ち続ける稀有な女優である。なかでも失踪した妻とその娘という二役を演じたブライアン・デ・パルマの『愛のメモリー』(76)、夢想家のDJを演じたアラン・ルドルフの『チューズ・ミー』(84)、不妊症の女優を官能的に演じたデイヴィッド・クローネンバーグの『戦慄の絆』(88)は、後期の代表作である。

# 小間使の日記

1964年　上映時間＝94分　監督◉ルイス・ブニュエル　脚本◉ブニュエル、ジャン＝クロード・カリエール
主演◉ジャンヌ・モロー、ミシェル・ピコリ

No. 118

ブニュエルはフランスで『アンダルシアの犬』（P24）と『黄金時代』を撮ったのち、アメリカ、スペイン、メキシコを行き来し、60〜70代の晩年はフランスに腰を据える。『小間使の日記』はブニュエルが64歳で撮ったフランス完全復帰の第一作であり、セルジュ・シルヴェルマン製作、カリエール脚本という点でも彼の晩期の始まりを画す作品である。本作以降の映画では、初心に戻ったかのように前衛的な手法を駆使した幻想映画への傾斜が強まるが、本作はブニュエル流の皮肉なリアリズムが最後の底光りを見せた作品といえる。

原作は19世紀末の作家オクターヴ・ミルボーの小説。この作品にはすでにジャン・ルノワールによるアメリカでの映画化がある。しかし、ルノワール版が破天荒なドタバタ喜劇の傑作であるのに対して、ブニュエルは原作のシニシズム精神により忠実に、第二次世界大戦前夜の政治的混迷を背景にして、随所に黒い嘲笑をちりばめている。

ヒロインのセレスティーヌ（ジャンヌ・モロー）はパリからノルマンディにやって来た小間使。仕える主人（ミシェル・ピコリ）は漁色家。その義父は婦人靴のフェティシスト。下男は下劣な国粋主義者。隣人は怒りっぽい変人。そんな環境のなかで、少女が強姦され、殺されるという事件が起こる。
少女の腿を追うカタツムリや、老人が靴を抱いて昇天するところなどに、ブニュエル独特の残酷なまなざしが感じられる。

**ポイント**

**◉ミシェル・ピコリ**（1925〜2020）パリに生まれる。父がイタリア系の音楽家で、母が女優という家庭に育ったため、芸能界に早くから親しみ、中等教育を受ける頃には劇団を組織し、仲間にはミシェル・オークレール、ジャン＝クロード・パスカルがいた。戦後はテアトル・バビロンに属して50以上の芝居に出演。さらに国立民衆劇場に移り、マリア・カザレスと共演した『フェードル』で絶賛を浴びた。映画は60年代にメルヴィルの『いぬ』(62)、ゴダールの『軽蔑』(63)、ブニュエルの『小間使の日記』に出演し、一躍、注目される。とくにブニュエル作品では、『昼顔』(67)、『自由の幻想』(74)で、毒気の強い洒脱なブルジョアを好演している。近年もオタール・イオセリアーニの『ここに幸あり』(06)で主人公のお婆さん役を嬉々として演じている。『昼顔』の後日譚であるオリヴェイラの『夜顔』(06)では、優雅な老人が印象的である。歌手のジュリエット・グレコと結婚歴がある。

# 昼顔

1967年　上映時間＝100分　監督・脚本◉ルイス・ブニュエル　原作◉ジョセフ・ケッセル
主演◉カトリーヌ・ドヌーヴ、ミシェル・ピコリ、ピエール・クレマンティ

艶やかなカラー画面のなかで現実と幻想が交錯する晩期ブニュエルの世界は、この『昼顔』から始まった。本作はヒロインにカトリーヌ・ドヌーヴを配して、ブニュエル流のエロティシズムの表現としてもとりわけ秀逸である。また、ドヌーヴにとっても、『シェルブールの雨傘』（P236）の清純派のイメージを180度転換する女性像であり、彼女の絶頂期の美を堪能できる一篇となった。

セヴリーヌ（カトリーヌ・ドヌーヴ）はブルジョワ主婦。夫との仲は良いが、木に縛られて鞭打たれ、召使に犯される白昼夢をよく見る。あるとき友だちから主婦が娼婦になる売春の館があると教えられ、そこで午後だけ花咲く「昼顔」という名の娼婦となる。マゾヒストの産婦人科医。死体愛好の貴族。性具を隠しもつ日本人（？）。さまざまな男が館に出入りする。夫の友人（ミシェル・ピコリ）も館の常連だと知って、セヴリーヌは仕事をやめる決意をする。だが、セヴリーヌに夢中の金歯だらけの男（ピエール・クレマンティ）が家まで

No. 119

彼女を追ってくる……。

セヴリーヌが鞭打たれる場面が典型だが、この映画では現実と回想と白昼夢とが混乱するように意図的な編集がなされている。ブニュエルと脚本のカリエールはこの手法をさらに洗練させ、『自由の幻想』ではほとんど破綻すれすれの超絶技巧にまで複雑化する。伊丹十三の『タンポポ』にはこの技法の明らかな模倣が見られる。

**ポイント**

◉**ピエール・クレマンティ**（1942〜99）パリに生まれる。中等教育を受けたのちジョルジュ・ウィルソンについて国立民衆劇場で演技を習い、舞台に立つ。60年にイヴ・アレグレ監督の『草原の脱走』でデビューし、注目を集める。特にその腺病質の美貌とキャラクターがルイス・ブニュエル監督に気に入られ、『昼顔』では、昼間、娼婦になるカトリーヌ・ドヌーヴの客として不気味な存在感を放った。ピエル・パオロ・パゾリーニの『豚小屋』(69)では、カニバリズムにふける異常な若者を演じ、強烈な印象を残した。ベルナルド・ベルトルッチの『暗殺の森』(70)でも、ジャン＝ルイ・トランティニャンの生涯のトラウマとなる男色体験を強いた運転手を演じ、一筋縄ではいかない個性的な役柄が多い。ジャック・リヴェットの『北の橋』(81)でも好演しているが、私生活では麻薬所持で逮捕されるなどスキャンダルも多かった。99年、肝臓癌のため、パリ市内の病院で亡くなった。

## No. 120

# 男と女

1966年　上映時間＝103分　監督・脚本・撮影◉クロード・ルルーシュ　音楽◉フランシス・レイ
主演◉アヌーク・エーメ、ジャン＝ルイ・トランティニャン

ルルーシュはいわば「映像世代」の申し子である。13歳にして小型カメラで短篇映画を完成し、世界を股にかける映画製作活動に入り、23歳で独立プロダクションを興し、スコピトンと呼ばれる音楽映画（今でいえばビデオクリップ）を何百本も作りだした。その彼が一躍世界のスター監督の仲間入りを果たした映画が『男と女』である。ルルーシュは製作・脚本・監督・撮影と八面六臂《はちめんろっぴ》の大活躍。これもまた一種の「作家主義」の映画ではあるのだ。カンヌ映画祭パルム・ドール（最高賞）とアカデミー外国語映画賞を受賞した。

物語はハリウッドの古典的なメロドラマとほとんど変わらない。男（ジャン＝ルイ・トランティニャン）はレーサーで、妻に自殺された過去をもつ。女（アヌーク・エーメ）は映画のスクリプターで、スタントマンの夫を事故で亡くした。男は息子を、女は娘をドーヴィルの寄宿学校に預けている。二人はドーヴィルで出会い、男は女を車でパリへ送る。二人の仲は急速に深まるが、女には死んだ夫が忘れられない……。

モノクロやセピアの画面を交えたスタイリッシュな映像。「ダバダバダ」のリフレインで知られるフランシス・レイのテーマ曲。全篇に流れるものういボサノバの音楽。当時としては大胆なベッドシーンと、死者の思い出と子供をだしに使うセンチメンタリズムの共存。そして、お伽話のようなラストの駅での再会と、ほろ苦い後味。世界的ヒットは当然のことだった。

**ポイント**

◉**フランシス・レイ**（1932〜2018）南フランスのニース近郊に生まれる。幼い頃からアコーディオンに親しみ、10代にはダンス・バンドに加わって編曲・作曲を手がけるようになった。ニースの音楽院で本格的にフランス古典音楽を学んだ後、レコード界にデビューした。イヴ・モンタンやエディット・ピアフの伴奏をつとめたり、作曲したりした。63年に俳優、歌手、詩人のピエール・バルーと知り合ったことから、映画音楽の仕事を手がけるようになる。64年、クロード・ルルーシュ監督の『女と拳銃』でデビュー。以来、ルルーシュ監督とは名コンビで、とくに『男と女』の音楽は、ボサノバ風のアレンジで世界的に大ヒットを飛ばした。以後も、『パリのめぐり逢い』『あの愛をふたたび』『白い恋人たち』とルルーシュ作品には欠かせない存在となる。メロディ・メーカーとしての才能は抜群で、アメリカ映画『ある愛の詩』(70)の抒情的なスコアも世界的な大ヒットになった。

# No. 121 ポリー・マグーお前は誰だ

**1966年　上映時間＝100分　監督◉ウィリアム・クライン**
**主演◉ドロシー・マクゴワン、サミー・フレー、フィリップ・ノワレ**

ウィリアム・クラインは『ニューヨーク』など前衛的な技法の写真集で知られるアメリカ人だが、ソルボンヌ大学で学び、レジェのもとで絵画の勉強をするなど、フランスを主な活動の場とする。『ニューヨーク』もフランスのナダール賞を受賞してから世界的に有名になった。雑誌「ヴォーグ」のファッション写真家としても名声を博す。映画活動は、実験映画「ブロードウェイ・バイ・ナイト」に始まるが、ルイ・マルの『地下鉄のザジ』（P224）の技術顧問を務めたのち、本作で長篇監督としてデビューする。

舞台はクラインおなじみのファッション界。パリ・コレクションでは未来的なデザインの金属の服が人気を呼んでいる。なかでも、モデルのポリー・マグーは売れっ子で、テレビ局が彼女に目をつけ、ポリー・マグーのドキュメンタリー番組を作ろうとする。一方、東欧のある国の王子《こうじ》もポリー・マグーにひと目惚れし、パリにやって来るが、この恋もジャーナリズムの好餌となる……。

ファッションに代表される消費文明と、テレビなどマスメディアの軽薄さを風刺するという主題は今となっては月並みだが、人工的な世界を題材に、特殊レンズを多用し、カメラが縦横に動きまわる手法は、クラインの写真の感覚を想起させると同時に、現代の審美的なビデオクリップの世界を先取りしている。とくに、ジャン・ボフティのモノクロ撮影の美しさと、ラストのミシェル・ルグランの音楽に乗ったローラン・トポールのアニメの才気に魅せられる。

**ポイント**

◉**サミー・フレー**（1937〜）　中等教育を受けた後、衣装デザイナーになろうとしていたが、演劇の魅力に目覚め、ルネ・シモンのもとで演技の勉強を始める。55年マドレーヌ劇場で初舞台を踏む。翌年ロベール・オッセン監督が非行グループの生態をドキュメンタリー・タッチで描いた『不良の掟』で映画デビューを果たす。58年『危険な遊び』でパスカル・オードレと共演して、若手のホープとして期待されるようになる。甘く繊細な顔立ちが女性ファンにアピールして、スターの仲間入りする。アンリ＝ジョルジュ・クルーゾー監督の『真実』(60)で共演したブリジット・バルドーとのロマンスは有名で、恋のもつれからバルドーが自殺未遂事件を起こしている。ゴダールの『はなればなれに』(64)も代表作の一つ。近年は舞台を中心に活躍し、83年にハロルド・ピンターの『背信』では、演出も手がけている。ダニエル・シュミットの『季節のはざまで』(93)でも印象深い名演をみせた。

# 出発

**No. 122**

1967年　上映時間＝90分　監督・脚本◉イエジー・スコリモフスキー　音楽◉クシシュトフ・コメダ
主演◉ジャン＝ピエール・レオー

スコリモフスキーは、ワイダやポランスキーの映画に脚本を提供して注目されたのち、祖国ポーランドと西欧を往復して映画を撮りつづけている。本作は、彼がベルギーで撮ったフランス語映画である。1967年というヌーヴェル・ヴァーグの最末期（68年の5月革命とともにヌーヴェル・ヴァーグは終息する）に製作されながら、政治的制約の多い祖国を離れて、初めて外国で自由な映画製作が可能になったためスコリモフスキーの意欲が全開となり、「遅れてきたヌーヴェル・ヴァーグ」というにふさわしい快作に仕上がっている。

主人公は美容師見習いの若者マルク（ジャン＝ピエール・レオー）。本業そっちのけでカーレースに夢中になり、ポルシェを手に入れるために、あちこちへと奔走する。だが、恋人と自動車への情熱の板挟みになって……と物語はまことに他愛ない。

しかし、物語の単純さが主人公の頭と行動の単純さによってさらに純化され、映画は彼の東奔西走を追って、頭がくらくらするようなスピードアップを遂げる。主役になりきるレオーの演技の特質はせっかちさにあるが、そのせっかちさが、トリュフォーやゴダールの映画以上に、本作で最大限に発揮されている。狂躁感をさらに増幅させているのが、作曲者コメダの強烈なモダンジャズだ。コメダはポランスキーとともにアメリカに渡り、『ローズマリーの赤ちゃん』で忘れがたい仕事を残し、カリフォルニアで事故死する。享年37。

ポイント

◉**イエジー・スコリモフスキー**（1938〜）ポーランドのウッジ生まれ。ウッジ国立映画学校在学中から才能を発揮し、アンジェイ・ワイダの『夜の終りに』（60）、ロマン・ポランスキーの『水の中のナイフ』（62）などの脚本に参加。『出発』は、ベルリン映画祭の金熊賞と国際批評家賞を受賞した。『手をあげろ！』（67）がスターリン批判とみなされ、亡命を強いられる。英国に移り、屋内プール場で働く青年と年上の女性との残酷な恋の行方を描いた傑作『早春』（71）を撮る。その後も、叫び声で殺人が起こる不気味なショッカー『ザ・シャウト／さまよえる幻響』（78）を撮り、高い評価を受けている。『ライトシップ』（85）ではヴェネツィア映画祭審査員特別賞を受賞。08年には16年ぶりの新作『アンナと過ごした4日間』が東京国際映画祭のコンペで上映され、絶賛された。俳優としてもデイヴィッド・クローネンバーグの『イースタン・プロミス』（07）で怪演を見せている。

# No. 123 アンナ・マグダレーナ・バッハの日記

1967年　上映時間＝94分　監督◉ジャン＝マリ・ストローブ、ダニエル・ユイレ
主演◉クリスチアーネ・ラング、グスタフ・レオンハルト

ストローブとユイレは全作品を夫婦で監督してきた世界映画史上に稀《まれ》なコンビである。ストローブはアルジェリア戦争に反対し、兵役を拒否してユイレとともに西ドイツに行き、そこで映画を撮りはじめる。『アンナ・マグダレーナ・バッハの日記』は彼らの初長篇だが、西ドイツで製作された。

タイトルどおり、バッハの二番目の妻アンナ・マグダレーナの日記の淡々とした朗読によって、彼女との再婚から死に至るまでのバッハの生涯が語られる。だが、大半の場面で見られるのは、バッハ、アンナ・マグダレーナ、そして音楽家たちが演奏する光景で、それが端正なモノクロ、固定画面の長いワン・ショットで撮影されている。

音楽と朗読のあいだには、時おりバッハと妻の生涯のエピソードを再現する劇が挿入されるが、基本は演奏と朗読の反復であり、そこから他に類を見ないストローブ＝ユイレ独特の映画的リズムが生まれてくる。

劇的誇張や、いわゆる「映画的」な視覚効果や、虚構を現実らしく見せかけることをいっさい排する彼らの方法は、映画的虚構という非現実の生成をその現実のまま映しだすという逆説的な志向に支えられている。『アンナ・マグダレーナ・バッハの日記』以降の作品でも、この志向は厳密に貫かれ、しだいに、演劇の上演をそのままカメラに収めるような虚構のドキュメンタリー化へと向かい、先に述べた逆説性は一層強められていく。

**ポイント**

◉**ジャン=マリ・ストローブ**（1933〜2022）メス生まれ。**ダニエル・ユイレ**（1936〜2006）パリ生まれ。ストローブはメスのシネクラブで映画に開眼、シネクラブの番組編成に携わるようになる。パリのソルボンヌと映画高等学院進学クラスに学び、そこでユイレと出会った。公私ともにパートナーであるふたりの映画は、脚本、演出、音、編集、製作とあらゆる領域において対等の共同関係が堅持されている。コルネイユの歴史悲劇に基づく『オトン』(69)、ブレヒトの小説をベースにした『歴史の授業』(72)、シェーンベルクのオペラの映画化『モーゼとアロン』(74)、チェーザレ・パヴェーゼの詩集と長編小説『月とかがり火』を映画化した土地と神話をめぐる物語『雲から抵抗へ』(78)、カフカの『失踪者』を大胆に映画化した『階級関係―「アメリカ」より』(83)など、幅広いテーマを極端に様式化された演出で描く彼らの作品は、現代映画の極北として高く評価されている。

# 冒険者たち

No. 124

1967年　上映時間＝113分　監督◉ロベール・アンリコ　原作・脚本◉ジョゼ・ジョヴァンニ
音楽◉フランソワ・ド・ルーベ　主演◉アラン・ドロン、ジョアンナ・シムカス、リノ・ヴァンチュラ、セルジュ・レジアニ

ジョゼ・ジョヴァンニの原作で、原作者が脚色にも参加しているが、フィルム・ノワール色はまったく消え、青春＝恋愛＝友情＝冒険映画の忘れがたい傑作となった。1967年日本公開当時、映画ファン雑誌では読者の人気投票のベストワンとなった。

マニュ（アラン・ドロン）は飛行士で、凱旋門の下を飛行機でくぐりぬけることを夢見ている。その親友のロラン（リノ・ヴァンチュラ）はカーマニアで新型エンジンの開発をめざしている。彼らが等しく愛する女性レティシア（ジョアンナ・シムカス）はロランの自動車の廃材で彫刻を作っている。それぞれの夢が挫折したのち、三人はコンゴの沖に沈んだ財宝を回収するために出発する。しかし、この財宝に目をつけていたギャングたちが三人に襲いかかる。

類型的とはいいながら、軽薄だが傷つきやすいドロン、男気あふれるヴァンチュラ、繊細な美しさをたたえるシムカスという役者のトリオが素晴らしい。

また、物語の面白さに加えて、飛行機が凱旋門をくぐりぬける意外さ、普段は清楚なシムカスが変身するときの派手な衣裳、潜水服による海での埋葬、フランソワ・ド・ルーベ（彼も若くして潜水事故で死亡）が作曲した口笛の旋律、ラストの舞台となる印象的な要塞島等々と、凝った小技が満載でファンにはたまらない。とくに、ラストシーンのカメラワークは鳥肌ものの感動をもたらす。

**ポイント**

◉**ジョアンナ・シムカス**（1943〜）　カナダのハリファックス生まれ。16歳から雑誌のモデルを始め、アイルランド系の特徴である赤褐色の髪と澄んだグリーンの瞳が評判となり、18歳で単身パリに。「エル」のカヴァーを飾るトップモデルとして活躍するうちに、映画界からスカウトされ、『スタンダールの恋愛論』（64）でデビュー。『冒険者たち』『若草の萌えるころ』の初々しい清楚な美しさで、一躍スターとなり、私生活では同作品のロベール・アンリコ監督の恋人と噂された。しかし、アメリカ映画『失われた男』（68）で共演した黒人スター、シドニー・ポワチエと長い同棲生活に入り、71年の『若い株式仲買人の結婚』を最後に女優を引退した。未婚の母として二児をもうけたのちに、76年、ポワチエと正式に結婚した。娘の女優シドニー・ターミア・ポワチエも、クエンティン・タランティーノの傑作『デス・プルーフinグラインドハウス』（07）で艶やかな姿態を見せている。

# No. 125

# 若草の萌えるころ

1968年　上映時間＝94分　監督◉ロベール・アンリコ　原作◉リュシエンヌ・アモン
主演◉ジョアンナ・シムカス、シュザンヌ・フロン

『冒険者たち』（P278）で映画ファンの心を摑んだアンリコだが、続く本作『若草の萌えるころ』では、活劇から一転して、ほとんど事件らしい事件の起こらない、若い娘の心の揺れを描く内省的な作風へと変わり、多くの人を驚かせた。しかし、ヒロインは前作と同じジョアンナ・シムカスであり、この女優へのアンリコ監督の深い思いが、珠玉のように美しい映画を結晶させたともいえる。

原題は「ジタ伯母さん」といい、ヒロイン、アニーの育ての親の名前だ。その、実の母（シュザンヌ・フロン）よりやさしい伯母さんが脳卒中で倒れる。医者はもう長いことはないと診断する。初めて愛する人の死に直面したアニーは家から夜の街にさまよいでる。その二日間の彷徨を描く映画である。

アンリコが世界的に注目されたのは、カンヌ映画祭とアカデミー賞で短篇最優秀賞を受賞した『ふくろうの河』によってだが、死の一瞬に最も愛しいものの幻を見るというこの短篇

の主題は、『若草の萌えるころ』のまさに萌芽なのだ。アニーは夜の彷徨のなかで、さまざまな人々とすれ違ったあと、チェロ弾きの青年と一緒に、ジタ伯母さんと暮らした郊外の家を訪れる。そこで過ぎし日の幸福を追体験するが、その一瞬こそ、現実にはジタ伯母さんの死の時にほかならない。この幻滅の苦さ。だが、『ふくろうの河』の主人公とは違って、アニーは伯母さんの死をこえて生に復帰する。本作は、いわば『ふくろうの河』の陽画なのである。

**ポイント**

**◉シュザンヌ・フロン**（1918〜2005）パリ郊外クレムラン＝ビセートル生まれ。パリのデパートの通訳係、モデル、歌手エディット・ピアフの秘書など多彩な経験を積んだのち、ミュージック・ホールでショーの司会を務め、俳優兼演出家のレーモン・ルーローに見出されて女優になることを勧められる。47年『キャプテン・ブロム』の頃から映画に出演、エレガントな美貌と華やかさで人気スターとなり、『汝殺すなかれ』で61年度のヴェネツィア映画祭女優賞を受賞している。後年は、『若草の萌えるころ』が典型だが、味わい深い演技の名脇役としてキャリアを重ねた。『赤い風車』（52）で知り合ったジョン・ヒューストン監督とは親密な愛人関係がヒューストンが亡くなるまで続き、自伝でも、ヒューストンは彼女の愛情は「天の恵み」だったと絶賛している。遺作となったダニエル・トンプソンの『モンテーニュ通りのカフェ』（06）ではヒロインの祖母役を演じ、この映画は彼女に捧げられた。

# あの胸にもういちど

No. 126

1968年　上映時間＝87分　監督・撮影◉ジャック・カーディフ　原作◉ピエール・ド・マンディアルグ
脚本◉ロナルド・ダンカン　主演◉アラン・ドロン、マリアンヌ・フェイスフル

マンディアルグの耽美的な名作小説『オートバイ』のほぼ忠実な映画化である。ある夜明け、ヒロインのレベッカ（マリアンヌ・フェイスフル）がベッドから起きだし、素肌に黒革のライダー服をまとい、ハーレーダヴィッドソンにまたがる。フランスから、ドイツに住む愛人のダニエル（アラン・ドロン）に会いにゆくのだ。物語は、このオートバイによる数時間の旅を描くだけだ。

オートバイの疾走を縫って、レベッカの夫との退屈な日常生活や、ダニエルとの出会いや肉体関係がフラッシュバックで物語られる。ひたすらオートバイの疾走と回想を交互に描く映画を単調さから救っているのは、監督・原案者にしてみずからカメラマンをつとめるカーディフの映像魔術である。

『黒水仙』でアカデミー撮影賞を受賞したこの人物は、燦然《さんぜん》とかがやき原色にぬれる3色テクニカラーの最高の名匠のひとりだが、『あの胸にもういちど』でも、冒頭からラストのあっ

けない惨劇まで、狂ったようなカメラワークと色彩の乱舞を繰りひろげる。

公開当時のセールスポイントは、ヒロイン、マリアンヌ・フェイスフルのヌードにあったが、この作品の真の主役は銀色のハーレーであり、そのボディは女優の裸身以上にエロティックだ。このハーレーの光輝に匹敵するのは、ケネス・アンガーの『スコピオ・ライジング』に登場するオートバイのまがまがしい黒い艶だけだといってもいいだろう。

**ポイント**

**◉マリアンヌ・フェイスフル**（1946〜） ロンドンに生まれる。父親は大学教授、母親はオーストリアの名門貴族の家系出身で、先祖がレオポルド・フォン・ザッヘル＝マゾッホの血を引いている。歌手として64年「涙あふれて」でデビュー。映画にはゴダールの『メイド・イン・USA』（66）でデビューし、アングラ芝居などにも出演。『あの胸にもういちど』のヒロインに抜擢され、全身を黒いレザーのジャンプスーツに包んだ官能的な肢体が話題を呼んだ。そのころ、無名の歌手との離婚が成立しないうちにミック・ジャガーの子を産んでスキャンダルとなる。その後、麻薬中毒でスランプが続くが、本業の歌手として奇跡的な復活を遂げる。独特のしわがれた声で歌うクルト・ワイルの名曲集など名盤も数多い。映画でもサラ・ドライバー監督の『豚が飛ぶとき』（93）に主演し、近年では『やわらかい手』（07）で難病の孫の治療費を稼ぐために風俗の世界で生きる女性を演じて絶賛された。

# 個人教授

**No. 127**

1968年　上映時間＝83分　監督◉ミシェル・ボワロン
主演◉ルノー・ベルレー、ナタリー・ドロン、ロベール・オッセン

ミシェル・ボワロンの監督第1作『この神聖なお転婆娘』や『殿方ご免遊ばせ』は、ブリジット・バルドーの喜劇的才能と魅力を繰り広げて、お洒落で軽妙なコメディとして注目された。ヌーヴェル・ヴァーグの嵐が吹き荒れる前夜、フランス映画の牧歌的な時代の最後の美しい徒花《あだばな》といえるかもしれない。その後のミレーヌ・ドモンジョ主演『お嬢さん、お手やわらかに！』や、シルヴィ・ヴァルタンのヒット曲にあやかった『アイドルを探せ』なども、このコメディ路線に属する作品である。

一方、本作『個人教授』はシリアスなタッチのラブストーリーで、年上の女（ナタリー・ドロン）に恋する少年（ルノー・ベルレー）の恋と性の煩悶《はんもん》を描いている。

『シネマの快楽に酔いしれて』の加納とも枝さんによれば、「年上の女」ものは映画のサブジャンルとして、きわめて重要な位置と独自の歴史を持つというのだが、さしずめ本作など「年上の女」もののクラシックであろう。実際、本作とは全く無関係な『新・個人教授』や

『続・個人教授』といった映画が日本公開されていることは、この映画（とタイトル）の神話性を物語っている。フランシス・レイの甘美な音楽も絶妙の効果をあげ、日本ではヒットを記録した。とくに主演のベルレーの人気はすさまじく、浅丘ルリ子や小川知子との共演まで果たす。本作の成功で、同じボワロン監督、ベルレー主演、レイ音楽による『さらば夏の日』もすかさず製作された。

**ポイント**

**◉ナタリー・ドロン**（1941〜2021）モロッコのウジュダ生まれ。本名はフランシーヌ・カノヴァ。幼い頃はパリで暮らすが、5回の結婚をくり返した母のもとを離れ、寄宿制の女学校に学んだ。15歳から1年間はニースで父親と暮らす。19歳で1歳年下のブルジョワ青年バルテルミーと結婚し、一女をもうけるが間もなく離婚。63年、アラン・ドロンのボディガードをしていたマルコヴィッチと知り合い、彼を通して出逢ったドロンと64年に結婚。同年アントニーが生まれ、69年に離婚している。67年、ドロンの反対を押し切って『サムライ』（67）で女優としてデビュー。2作目の『個人教授』では、年下の青年ルノー・ベルレーと恋に落ちるヒロインを情感豊かに演じ、彼女の代表作となっている。スーザン・ストラスバーグとの妖しい関係を演じた『姉妹』（69）も独特の官能的な魅力が印象的である。ドロンとの間に生まれたアントニー・ドロンも俳優になった。

# Z

**1969年　上映時間＝124分　監督◉コスタ＝ガヴラス**
**主演◉イヴ・モンタン、イレーネ・パパス**

コスタ＝ガヴラスはギリシア出身だが、若くしてフランスに渡り、ルネ・クレマンやジャック・ドゥミの助監督についた。1980年代にはシネマテーク・フランセーズの館長も務めており、フランス国籍を取得している。

本作『Z』は、地中海の架空の国家を舞台にしているが、コスタ＝ガヴラスの祖国ギリシアがモデルであることは明白であり、実際、1963年にギリシアで起きた反政府活動家ランブラキスの暗殺事件を題材にしている。

Z（イヴ・モンタン）は政府に反対する活動家で、ある集会に出席した直後、車に轢《ひ》かれて死んでしまう。警察は事故と断定するが、一人の予審判事（ジャン＝ルイ・トランティニャン）がこれに疑問を抱き、ジャーナリスト（ジャック・ペラン）の助力を得て再調査に乗りだす。その結果、極右勢力と警察の共謀という線が浮かび上がってくるが……。

ヨーロッパの左翼映画人が結集して、独裁の恐怖に立ち向かった社会派の力作である。そ

No. **128**

の良心的姿勢が評価されて、アカデミー外国語映画賞やカンヌ映画祭審査員特別賞を受賞し、コスタ＝ガヴラスの名は世界に知られた。だが、それ以前に、本作はきわめて巧みに練りあげられたドラマ構成をもつサスペンス映画であり、往年のフランチェスコ・ロージ監督の政治スリラーをスマートに現代化した趣きの娯楽作品として成功している。松本清張の推理小説を読むにも似た真相解明の興奮とオチの苦さとを味わうことができる。

**ポイント**

◉**コスタ＝ガヴラス**（1933〜）　ギリシアのアテネ生まれ。父はロシアの役人で、母はギリシア人。ソルボンヌ大学からパリ映画高等学院に入り、助監督としてルネ・クレマン、アンリ・ヴェルヌイユ、ジャック・ドゥミらにつく。64年に『七人目に賭ける男』でデビューし、あまり話題にはならなかったが、3作めの『Z』は、アカデミー外国語映画賞、ゴールデン・グローブ賞ほか映画各賞を総なめにし、一躍、世界的な名声を博した。この作品によって、政治性と娯楽性を融合させた新しいタイプの社会派映画のフォームを作り上げ、『告白』（70）では50年代チェコスロヴァキアで起こったスターリニズムによる政府・党要人粛清のスランスキー事件の内幕を暴露した。『戒厳令』（72）も南米のウルグアイで起こった事件をベースにした政治映画で、大きな反響を呼んだ。チリのクーデターを背景にしたジャック・レモン主演の『ミッシング』（82）もカンヌ映画祭の最高賞と主演男優賞を獲得した。

# 8

# 多様化の時代
# ——七〇年代

# No. 129

# ママと娼婦

**1973年　上映時間＝220分　監督・脚本◉ジャン・ユスターシュ　撮影◉ピエール・ロム**
**主演◉ジャン＝ピエール・レオー、ベルナデット・ラフォン、イザベル・ヴァンガルテン、フランソワーズ・ルブラン**

ユスターシュはヌーヴェル・ヴァーグ以後の世代で最も独創的な才能の持ち主だ。しかし、持ち前の非妥協的な映画作りのせいで、2本の長篇しか世に送ることができなかった。そのうちの1本『ママと娼婦』は3時間40分という常識はずれの上映時間をもつ異色作であり、同時に1970年代フランス映画を代表する重要な作品である。

主人公アレクサンドル（ジャン＝ピエール・レオー）はサン＝ジェルマン＝デ＝プレのカフェで暇をつぶす無為の青年。ファッションのブティックで働く年上の女マリー（ベルナデット・ラフォン）に甘えつつ関係を持つ一方で、ほかの女にもいい寄り、なかでも看護婦のヴェロニカ（フランソワーズ・ルブラン）という若い女と深い仲になる。アレクサンドルはヴェロニカをマリーの家に連れこみ、まもなく三人の波乱にみちた同棲生活が始まることになる。

内容はユスターシュの実生活に取材した男女の月並み以下の情痴関係だが、その赤裸々な姿を底の底まで見つめるユスターシュの視線の鋭さに圧倒される。人間の愚かさや醜さや残酷さを容赦なくフィルムに刻みこむのだが、モノクロの映像の輝きは比類がない。人間の最も弱い部分を最も力強い映像で凝視することの逆説的陶酔がこの映画の焦点なのである。レオーはこの映画の主人公によって、60年代の『気狂いピエロ』のベルモンドのように、70年代フランスのアイコンとなった。

ポイント

◉**ジャン・ユスターシュ**（1938〜81）　フランス南西部ペサック生まれ。5歳のときから映画のとりこになり、パリに出てシネマテークに通い、「カイエ・デュ・シネマ」誌を熟読する。やがて「カイエ」編集部に出入りするようになり、ロメール、ゴダールらの知己を得る。65年自主製作した『わるい仲間』を気に入ったゴダールが支援し、『サンタクロースの眼は青い』を撮る。72年に発表した『ママと娼婦』は、五月革命後の若者たちが陥っていた喪失感、愛を求める痛みを真にとらえた傑作として、現在では70年代フランス映画の最も重要な作品として位置づけられている。思春期の恋を描いた初々しい自伝的な長編『ぼくの小さな恋人たち』(74) 以後、フィクションとドキュメンタリーの狭間にあるものを探求する実験的な短篇を撮るが、81年、ピストル自殺を遂げた。臨終の枕元には、自殺の準備から引き金をひくまでのすべてを収めるために、ビデオカメラが回っていたという。

# ぼくの小さな恋人たち

No. 130

1974年　上映時間＝118分　監督・脚本◉ジャン・ユスターシュ　撮影◉ネストール・アルメンドロス
主演◉マルタン・ロエブ、イングリット・カーフェン、モーリス・ピアラ

リアリズムの極限に迫る『ママと娼婦』（P290）の映像は荒々しい力で観客を圧倒するが、同時にユスターシュは、繊細きわまりない感受性をつねに画面に行きわたらせる抒情の人でもあった。『ぼくの小さな恋人たち』は、彼が実際に少年期を過ごした地方の村と町を舞台にして、思春期の少年の心のまどいを柔らかい色調の画面に定着している。

主人公のダニエルは13歳で、ボルドー近郊のペサックでやさしい祖母と二人で暮らしていた。だが、ある日突然戻ってきた母親（イングリット・カーフェン）が、自分の暮らす南仏のナルボンヌに引っ越すようダニエルに命令する。ダニエルは一人でナルボンヌに行き、勉強をやめて、バイクの修理屋で働くことになる。そして、村とは違う町の生活と、大人たちの世界にとまどいながら、異性への意識も目覚めていくのだった。

思春期のとまどいと性の目覚めという主題は、フランス映画の「良質の伝統」に則って映画化されても不思議ではない内容である。だが、ユスターシュはこの種の題材の紋切型や感

傷を完全に排し、淡々とした調子でダニエルの行動と反応を追っていく。しかし、そのなかからしだいに、まだ形の定かでない少年の心の動きが画面に波紋を広げ、言葉や物語になる以前の感情が染みだしてくる。この真の抒情のドラマを支えるのは撮影監督アルメンドロスの映像であり、淡くもの悲しく滲む光と色彩の質感がすばらしい。

**ポイント**

**◉イングリット・カーフェン**（1938〜）　ドイツのザーレブルック生まれ。大学で心理学を専攻するかたわら、演劇学校のコースを受講。教員免許を取得したが、R・W・ファスビンダーと出会い、彼のアングラ劇団に参加。69年、彼の初監督作品『愛は死より冷酷』で映画デビュー。彼と結婚し、73年に離婚した後もコンビを続けた。彼の盟友であるヴェルナー・シュレーター、ダニエル・シュミット、ジャン・ユスターシュらの作品にもたびたび登場する。なかでもシュミットの『ラ・パロマ』(73)の娼館の歌姫ヴィオラ役は有名だ。『天使の影』(75)では、ファスビンダーと共演している。『ぼくの小さな恋人たち』では、主人公の少年の母親役で登場する。76年よりシャンソン歌手としても活動し、78年はパリのピガールでシュミット演出のリサイタルを行ったほか、エディット・ピアフ、クルト・ヴァイルの歌をレパートリーにベルリナー・アンサンブルで定期的に公演していた。

# 野性の少年

No. 131

1970年　上映時間＝85分　監督◉フランソワ・トリュフォー　脚本◉ジャン・グリュオー、トリュフォー
撮影◉ネストール・アルメンドロス　主演◉ジャン＝ピエール・カルゴル、トリュフォー

本作は、実話に基づく「野生児」の成長と教育の物語である。

18世紀の末、フランスのアヴェロン地方の森林で「野生児」が発見された。人語を解さぬ彼は、聾唖研究所で検査されたり、見世物のように扱われたりしたが、イタール博士が彼を引きとり、ヴィクトルという名前をあたえる。そして、ヴィクトルに人間の感情と言葉をとり戻すための教育を行う。それは困難な試みだったが、しだいにヴィクトルは、イタール博士や家政婦に心を開き、言葉も覚えるようになる。しかし、人間になることはさらに遠い道のりだった。『大人は判ってくれない』（Ｐ202）以来、子供の教育はトリュフォーの映画の根本をなすテーマだった。学校教育の冷たい画一性ゆえに不良の烙印を押されたトリュフォーは、映画評論家アンドレ・バザンと出会い、バザンの教育によって映画という新たな人生の可能性を開かれた。それだけにトリュフォーは教育の重要性を身をもって知っていた。本作の野生児のケースは、動物と人間を分かつものが教育の有無であるという事実を証明する点

で、教育のテーマを極限まで追求しうる題材だった。

そして、トリュフォーはみずからイタール博士を演じるほどこの映画に力を注いだが、逆に映画全体のタッチは素気ないほど落ち着いたものだ。感傷を排したモノクロの画面から、博士と野生児の真の人間的感情の交流がかえってひしひしと伝わってくる。

**ポイント**

**◉ネストール・アルメンドロス**（1930〜92）スペインのバルセロナ生まれ。48年、キューバに亡命していた父のもとへ家族で移住。ハバナ大学で文学哲学学士号を取得した後、映画に専念することを決意し、ローマの映画実験センターに留学。同級生に後に作家となるマヌエル・プイグがいた。フランス滞在中に、エリック・ロメールの『パリところどころ』の撮影に際してカメラマンとして雇われる。以後、『コレクションする女』(66)、『モード家の一夜』(69)、『クレールの膝』(70) などロメールの傑作を手がけた。トリュフォーとは『野性の少年』以後、『家庭』(70)、『恋のエチュード』(71)、『恋愛日記』(77) などの撮影を担当。70年代以後はアメリカ映画にも進出し、なかでも「マジック・アワー」と呼ばれる薄明の時を見事にとらえたテレンス・マリック監督の『天国の日々』(76) でアカデミー撮影賞を受賞。トリュフォーの『終電車』(80) でもセザール賞の最優秀撮影賞を受賞した。

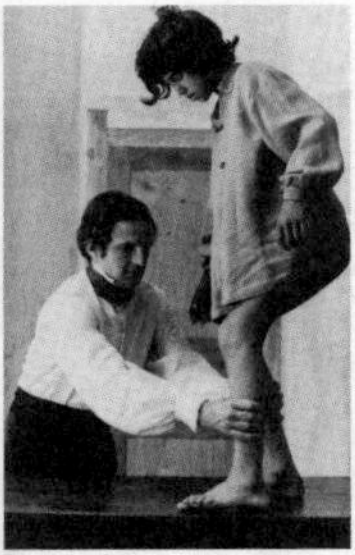

# 恋のエチュード

No. 132

1971年　上映時間＝130分　監督◉フランソワ・トリュフォー　原作◉アンリ＝ピエール・ロシェ
撮影◉ネストール・アルメンドロス　主演◉ジャン＝ピエール・レオー、キム・マーカム

『突然炎のごとく』（P206）からほぼ10年。トリュフォーはふたたびアンリ＝ピエール・ロシェの小説を取りあげ、ロシェの『二人の英国女性と大陸』を映画化する。主題は『突然炎のごとく』の裏返しで、二人の女と一人の男の恋愛関係だ。『突然炎のごとく』の二人の男が絶対の友情で結ばれていたように、本作の二人の女は血の絆で結ばれた姉妹である。

それにしても、同じロシェ原作のこの2作にはなんという落差があることだろう。ヌーヴェル・ヴァーグの息吹きのなかでカメラマンにクタールを得て撮られた『突然炎のごとく』には清々しい軽さがあった。一方、撮影監督アルメンドロスの最高の仕事の一つである『恋のエチュード』にはそのような軽妙さはなく、全篇華麗なカラーで撮られていながら、息づまるように暗い人間の情熱が底にこもっている。この上なく美しく端正な画面の下に、痙攣《けいれん》的で暴力的なエロスと死が渦巻いている。そんな気配なのだ。

主人公クロード（ジャン＝ピエール・レオー）の優柔不断をよそに、英国姉妹（なんと美

しい女優たち！）の情熱はマグマのように暴発し、主人公と画面を揺さぶる。血縁が絡んだ複雑な三角関係の物語は十数年にわたって続き、その転変の末、姉は死に、妹は去る。何ごともなかったかのように。ひとりクロードだけが残される。思い出のロダン美術館に悄然《しょうぜん》と立ちつくす俳優レオーの姿は、運命の残酷さを表現し尽くして余すところがない。

**ポイント**

◉**アンリ＝ピエール・ロシェ**（1879〜1959）パリ生まれ。一時期、マリー・ローランサンの愛人だったと噂されるディレッタントにして謎に包まれた生涯を送った作家。小説は老境になって発表した『突然炎のごとく』と『恋のエチュード』の2作だけだが、どちらも、フランソワ・トリュフォーによって映画化されている。アンリ＝ピエール・ロシェは生涯、数え切れないほどの女性と関係を持ったといわれ、その性生活の記録を346冊もの「手帖」という未刊の日記として残していた。トリュフォーは、それを買い取り、出版するつもりで、秘書にタイプさせていたが、あまりの生々しい記述のせいで雇った秘書が三人ともノイローゼになってしまったというエピソードが残されている。この「近づいてくる女性を誰かれの区別なく愛すること」を信条とした「エロスの探求者」をモデルにしたのが、『恋愛日記』(77)だといわれている。

# 緑色の部屋

No. 133

1978年　上映時間＝94分　監督◉フランソワ・トリュフォー　原作◉ヘンリー・ジェイムズ
主演◉トリュフォー、ナタリー・バイ

トリュフォーという映画作家の資質のなかには、なにか途方もなく暗鬱なロマン主義的情熱が潜んでいる、と私は折りに触れ感じてきた。それは『突然炎のごとく』(P206)で予感され、『恋のエチュード』(P296)と『アデルの恋の物語』で確信に高まった。本作『緑色の部屋』は、そうしたトリュフォーの負の情熱が最大限に表現された異色作である。異色作ではあるが、この異様な緊迫感と完成度をもった作品の理解なくして、映画作家トリュフォーの底知れぬ本質を理解することはできない。

舞台は第一次大戦後。多くの死者を出した戦争ののち、主人公ジュリアンは死者の追悼に生きている。彼にとっては、生きている知人より死んだ近親者や友人のほうが多いのだ。特に、若死した自分の妻には、礼拝のために緑色の部屋が捧げられ、ジュリアンは妻の遺品とともに長い時間を過ごす。ある競売会で彼は死者への崇敬を共にする女性セシリア(ナタリー・バイ)と知りあい、セシリアは彼に引かれるようになる。だが、ジュリアンは死者のために買い取った廃墟の礼拝堂に籠もって死んでいく。『野性の少年』（P294）に続いて、トリュフォー自身が主人公を演じている。数年後に彼が早世することを思えば、死者に憑かれ、みずからも緩慢に死者の仲間入りをする男の映画には運命的なものを感じずにはいられない。撮影監督アルメンドロスのカメラも異様に冴えわたり、明かりを燈すという行為がこれほど感動的に胸に迫る映画はない。

**ポイント**

◉**ナタリー・バイ**（1948〜）メヌヴィル生まれ。15歳でモンテカルロのバレエ学校に入学。その後、奨学金を得て演劇学校のルネ・シモンのコース、ついでコンセルヴァトワールで学び、芸能エージェントと契約。映画デビューはロバート・ワイズの『ふたり』（72）の端役で、これがきっかけとなり、同年フランソワ・トリュフォーの『アメリカの夜』（73）のスクリプトガール役を得る。しばらく舞台に出ていたが、『恋愛日記』（77）から再び映画に返り咲き、『緑色の部屋』で死に魅入られた主人公を愛するヒロインを好演した。『愛しきは、女／ラ・バランス』（83）では成熟した女性の魅力をみせ、セザール賞主演女優賞を受賞。その後も『ゴダールの探偵』（85）、『夏に抱かれて』（87）などの話題作に出演。私生活では、ミュージシャンのジョニー・アリデーと同棲、子供をもうけて未婚の母となり話題となった。『ポルノグラフィックな関係』（99）でヴェネツィア映画祭女優賞も受賞している。

# 逃げ去る恋

No. 134

1979年　上映時間＝95分　監督・原案・脚本◉フランソワ・トリュフォー
撮影◉ネストール・アルメンドロス　主演◉ジャン＝ピエール・レオー、マリー＝フランス・ピジエ、クロード・ジャド

トリュフォーの長篇第1作『大人は判ってくれない』（59）（P202）は彼の自伝的作品といわれる。だが、この映画の主人公アントワーヌ・ドワネルは独自の成長をやめなかった。短篇「アントワーヌとコレット」（62）ではアントワーヌの不器用な恋がユーモラスなタッチで描かれ、続く長篇『夜霧の恋人たち』（68）では、私立探偵になったアントワーヌの冒険と、のちに彼の妻になるクリスティーヌ（クロード・ジャド）との愛の始まりが物語られる。さらに『家庭』（70）では、アントワーヌとクリスティーヌの結婚、長男の誕生、アントワーヌの浮気と結婚生活の危機など、デリケートな問題が描かれる。この作品の細部には、トリュフォーとマドレーヌ夫人の結婚生活が反映しているという。

本作『逃げ去る恋』（79）はアントワーヌ物の第5作にして最終作であり、クリスティーヌと離婚したアントワーヌがまたしても若い女性に恋をする様子が、過去の映画の場面を引用しながら描かれる。いわばアントワーヌ物の総集篇である。

このシリーズは、アントワーヌという架空の人物の成長とトリュフォーの精神的自伝が重ねられるだけでなく、アントワーヌを演じるレオーという稀有な役者の人生のドキュメンタリーという興味がそこに重なりあって、映画史に類例のない20年間という歳月の記録になっている。全5作を順番に連続して見るときの深い感動は、なにものにも替えがたい。

**ポイント**

◉**マリー＝フランス・ピジエ**（1944～2011）ヴェトナムのハノイ生まれ。パリ大学在学中にフランソワ・トリュフォーに抜擢され、オムニバス映画『二十歳の恋』(62)のフランス篇「アントワーヌとコレット」でデビュー。ジャン＝シャルル・タケラの『さよならの微笑』(75)、アンドレ・テシネの『バロッコ』(77)でセザール賞助演女優賞を連続受賞し、演技派として脚光を浴びた。さらに初めてのアメリカ映画『真夜中の向う側』(77)では愛と憎しみに燃える情熱的なヒロインを演じて成功を収めた。以後、演技、美貌ともに円熟度を増し、国際派女優として活躍した。ジャック・リヴェットの『セリーヌとジュリーは舟でゆく』(74)と『逃げ去る恋』では、共同脚本家として名を連ねている。84年、妊娠中に、知事の娘だった頃の思い出を綴った処女小説『総督の舞踏会』を発表し、ベストセラーとなった。後に、自ら映画化して監督デビューし、セザール賞の候補にもなった。

No. 135

# セリーヌとジュリーは舟でゆく

1974年　上映時間＝186分　監督◉ジャック・リヴェット　製作◉バーベット・シュローダー
脚本◉J・ベルト、D・ラブリエ、B・オジェ、M＝F・ピジエ　主演◉ビュル・オジエ、マリー＝フランス・ピジエ

1970年代に入ったリヴェットは、現代の女性たちを主人公にして、お伽話と冒険物語とミステリーが融合したような幻想映画を続けて製作する。『セリーヌとジュリーは舟でゆく』はその最初の試みであり、現実のパリの風景と幻想のお伽話の館のドラマとが溶けあって、まさにリヴェット流「魔術的リアリズム」を華やかに繰り広げる。

ジュリー（ドミニク・ラブリエ）は真面目な図書館員。セリーヌ（ジュリエット・ベルト）は風変わりな手品師。二人は出会い、郊外の邸に出かけてゆく。そこではかつて、一人の男をめぐってカミーユ（ビュル・オジエ）とソフィ（マリー＝フランス・ピジエ）という二人の女が争い、男の娘を毒殺したらしい。セリーヌとジュリーは魔法のボンボンを食べて、過去の世界へさかのぼる。看護婦となって邸に入りこみ、毒殺された娘を救出しようというのだ。

公園で静かに本を読むジュリーと息せき切って走るセリーヌがすれ違う冒頭の場面から、

まるで「不思議の国のアリス」のようで、映画の魔法の穴に呑みこまれてしまう。物語は最初は五里霧中だが、しだいにSFのタイムトラベルものに似た複雑な構成が浮かびあがってきて、最後には断片が組みあがったパズルのように鮮やかな絵柄を描きだす。この不思議な迷路を体験する映画的快楽をもっと味わいたくて、二度三度と見直すことになるだろう。愛おしいほど美しい映画だ。

**ポイント**

◉**バーベット・シュローダー**（1941〜）　イランのテヘラン生まれ。ソルボンヌ大学の哲学士号の免状を得た後、「カイエ・デュ・シネマ」誌などに映画評を発表。また、ジャズのコンサート主催者としても手腕を発揮した。ゴダールの『カラビニエ』で製作補をつとめた後、64年映画会社「レ・フィルム・デュ・ロザンジュ」を設立し、ロメール、リヴェットらの作品を製作する。69年、『モア』で監督デビュー。以後、ビュル・オジエ主演の一連の作品でカルト的な支持を得る。『セリーヌとジュリーは舟でゆく』では製作と出演もしている。その後、渡米し、アル中詩人チャールズ・ブコウスキーの人生を描く『バーフライ』(87)を完成し、アメリカ映画界にも進出した。続く『運命の逆転』(90)で絶賛され、アカデミー賞とゴールデン・グローブ賞の監督賞にノミネートされ、話題を呼んだ。異色のサスペンス『ルームメイト』(92)も大ヒットした。

# クレールの膝

No. 136

1970年　上映時間＝102分　監督・脚本◉エリック・ロメール　撮影◉ネストール・アルメンドロス
主演◉ジャン＝クロード・ブリアリ、オーロラ・コルニュ

『獅子座』ののち、ロメールは16ミリで短篇『モンソーのパン屋の女の子』を撮る。これは「六つの教訓的物語」というシリーズの第1作であり、彼は10年の歳月を費やしてこの6部作を完成する。この6作に物語上の関連はないが、「教訓的物語」とは、18世紀の作家マルモンテルの作品から取った題名であり、ロメールは現代風俗の描写のなかに、こうした文学的伝統の風雅な感覚を大胆に取りいれる。彼の映画の本質的な特徴である。

『クレールの膝』はシリーズ第5作で、ロメールの名声を決定づけたといえる作品だ。舞台はスイス国境近くの湖畔の町。その自然の色と光を身震いするほど魅力的な色調でとらえた撮影監督はネストール・アルメンドロス。ロメール映画になくてはならない名匠である。

物語は、外交官ジェローム（ジャン＝クロード・ブリアリ）が二人の年下の娘、ローラとクレールに抱く欲望のドラマを描いている。婚約者もいるジェロームにとって二人の娘への

感情はむろん愛ではない。といって、生々しい性欲でもない。微風のように湧きおこり、束の間周囲に波紋を投げかけ、いつの間にか消えていく。そんな男女間の感情の震えを、ロメールは繊細な台詞を積みあげ、優雅な画面に浮きあがらせる。ラストの、豪雨のなかで雨宿りするジェロームがクレールの膝に手を置く場面は、ルノワールの『ピクニック』(P62)へのオマージュであり、このフランス映画最大の監督に匹敵する素晴らしさだ。

ポイント

◉**ジャン＝クロード・ブリアリ**（1933〜2007）アルジェリアのオマール生まれ。陸軍大佐だった父について赴任地を転々として育つ。ストラスブール大学で哲学を学び、コンセルヴァトワールの演劇教室に通う。陸軍に入隊したが、軍の映画部でフィリップ・ド・ブロカ、カメラマンのピエール・ロムらと知りあい、映画に興味を抱く。パリに戻り、ニュース映画のアナウンサー、短篇映画の脚本書きなどをやっていたが、56年、『恋多き女』で俳優としてデビュー。トリュフォーの『大人は判ってくれない』(59)、シャブロルの『いとこ同志』(59)、ゴダールの『女は女である』(61)などの作品に出演し、ヌーヴェル・ヴァーグを代表する二枚目スターとして注目を集めた。70年から監督としても活躍し、『小さな約束』(70)、『情事』(73)などの作品がある。この頃から、魅力的な渋い中年の役が多くなるが、なかでも『クレールの膝』で演じた外交官の役は、その代表的な一本といえよう。

# ロバと王女

**1970年　上映時間＝89分　監督・脚本◉ジャック・ドゥミ**
**主演◉カトリーヌ・ドヌーヴ、ジャック・ペラン、ジャン・マレー**

# No. 137

『ローラ』以来、ドゥミはお伽話的な幸福を夢見る人々を描いてきたが、『ロバと王女』では、ついにお伽話そのものを映画化する。題材は童話作家ペローの「ロバの皮」。映画のフランス語原題は原作そのままである。

ある王様（ジャン・マレー）が王妃を亡くし、自分の実の娘である王女（カトリーヌ・ドヌーヴ）の美貌に引かれて、求婚する。困った王女は妖精（デルフィーヌ・セーリグ）に相談し、結婚の条件として無理難題を王様に吹っかける。しかし、財宝を生むロバを殺して、ロバの皮のドレスを作れという王女の最後の望みまで、王様は叶えてしまう。そこで王女は城から逃げ、ロバの皮をかぶって下女として暮らす。しかし、ある王子（ジャック・ペラン）が、ロバの皮の下女に恋をしてしまう……。

ジャン・マレーの起用からも分かるとおり、これはコクトーの『美女と野獣』（P98）への最高のオマージュであり、人生とは運命と偶然の戯れだというドゥミ哲学の至上の結晶でもある。
それ以上に、この作品は全篇非の打ちどころのない映画的喜びの連続である。冒頭のお城の四季の描写。赤と青に塗り分けられる兵隊や馬。妖精の住みかの魅力。口をきく花。月と太陽とお天気のドレスの目を疑う美しさと、酷いほどグロテスクなロバの皮の服の対比。王女とロバの皮の下女が一人二役でケーキを作りながら歌を歌うミュージカル場面の楽しさ。そして、ラストの大胆不敵な処理と、途方もなく凝りに凝ったイメージの一大饗宴である。

**ポイント**

**◉ジャック・ペラン**（1941〜2022）パリに生まれる。祖父は舞台演出家、父はコメディ・フランセーズの舞台装置家、母は女優という芸能一家で育つ。コンセルヴァトワールに学び、優等で卒業。映画では60年の『鞄を持った女』でクラウディア・カルディナーレと共演して注目される。以後、繊細な青年役を得意とし、ジャック・ドゥミ作品では『ロシュフォールの恋人たち』(67)、『ロバと王女』に出演。プロデューサーにも進出し、コスタ＝ガヴラスと組んで『Z』(69)、『戒厳令』(72)を製作している。88年の大ヒット作『ニュー・シネマ・パラダイス』では映画狂から監督になった主人公を演じた。映画生誕100年を記念した『リュミエールの子供たち』(95)をはじめ、プロデューサー業も続けており、最近では、昆虫の記録映画『ミクロコスモス』(96)でセザール賞の製作者賞を受賞し、『WATARIDORI』(02)ではアカデミー賞ドキュメンタリー長編部門にノミネートされた。

# No.138 ブルジョワジーの秘かな愉しみ

**1972年　上映時間＝97分　監督◉ルイス・ブニュエル**
**主演◉フェルナンド・レイ、デルフィーヌ・セーリグ、ジャン＝ピエール・カッセル、ステファーヌ・オードラン、ビュル・オジエ**

超現実的なイメージの鮮烈さで名高いブニュエル映画だが、そこにはブルジョワとカトリックへの執拗な批判が見られる。しかし、その一方でブルジョワの性的退廃を舌なめずりするように喜んでいる気配も濃厚にあり、一筋縄ではいかない爺さんなのである。彼のメキシコ時代の傑作『皆殺しの天使』はそうした「ブルジョワ映画」の最たるもので、ブルジョワがある館で開くパーティの一部始終を描いている。ところが、なぜかブルジョワたちはその館から一歩も出られなくなってしまうのだ。

『ブルジョワジーの秘かな愉しみ』は題名どおり（原題は「ブルジョワジーの控え目な魅力」の意味だが）、『皆殺しの天使』が描いたブルジョワたちの強迫観念と欲望の挫折というテーマをさらに発展させ、現実と記憶と夢とを迷路のようにつなぎあわせた作品だ。

ラテンアメリカ某国大使とその友人たちが食事の約束をする。だが、いざ集まってみると、招待者がセックスに忙しかったり、レストランの主人の通夜が開かれていたり、なぜか演劇の舞台の上にいたり、軍隊が闖入《ちんにゅう》してきたり、麻薬売買で逮捕されたり……。結局、一同は田舎道を延々と歩くだけという黒いユーモアにみちた余裕たっぷりの娯楽篇。デルフィーヌ・セーリグ、ビュル・オジエ、ステファーヌ・オードランと個性派美女を揃え、フェルナンド・レイにミシェル・ピコリというブニュエル映画常連の男優の競演も見ものだ。

ポイント

◉**ビュル・オジエ**（1939〜） パリ郊外ブローニュ＝ビヤンクール生まれ。18歳の時に出会ったミュージシャンとの間に娘パスカル（84年没）をもうけたが、2年で離婚。その後、仲間とカフェで奇抜なパフォーマンスを実行する。その舞台に注目したジャック・リヴェットが『狂気の愛』（68）に彼女を起用。以後、アラン・タネールの『サラマンドル』（70）、ブニュエルの『ブルジョワジーの秘かな愉しみ』などの話題作によって国際的名声を博す。その後も『セリーヌとジュリーは舟でゆく』（74）、『北の橋』（81）ほかリヴェット作品のヒロインとして活躍し、ほかにもダニエル・シュミットの『ラ・パロマ』（74）、『カンヌ映画通り』（81）、ラウル・ルイスの『悪夢の破片』（98）などに出演。94年『だれも私を愛さない』の演技でロカルノ映画祭特別賞を受賞。06年にはブニュエルの『昼顔』の後日談であるオリヴェイラの『夜顔』に出演、変わらない艶やかな美しさで観客を魅了した。

# 欲望のあいまいな対象

No.139

1977年　上映時間＝104分　監督◉ルイス・ブニュエル　原作◉ピエール・ルイス
脚本◉ブニュエル、ジャン＝クロード・カリエール　主演◉フェルナンド・レイ、キャロル・ブーケ、アンヘラ・モリーナ

77歳のブニュエルが撮って遺作となった映画。

原作はピエール・ルイスの『女と人形』。ファム・ファタル（悪女）ものの古典というべき小説で、あの手この手で男を翻弄するヒロイン、コンチータがあまりにも特異な女性像であるためか、ブニュエル以前に3度以上映画化されている。そのうちの一つはサイレント時代にジャック・ド・バロンセリが映画化したもので私は未見だが、『欲望のあいまいな対象』の脚本家カリエールは賞讃している。また、スタンバーグ監督、ディートリッヒ主演の『西班牙《スペイン》狂想曲』はこのコンビのバロック趣味が最高度に発揮された傑作だが、結末をハッピーエンドに変えている。デュヴィヴィエ監督、バルドー主演の『私の体に悪魔がいる』は期待はずれの凡作だった。

さてブニュエル版はといえば、コンチータを二人の女優に演じさせて、すなわち、二人一役のはなれわざで観客を驚かす。キャロル・ブーケは冷たいほど整った美貌のフランス女性

であり、一方のアンヘラ・モリーナは暗い情熱のみなぎるラテン美人。この対照的な個性が劇中でなんの予告もなく入れ替わってしまうのである。これには、主役のブニュエル組常連、フェルナンド・レイならずとも呆然とさせられるだろう。「女の聖女と悪魔の二面性」などという解釈の余地をまったく容れないブニュエル爺さんの演出は、あっけらかんと人を喰って見事というほかない。

**ポイント**

**◉キャロル・ブーケ**（1957〜）　ヌイイ＝シュル＝セーヌ生まれ。修道院学校を出てソルボンヌ大学で哲学を学んだ後、コンセルヴァトワールに入学して演技の訓練を受ける。映画デビューはブニュエルの『欲望のあいまいな対象』。フェルナンド・レイ扮する初老の男の欲望をもてあそぶ女コンチータをアンヘラ・モリーナとともに二人一役で演じて話題を呼んだ。81年には『007／ユア・アイズ・オンリー』でボンド・ガールに抜擢され、そのクール・ビューティぶりが注目されて、世界的名声を得た。以後、ヴェルナー・シュレーターの『愚か者の日』（82）、ダニエル・シュミットの『デ・ジャ・ヴュ』（87）など個性的な監督たちの作品に出演している。89年、『美しすぎて』では不細工だが人の良い女に夫を奪われる美貌の妻を好演し、セザール主演女優賞を受賞。86年からはシャネルの専属モデルもつとめている。私生活では、91年に薬学士ジャック・レボヴィッチと3度目の結婚をしている。

# 最後の晩餐

No. 140

1973年　上映時間＝130分　監督・脚本◉マルコ・フェレーリ　音楽◉フィリップ・サルド
主演◉マルチェロ・マストロヤンニ、ウーゴ・トニャッツイ、ミシェル・ピッコリ、フィリップ・ノワレ

怪人フェレーリの異能が爆発したとんでもない映画である。チャップリンの『犬の生活』や『黄金狂時代』以来、食べることの欲望や悲哀や快楽を主題にした映画は数々あるが、これほど飽くことなく食欲の追求に偏執した作品はほかに例を見ない。その馬鹿馬鹿しい真剣さが戦慄的な感動を呼ぶ。

主役は男4人で、ヨーロッパを代表する名優揃い。それなのに、フェレーリ監督の煽動に乗って、嬉々として馬鹿馬鹿しい役作りに真剣に打ちこんでいる。俳優の名前と役名が一致しているところにも、彼らと監督との共犯的な気概が感じられる。この役者馬鹿の共演ならぬ饗宴も一見の価値がある。

その男たちとは、飛行機の機長（マルチェロ・マストロヤンニ）、テレビの演出家（ミシェル・ピッコリ）、裁判官（フィリップ・ノワレ）、レストランの主人（ウーゴ・トニャッツイ）という面々である。4人は豪邸にこもり、最高級の材料でありとあらゆる料理を作

り、腹に詰めこみはじめる。娼婦を連れこみ、性欲の満足も同時並行でこなす。美食、飽食、荒淫の大宴会はしだいに、嘔吐、下痢、糞尿垂れ流し、そして衰弱と死の宴へと変質していく。

この常軌を逸した生と性から死への転換のプロセスを、細密に、しかし淡々とカメラに収めるフェレーリの胆力に感嘆するほかない。題材は悪趣味だが、映画の作りそのものはきわめて趣味の良い正統性に貫かれているのだ。そこを見逃してはならない。

ポイント

◉**マルコ・フェレーリ**（1928〜1997） イタリアのミラノ生まれ。PR映画の製作から映画雑誌を創刊し、その後、脚本家となり、63年、性欲の強い女房を相手に衰弱していく男の悲哀を描いた『女王蜂』で、一躍、注目される。その後、毛深い女を見世物にする『猿女』（64）など文明批評的な怪作を発表。孤島で出会った男と女の支配・被支配の関係を倒錯的に描いた『ひきしお』（71）は美しく皮肉な寓話だった。さらに『最後の晩餐』で性欲と食欲に殉ずる男たちの憂愁は、ヨーロッパ文化そのものの黄昏すら感じさせる凄みがあった。アメリカを舞台に、チャールズ・ブコウスキーの小説を映画化した『町でいちばんの美女～ありふれた狂気の物語』（81）は天使のような娼婦に破滅型の詩人が優しく救済される物語で、同じくオルネラ・ムーティが主演した『最後の女』（76）、『未来は女のものである』（84）も、男の矮小さと女の生命力の強さを対比させた傑作だった。

# バルスーズ

1973年　上映時間＝118分　監督◉ベルトラン・ブリエ　脚本◉ブリエ、フィリップ・デュ・マルセル
主演◉ジェラール・ドパルデュー、ミュウ・ミュウ

No. 141

ベルトラン・ブリエは、名脇役ベルナール・ブリエの息子で、〈シネマヴェリテ（真実＝映画）〉の手法による長篇記録映画『ヒットラーなんか知らないよ』でデビューしたが、商業映画むきの図太くあざといセンスも欠けてはいなかった。『バルスーズ』はまずブリエの小説として発表され、それが売れたせいで映画化されたが、70年代の性解放の勢いに乗って、『エマニエル夫人』に次ぐ74年の大ヒット作となった。

ジャン＝クロード（ジェラール・ドパルデュー）とピエロ（パトリック・ドヴェール）は、悪質ないたずらから、盗み、強姦まで、やりたい放題の若き悪党コンビ。それがたたって、マリー＝アンジュ（ミュウ・ミュウ）という不感症の娘を道連れに逃避行に出る。旅先で、刑務所帰りの女（ジャンヌ・モロー）と三人で一緒に寝た翌朝、女が異常な自殺を遂げる。しかし、まったくめげないコンビは、女の息子とともに強盗を働き、逃亡の旅を続ける。

めちゃくちゃな話である。しかし、それが時代の風土にぴったり適合したことと、主役の

三人に加えて、脇役で淫乱な不良女を演じるイザベル・ユペールなど、役者がみんな生き生きとろくでなしを演じていることが要因となって、時代を画する話題作となった。ステファン・グラッペリのジャズ・バイオリンの響きが、荒っぽい物語展開に軽快さを添えている。なお、フランス映画最大のスターに成りあがるドパルデューとは対照的に、もう一人の主役ドヴェールは82年に自殺を遂げる。

ポイント

◉**ベルトラン・ブリエ**（1939〜）パリに生まれる。父親は名優ベルナール・ブリエ。父の影響で映画に興味を持ち、ジャン・ドラノワ、クリスチャン＝ジャックらの助監督見習いを経て、ジョルジュ・ロートネルのチーフ助監督に就任。ヌーヴェル・ヴァーグに対抗するシネマ＝ヴェリテ風の『ヒットラーなんか知らないよ』(63)でデビュー。衝撃作『バルスーズ』で批評、興行的にも成功を収め、ドパルデュー、ミュウ・ミュウも一躍有名になった。その後、夫婦と若い愛人の性関係に天才少年がからむ『ハンカチのご用意を』(78)では、アカデミー賞外国映画賞ほか数々の賞に輝く。三人の男女の奇妙な関係を描く『タキシード』(86)ではミシェル・ブランがカンヌ映画祭の主演男優賞を受けている。一癖もふた癖もある男女の奔放な性と愛を主題にした映画作りは一貫し、モニカ・ベルッチ主演の『ダニエラという女』(05)も往年のイタリア艶笑喜劇のような怪作である。

# ファンタスティック・プラネット No.142

1973年　上映時間＝74分　監督◉ルネ・ラルー　原作◉ステファン・ウル
脚本◉ラルー、ローラン・トポール　原画◉トポール　音楽◉アラン・ゴラゲール

フランスのアニメ映画に新たな境地を開いた名作。原作はステファン・ウルの『オムがいっぱい』で、この「オム」とはフランス語の「人間」と同じ発音である。すなわち、知恵を得たオム族が新たな歴史を開くという物語は、人間の進化をめぐる寓話なのである。舞台はイガム星。巨人族ドラーグが、虫のようにちっぽけなオム族を残酷に支配している。オム族の少年テール（「地球」と同じ発音）はひそかにドラーグの知恵を盗みだし、オムに知識を広めていく。ドラーグの一人が殺されたために「オム狩り」が始まり、オムはロケットで「未開の惑星」（原題）に移住する。そこで彼らはドラーグの秘密を発見する。

ウルの原作は『ガリヴァー旅行記』と『2001年宇宙の旅』を混淆《こんこう》したような物語で、さほどの新味はない。だが、マンガ『マゾヒストたち』や小説『幻の下宿人』で知られるローラン・トポールが担当した原画の異様なオリジナリティと、切り絵の技法を用いたラルーの動画の独特の味わいが合わさって、単なる寓話のアニメ化をこえたシュルレアリスム

的芸術としての驚くべき完成度に達している。このアニメ技法による映画が、イジー・トルンカを擁するチェコのスタジオで実現されたことは、アニメ芸術が世界で同時的に深化していたことの確かな証明である。

ラルーは続く『時の支配者』でもウルの原作をアニメ化し、メビウスの原画に基づいて、アニメの可能性をさらに開拓する。

**ポイント**

**◉ルネ・ラルー**（1929〜2004）パリ生まれ。叔父のもとで木彫を、美術学校で絵画を学ぶ。56年、フェリックス・ガタリも働いていたクール・シュヴェルニー医院に作業療法の芸術指導コーチとして務める。第一作の『猿の歯』(60)は、この作業療法の過程での観察から生まれた。この作品がきっかけとなり、ブラック・ユーモアの作家で、グロテスクな風刺を身上とする画家ローラン・トポールと知り合う。以後、短篇「死んだ時間」(64)、「かたつむり」(65)、長篇『ファンタスティック・プラネット』の三本を彼の協力のもとに製作した。以後、ラルーの作品はすべて外国との合作という形をとる。『時の支配者』(82)はハンガリーでコミック作家メビウスの原画に基づき、『ガンダーラ』(87)と短篇「ワン・フォはいかに救われたか」(87)は北朝鮮でフィリップ・カザの原画に基づいて作られた。96年からは国立コミック映像センターにおいてデジタルイメージ研究所監督を務めた。

# ルシアンの青春

No. 143

1974年　上映時間＝132分　監督◉ルイ・マル　脚本◉パトリック・モディアノ、マル
主演◉ピエール・ブレーズ、オーロール・クレマン

第二次大戦下でナチスドイツに協力したフランス人は戦後、人非人扱いされた。本作はナチスに協力した少年の姿を肯定的に描き、大きな論争を呼んだ。

大戦末期、主人公の少年ルシアンはレジスタンスへの参加を拒絶される。そして、ある日、たまたまナチのゲシュタポの協力者たちに誘われ、抵抗運動の戦士やユダヤ人の逮捕に加わるようになる。しかし、ユダヤ人の娘フランス（オーロール・クレマン）に恋をし、彼女と彼女の祖母がゲシュタポに連行されたとき、ルシアンはある行動に出る。

監督のマルと共同で脚本を書いたのはパトリック・モディアノ。フランスでは「超」の付く人気作家である。本作にこめた彼らの意図は明らかだ。それは対独協力の歴史的事実を硬直したイデオロギーの枠から解き放ち、主人公ルシアンのように、誰もが対独協力者になり得たのだという可能性を認め、人間の弱さと選択の不確かさを直視しようという問題提起だった。論争が巻きおこったことは、彼らの意図に合致する結果だったといえよう。

だが、一方では、ルシアンの生きる世界をノスタルジックに美化する演出意図があったことも確かだ。柔らかい色彩にかすむフランスの田舎の風景に、ジャンゴ・ラインハルトの胸を締めつけるように切ないギターの音色。対独協力の残酷な実態を知らない観客にとっては、遠い過去に起こった美しい戦争悲話に見えてしまうかもしれない。

ポイント

◉**オーロール・クレマン**（1950〜） イタリアで生まれる。20歳でカルメル会修道院に入り、後に還俗。パリに出て電話交換手、タイピストなどさまざまな職を転々とした後、ファッション・モデルとなる。74年、ルイ・マルの目にとまり、『ルシアンの青春』にいきなり大抜擢される。はかなげな容姿で、第二次大戦下、ゲシュタポに迫害される薄幸なユダヤ娘を好演した。その後、渡米し、夫がフランシス・コッポラ作品の美術担当者ディーン・タヴラリスであったことから、『地獄の黙示録』（79）で、ベトナムに逗留するフランスの上流夫人の役で出演している。シャンタル・アケルマン監督作品にも数多く出演している。その後、スペインの名匠ビクトル・エリセ監督の『エル・スール』（83）、ヴィム・ヴェンダース監督の『パリ、テキサス』（84）、アンヌ＝マリー・ミエヴィルとゴダールの『ゴダールのマリア』（84）をきっかけに国際女優として活躍の場を着実に広げている。

# インディア・ソング

No. 144

1974年　上映時間＝120分　原作・監督・脚本◉マルグリット・デュラス
主演◉デルフィーヌ・セーリグ、ミシェル・ロンスダール

ヌーヴォー・ロマンを代表する女性作家デュラスは、レネの『二十四時間の情事』（P240）などにすぐれたシナリオを提供してきたが、その後、自作の小説世界と映像とが不可分に結びついた独創的な映画作りを始める。『インディア・ソング』は、デュラス固有の主題と特異な技法が統合され、映像と音と言葉と音楽とが渾然一体となって融けあった、甘美で暗鬱なデカダンスの果実である。

舞台は1930年代のカルカッタ。フランス大使館で舞踏会が催され、大使夫人アンヌ＝マリー・ストレッテル（デルフィーヌ・セーリグ）は、ラホールの副領事（ミシェル・ロンスダール）につきまとわれる。副領事は狂気に陥り、彼女の名前を叫ぶ。

物語の大枠はそのようなものだが、この謎めいた恋愛事件を回想するさまざまな登場人物の声や会話が幾重にも重なりあい、しかも画面と音声はずれている。そこに倦怠感にみちたカルロス・ダレッシオの美しい音楽が流れ、画面に時間を無限に引きのばすような緩慢なリ

ズムがあたえられる。映画全体に熱帯の息苦しい空気がこもり、狂気の愛と不確かな記憶のドラマを夢幻的な濃密さで包みこむ感覚がある。他に類を見ない独創的な映画作法である。のちにデュラスはこの映画のサウンドトラックを丸々そのまま使って、大使館に見立てたパリ郊外の廃墟を映像に収め、『ヴェネツィア時代の彼女の名前』と名づけた。これもまた映画史に前例を見ない大胆な試みであった。

**ポイント**

◉**ミシェル・ロンスダール**（1931〜2020）パリに生まれる。父はイギリス人、母はフランス人で、イギリスとモロッコで育った。47年にパリに戻り、3年間タニア・バラコーヴァについて演技を学ぶ。レイモン・ルーローに認められて舞台デビューし、映画はオーソン・ウェルズの『審判』(62)、フレッド・ジンネマンの『日曜日には鼠を殺せ』(64)で注目を浴びた。ジンネマン作品では、後の『ジャッカルの日』の殺し屋ジャッカルと対決する警部役が印象深い。英仏二か国語が自在なため、ブニュエル、ロージー、レネなど世界的な巨匠の作品にも度々出演した。フランソワ・トリュフォーの『夜霧の恋人たち』(68)では、ドワネルが憧れる貴婦人デルフィーヌ・セーリグの夫役で出てくるが、二人が共演した『インディア・ソング』における錯乱する副領事も強烈だった。79年の『007／ムーンレイカー』では、人類滅亡を企む超悪人ヒューゴー・ドラックスに扮している。

# インモラル物語

1974年　上映時間＝99分　監督・脚本◉ヴァレリアン・ボロウズィック
主演◉リセ・ダンヴェルノ、パロマ・ピカソ

監督はポーランド出身で、名前は「ボロフチク」という方が原音に近いらしいが、彼が世界的な名声を獲得したのは、フランスで撮った本作の大胆なエロティシズムによる。ルネッサンスから現代まで、虚実とり混ぜた4篇のオムニバス映画で、ソフトポルノの限界までの性描写、女性の積極的なイニシアティヴと豊満な裸体美、視覚的に凝った耽美主義、人を喰ったユーモア精神、どぎつい悪趣味といったボロウズィックらしい特徴は、全篇に共通している。

第1話「満潮」は同名のA・ピエール・ド・マンディアルグの短篇の映画化。潮のリズムに合わせて従妹にフェラチオをさせる青年の話だ。ボロウズィックはマンディアルグがよほどお気に入りの作家と見えて、シルビア・クリステル主演の『夜明けのマルジュ』（原作『余白の街』）と、『愛の化身』（原作『すべては消えゆく』）でも、2長篇を映画化している。

第2話「賢女テレーズ」は、同名の名高い古典ポルノに引っかけて、きゅうりでオナニー

## No. 145

をする修道女の皮肉な運命を描く。

第3話「エリザベート・バートリ」と第4話「ルクレチア・ボルジア」は、いずれも歴史上名高いスキャンダラスな女性の生涯に題材を借りて、少女連続殺人や近親相姦の悪徳を楽しげに謳いあげる。

ボロウズィックの悪趣味なエロティシズムは、次作の『邪淫の館　獣人』に極まる。人獣交歓を題材とする怪奇映画の珍品である。

**ポイント**

**◉ヴァレリアン・ボロウズィック**（1923〜2006）　ポーランドのクウィリッ生まれ。クラクフの美術アカデミーで絵画とリトグラフを学び、アニメーションの短篇やフィルムの膜面に直接描くシネ・カリグラフ手法の実験的な短篇を手がける。卒業後は、ワルシャワで版画家やポスター・デザイナーとして活躍し、59年、パリに移住。数多くの短篇アニメーションやテレビ・コマーシャルを作る。シンプルなデッサンと、モノクロの画面の一部分に赤を使ったユニークな表現は、グラフィック・デザイン的なアニメーションのひとつの潮流となった。初の長篇劇映画『愛の島ゴトー』（68）で、ジョルジュ・サドゥール賞を受賞。『インモラル物語』以後、ポーランド文学の古典の映画化『罪物語』（75）は高く評価されている。『邪淫の館　獣人』は、その背徳的なテーマが衝撃をあたえた。その後も『エマニエル5』（86）などエロスを主題にした作品を撮り続けた。06年、心不全のためパリで死去。

# No.146 ジュ・テーム・モワ・ノン・プリュ

1975年　上映時間＝90分　監督・脚本・音楽◉セルジュ・ゲンズブール
主演◉ジェーン・バーキン、ジョー・ダレッサンドロ

セルジュ・ゲンズブールはフレンチ・ポップス界最大のカリスマである。スキャンダルも含めて一般社会での認知度がきわめて高かったこと、音楽や生活のスタイルが今でも若い世代に影響を与えていること等を考えれば、ロックにおけるビートルズのように大きな存在といえる。

元々「ジュ・テーム・モワ・ノン・プリュ」は、ゲンズブールが愛人ブリジット・バルドーに捧げた曲のタイトルだった。しかし、愛のあえぎ声を思わせるこの歌に、当時人妻だったバルドーの側から待ったがかかり、結局、発売されなかった。その曲を一年後には新たな恋人ジェーン・バーキンと録音し直したのだから、さすがスキャンダルの帝王だ。

さらに6年後、この曲をフィーチャーしてオリジナル脚本で撮った初監督作品が『ジュ・テーム・モワ・ノン・プリュ』である。

同性愛の青年が、スナックで働く娘ジョニー（ジェーン・バーキン）に興味を抱く。しか

し、青年は男としか寝ることができない。そこでジョニーは自分のお尻を提供することで青年との苦痛にみちた交わりを全うする、というこれまたきわめてスキャンダラスな物語。この映画の焦点は、胸の薄いバーキンの少年のような両性具有的魅力に尽きる。性の汚辱にまみれた天使的イコン。それが愛妻バーキンに見出したゲンズブールの究極のイメージだったのだろう。しかし、数年後、バーキンはゲンズブールのもとを去る。彼の泥酔と暴力が原因といわれる。

ポイント

◉**セルジュ・ゲンズブール**（1928～91） パリに生まれる。絵画、建築を学んだが、50年代はパリのバーでピアノを弾き、シャンソンの作詞、作曲家として活躍し、フランソワーズ・アルディらの歌を作る。『唇によだれ』(60)で音楽を担当、一躍売れっ子となり、『カトマンズの恋人』(69)、『ガラスの墓標』(71)などの出演作のほか、『恋のマノン』(67)、『マダム・クロード』(77)など数多くの作品の音楽を手がけた。ジェーン・バーキンと同棲、結婚。彼女とデュエットで吹き込んだ「ジュ・テーム・モワ・ノン・プリュ」はスキャンダラスな話題を呼んだ。監督デビュー作『ジュ・テーム・モワ・ノン・プリュ』のあと、82年バーキンと離婚したが、音楽上のパートナーシップは続いた。『シャルロット・フォーエヴァー』(86)ではバーキンとの間に生まれた娘シャルロットと父子共演をしている。時代を先取りするセンス、挑発的な言動で、つねにマスコミの注目を集める存在だった。

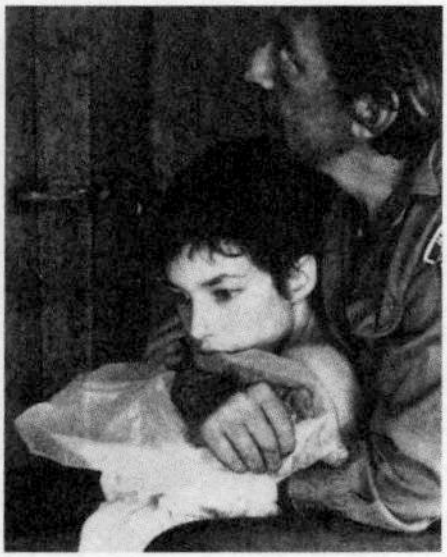

# 9

# 新たな技巧主義
## ——八〇～九〇年代

# 終電車

**1980年　上映時間＝131分　監督◉フランソワ・トリュフォー　撮影◉ネストール・アルメンドロス**
**音楽◉ジョルジュ・ドルリュー　主演◉カトリーヌ・ドヌーヴ、ジェラール・ドパルデュー**

円熟のトリュフォーというほかない。あまりにも巧妙な演出ぶりであり、映画全体に巨匠の余裕がみなぎっている。かつてフランス文芸映画の良質の伝統を全面否定したトリュフォーだが、いまや彼自身が、ヌーヴェル・ヴァーグを通過した新たな良質の伝統を作りだしたとさえいえるほどだ。

題材はトリュフォーの強迫的主題といってもよい三角形の愛である。しかし、ほぼ十年前に撮られた『恋のエチュード』（P296）などとは根本的にタッチが違う。切迫した作家内奥の主題を扱うというより、自家薬籠中の題材を自在に料理したとの感が強い。第二次大戦下の灯火管制が行われていた時代の話だが、アルメンドロスのカメラが描く画面は豊かな輝きを放っている。

ヒロインのマリオン（カトリーヌ・ドヌーヴ）はパリのモンマルトル劇場の看板女優。夫のリュカは同じ劇場の演出家だが、ユダヤ人であるため南米に逃亡中で、マリオンが劇場の

No. 147

経営を仕切っている。彼女は新たな芝居のために演出にまで乗りだすが、毎夜劇場に戻るという謎の振舞いをしている。また、この芝居に起用された新人男優ベルナール（ジェラール・ドパルデュー）もなにかの策謀に関わっている気配だ。二人の行動の裏にはなにが隠されているのか？

サスペンスを残しながらドラマを結末まで引っぱり、最後で堂々とひっくり返す。この年のセザール賞を総なめにした。

ポイント

◉**ジョルジュ・ドルリュー**（1925〜92）　リール県ルーベ生まれ。45年、パリのコンセルヴァトワールに入り、ダリユス・ミヨーに学び、49年首席で卒業。フランス国営放送の作曲家およびオーケストラ指揮者として活躍。映画が好きでたまらず、ジョルジュ・フランジュの『白い少女』をはじめ数多くの短篇の音楽をこなし、ヌーヴェル・ヴァーグの到来と同時に長篇劇映画のスコアを作曲した。トリュフォーの『ピアニストを撃て』で名声を確立し、彼との仕事を中心に、フィリップ・ド・ブロカ監督の『リオの男』『まぼろしの市街戦』、ゴダールの『軽蔑』、アンリ・コルピの『かくも長き不在』などの映画音楽で有名になる。アメリカ映画でもフレッド・ジンネマンの『ジュリア』、マイク・ニコルズの『イルカの日』などがあり、『リトル・ロマンス』でアカデミー賞オリジナル作曲賞を受賞している。フランスでも『逃げ去る恋』『終電車』で二度のセザール賞を受賞している。

# No. 148

# 地に堕ちた愛

1984年　上映時間＝129分　監督◉ジャック・リヴェット
脚本◉リヴェット、パスカル・ボニゼール、シュザンヌ・シフマン　主演◉ジェーン・バーキン、ジェラルディン・チャップリン

リヴェットの映画は演劇を題材にすることが多い。人は仮面をかぶって謎の陰謀にふけっているというリヴェットの人間観の必然として、この世は劇場なのだというシェイクスピア的な世界観が招き寄せられるからだ。

『地に堕ちた愛』は、実験的な演劇に取りくむ二人の女性を主人公にして、演劇が人生を模倣していたはずが、しだいに人生が演劇を模倣しはじめるという逆説を描きだす。そのようにして、現実と虚構、人生と幻想が相互に浸透しはじめる瞬間の痺れるような快感こそ、リヴェット映画の魅惑なのである。

女優のシャーロット（ジェラルディン・チャップリン）とエミリー（ジェーン・バーキン）は、クレマンという劇作家の豪邸に招かれ、その邸《やしき》でクレマンの戯曲を一度だけ上演してほしいと依頼されて、リハーサルを始める。戯曲はクレマンと妻と別の男の関係を描いたものだったが、稽古を続けるうちに、二人の女優は奇妙な幻視や幻聴に襲われるようにな

る。クレマンの隠された意図は何か？
リヴェットの魔術的地理学を凝縮したような邸の内部の描写がすばらしい。部屋は一つずつ別世界の光と色彩に満ち、どこからともなく熱帯の鳥のさえずりや潮騒の音が聞こえ、なぜか深紅の蟹が這いまわる。そんな異界で、女優たちの現実は虚構に侵食され、虚構の彼方には甘美な死の世界までかいま見えてくる。ただただリヴェットの映画魔術に酔っていたい作品だ。

**ポイント**

◉**ジェラルディン・チャップリン**（1944〜）　サンタ・モニカ生まれ。両親は喜劇王チャールズ・チャップリンとユージン・オニールの娘ウーナで、二人の長女である。ロンドン・バレエ学校で学んだ後、同バレエ劇団員となり、64年、ジャック・ドレーに見出され、『ある晴れた朝突然に』で主演デビューする。続く『ドクトル・ジバゴ』で一躍世界的な名声を得た。67年、『ペパーミント・フラッペ』でカルロス・サウラと初めて組み、以後、公私にわたってコンビを組む。さらにロバート・アルトマンの『ナッシュビル』(75)、『ウエディング』(78)、アラン・ルドルフの『ロサンゼルス・それぞれの愛』(76)、『リメンバー・マイ・ネーム』(78)などの傑作に出演し、名演を残した。祖父の伝記映画『チャーリー』(92)では自らの祖母を演じ、ゴールデン・グローブ賞助演女優賞にノミネートされた。スペイン映画『永遠のこどもたち』(07)では、霊媒師に扮し、妖しい存在感をアピールしている。

# 美しき諍い女

No. 149

1991年　上映時間＝239分　監督◉ジャック・リヴェット
脚本◉パスカル・ボニゼール、クリスティーヌ・ロラン、リヴェット　撮影◉ウィリアム・ルプシャンスキー　主演◉エマニュエル・ベアール、ミシェル・ピコリ

リヴェットは1980年代半ば以降、70年代を特徴づけたあからさまな幻想性への傾斜を抑えて、リアルな日常描写のなかに繊細な神秘の影を探求しはじめる。『美しき諍《いさか》い女《め》』は、バルザックの短篇「知られざる傑作」を現代に置きかえ、芸術創造の神秘という主題を、リヴェットお馴染みの演劇の世界から、絵画の世界へと移して、そのリアリズムの限界をきわめている。4時間の映画のほぼ半分を費やして、画家とモデルがアトリエで行う仕事の模様を巨細に画面に収めるのである。

画家フレンホーフェル（ミシェル・ピコリ）の家に、若い画家ニコラと彼の恋人マリアンヌ（エマニュエル・ベアール）が招かれる。フレンホーフェルはマリアンヌを見て、かつて妻のリズ（ジェーン・バーキン）をモデルに描いて中断した「美しき諍い女」の絵の制作を再開しようとする。厳格な画家と全裸のモデルの仕事は緊張をはらんで進行し、その緊張感はしだいに画家の妻やモデルの恋人を巻きこみ、人間関係を変質させていく。

キャンバスになすりつけられる絵筆の音と絵具の塵。徐々に紅潮していくベアールの全裸の皮膚。そうした事物のフィジカルな感触が、天才的なルプシャンスキーのカメラで生々しく官能的に浮き彫りにされる。その映画的至福のなかから生まれてくるのは、人間と芸術の相関性の神秘だ。4時間たゆむことのない美と緊張が持続する稀有の名品である。

**ポイント**

◉**パスカル・ボニゼール**（1946〜）　パリ生まれ。パリ大学ナンテール校で教育を受け、哲学の学位を修める。69年より「カイエ・デュ・シネマ」誌の編集委員として評論、エッセー、インタビューなどを発表し、評論家、脚本家、作家としても活動する。さらに映画学校FEMISで教壇に立ち、教材「シナリオの手引き」をジャン＝クロード・カリエールと共同執筆している。また、ラウル・ルイスの『三つの人生とたった一つの死』（96）、アンドレ・テシネの『ブロンテ姉妹』『私の好きな季節』などの共同脚本を手がけている。リヴェットの『地に堕ちた愛』、『彼女たちの舞台』（88）、『美しき諍い女』から『恋ごころ』（01）、『ランジェ公爵夫人』（07）に至る一連の作品のシナリオはとくに有名だ。数多くの評論も執筆し、『歪形するフレーム——絵画と映画の比較考察』（勁草書房）が翻訳されている。91年には「カイエ・デュ・シネマ」の「作家」シリーズでエリック・ロメールの号を編纂し、賞讃された。

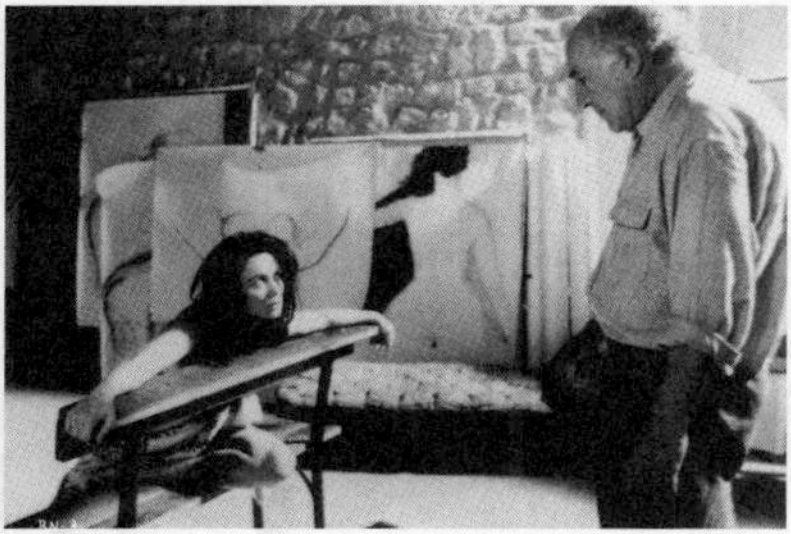

# パッション

No.150

**1982年　上映時間＝88分　監督・脚本◉ジャン＝リュック・ゴダール　撮影◉ラウール・クタール**
**主演◉イザベル・ユペール、ハンナ・シグラ、ミシェル・ピコリ**

『ウイークエンド』（P200）まで劇映画で可能な限りの試みを行ってきたゴダールは、1960年代末から70年代にかけて極左思想に傾き、さらにビデオによる実験的な映画製作に打ちこんだ。しかし、80年代に入ると、過激な政治性と非妥協的な方法的実験性を保ったまま、他に類を見ない厳しい美しさをたたえた映画を作りはじめる。その最初の輝かしい成果が、『ウイークエンド』以来15年ぶりに撮影監督ラウール・クタールと組んだ『パッション』である。ゴダールの新たな完全復活を告げるこの映画は、とくに日本で熱狂的に迎えられた。

だが、一筋縄で行く映画ではない。この上なく美しいイメージが作品の隅々まで浸透していながら、『パッション』は終始、登場人物の欲望の挫折と受難（パッション）を描き、不満の表明と怒鳴り声と吃音が交錯するバランスを失した映画でもあるからだ。

主人公は映画監督ジェルジー。ポーランド人の彼は多国籍のスタッフを率いてスイスの村で映画を撮っている。ゴヤ、レンブラント、エル・グレコ、ヴァトー、アングル、ドラクロワ。だれもが知る泰西絵画の名場面を、スタジオで実際の人間を使って「活人画」にしようというのだ。しかし、どうしても彼は照明に満足が行かない。スタッフと周囲の人間も右往左往を繰り返すばかり……。

『軽蔑』以来ふたたび「映画作りの映画」を題材にして、創造の不可能性という主題をぎりぎりまで探求した映画だといえよう。

**ポイント**

**◉ラウール・クタール**（1924〜2016）撮影監督。パリ生まれ。写真学校を出て、インドシナの仏軍の従軍写真家となる。その後、サイゴンで「タイム」「ライフ」「パリ・マッチ」等の写真特派員を経て、56年、フランスに戻り、『地上の楽園』に映画カメラマンの一人として参加。同年の『悪魔が通る』で独り立ちした。ゴダールの長編第1作『勝手にしやがれ』（59）の手持ちカメラによる流れるようなみずみずしい映像は世界的に絶讃を博し、ヌーヴェル・ヴァーグを象徴する名カメラマンとしての地位を不動のものとした。60年代のゴダールとは『ウイークエンド』まで『男性・女性』を除く長編14本の撮影を手がけた名コンビである。『パッション』では、ひさびさにゴダールと組み、美しく彫りの深い映像を披露しており、本人も劇中、撮影監督の役で出演している。他に代表作としてトリュフォーの『ピアニストを撃て』（60）、『突然炎のごとく』（61）、『柔らかい肌』（64）などがある。

# 映画史

1998年　上映時間＝268分　監督・編集◉ジャン＝リュック・ゴダール
出演・声◉ゴダール、ジャン＝ピエール・ゴス、アンドレ・マルロー、ジュリー・デルピー、セルジュ・ダネー

No.151

ゴダールの駆使する重要な手法に「引用」がある。処女長篇『勝手にしやがれ』（P188）以来、ゴダール映画は引用の宝庫であり、それは彼が映画史に対して払う敬意の証しであった。しかし、1970年代後半頃から、ゴダールは映画史からの「引用」ではなく、「映画史」そのものの再編成に関心を示すようになる。連続講義をまとめた書物『ゴダール／映画史』がその最初の成果である。

そして、この関心は、映画そのものによって映画史を記すというアイデアにふくらみ、映画『映画史』は20世紀の終末を目前にして、全8章、約4時間半の超大作として結実する。当初はビデオセットやテレビ放映で見るほかなかったが、世界初の劇場公開は日本で実現された。

本作の内容を要約することはほとんど不可能である。あらゆる映画の断片やイメージの連続に、字幕や朗読による書物や言葉の引用、音楽や現実音や絵画の引用が、猛スピードで何

重にも重ねられ、それを見る体験は、音と映像の超高速ジェットコースターに乗せられるようなものだからだ。しかし、この無数の断片の引用、モンタージュ（編集）の加速的な累積のなかから、ヌーヴェル・ヴァーグ、イタリア映画、ヒッチコックなど、映画史固有の主題が徐々に姿を現し、さらに映画史を超えて、技術と戦争の世紀であった20世紀の歴史、さらには現代史を超えて、イメージに憑かれた人類の、イメージの集積にほかならない「歴史」が浮かびあがってくる。

**ポイント**

**◉ジャン＝リュック・ゴダール**（1930〜2022）　パリ生まれ。父ポールはスイスの開業医、母オディールは裕福な銀行家の娘。学生時代からシネマテーク通いを始め、トリュフォー、ロメールらと出会う。「カイエ・デュ・シネマ」誌で批評を書き始め、54年には処女短篇「コンクリート作戦」を監督。ジョルジュ・ド・ボールガールの製作で59年『勝手にしやがれ』を監督。旧来の映画文法を破壊した革命的な作品として、一躍、世界の注目を集め、ヌーヴェル・ヴァーグの寵児となる。アンナ・カリーナと結婚し、『女は女である』（61）、『女と男のいる舗道』（62）、『はなればなれに』（64）、『気狂いピエロ』（65）などの名作を次々に発表し、映画界に旋風を巻き起こす。その後、非商業的な政治映画に邁進したが、『勝手に逃げろ／人生』（80）で「商業映画」に復帰。アンヌ＝マリー・ミエヴィルとともに革新的な映画作りを続けたが、22年、母国スイスで幇助による自殺を遂げた。

# 愛の世紀

**No. 152**

2001年　上映時間＝114分　監督・脚本◉ジャン＝リュック・ゴダール　撮影◉クリストフ・ポロック
主演◉ブリュノ・ピュツリュ、セシル・カン、ジャン・ダヴィ

例えば『気狂いピエロ』（P196）を20世紀が生んだ最も悲痛な「愛」の物語と定義することが可能だろう。しかし5月革命以後、過激に政治化し、映画史を思考するゴダールは、個人的な「愛」の主題から遠ざかっていった。そのゴダールが21世紀最初の映画に「愛」という言葉を冠した。彼の長篇のタイトルに「愛」が使われるのも初めてのことだ。

この映画の主人公エドガーは「愛」のドラマを作ることを夢見ている。出会い、肉体的情熱、別れ、和解という愛の4つの瞬間を、若者、成人、老人の3組のカップルで描きだそうというのだ。そして、その主演女優にふさわしい女性を探しあてた途端、彼女は死んでしまう。ここまでが前半である。

驚くべきは、この前半が見事なモノクロの映像で撮られていることだ。完璧なまでに美しいイメージの連続だが、死後の世界を連想させるような重苦しい陰鬱さにみちている。なぜなら、これは「愛」の死の物語だからだ。エドガーの愛の物語は、実現される前に、女優の

死とともに死んでしまうのだ。
後半はエドガーの回想になる。彼は、自分の女優になるはずだった女性に、むかしブルターニュで出会ったことを思い出す。すでに死んだ女性との出会いの物語。なんという皮肉だろう。しかし、後半の回想は鮮烈なカラービデオで撮られている。色彩を欠き、死の空気に沈む現在の時間と、鮮やかな色彩に輝く過去の時間。ゴダールの絶望は深い。

ポイント

◉**ジャン・ダヴィ**（1911〜2001） 演劇学校時代の同期生にジャン・マレーやジャン＝ルイ・バローがいる。18歳から舞台に立ちはじめ、44年に演じた『アンチゴネー』のクレオン役で大成功を収め、以後、世界各国で2000回以上の上演を記録する。映画出演も60本を超え、代表作はサシャ・ギトリの『デジレ・クラリーの数奇な運命』(42)、ジュリアン・デュヴィヴィエの『神々の王国』(49)、アラン・レネの『薔薇のスタビスキー』(74) などがある。また、ケーリー・グラント、オーソン・ウェルズ、エロール・フリン、カーク・ダグラス、ローレンス・オリヴィエ等の出演作の吹き替えを担当、ドキュメンタリーのナレーターやTV、ラジオ出演も数多くこなした。『愛の世紀』では、映画監督エドガーの祖父の役で出演しており、戦時下、二重スパイとしてゲシュタポで働いたことを苦渋深く回想する姿がきわめて印象的である。本作が彼の遺作となった。

# No.153

# ふくろうの叫び

1987年　上映時間＝102分　監督◉クロード・シャブロル　原作◉パトリシア・ハイスミス
脚本◉シャブロル、オディル・バルスキ　主演◉クリストフ・マラヴォワ、マチルダ・メイ

『二重の鍵』（P212）以来、シャブロルはミステリー映画の道を邁進《まいしん》する。彼が1960～70年代に撮った『不貞の女』『肉屋』『一寸先は闇』『血の婚礼』などの傑作は、閉塞的な地方生活を営むブルジョワの偽善を痛烈に皮肉りながら、彼らの殺意や狂気が突発するさまを鮮烈に描いている。だが残念ながら、これらの作品は日本では劇場公開されなかった。

『ふくろうの叫び』はシャブロルが80年代の後半に撮った作品で、60～70年代の諸作に比べて、狂気じみた昂揚を抑え、映画全体が渋くクールに仕上げられている。しかし、登場人物のねじくれた倒錯性はかえって深まりを見せ、シャブロルの人間理解は不可知論へと激しく傾斜している。

主人公ロベール（クリストフ・マラヴォワ）は、毎夜、会ったこともないジュリエット（マチルダ・メイ）という娘の私生活を覗き見している。そして、ある夜ジュリエットに見つかってしまうのだが、なぜか彼女はロベールを家にやさしく迎え入れる。

この最初の意外性に始まり、ストーリーは二転三転し、観客は映画がどこに着地するか分からないスリルに翻弄される。原作はパトリシア・ハイスミスで、『見知らぬ乗客』や『太陽がいっぱい』（P166）の映画化が有名だが、この2作がトリッキーな趣向を売り物にしているのに対し、『ふくろうの叫び』には、彼女本来の、プロットの予測不可能性と人間観察の深さという類まれな特質がよく表れている。

**ポイント**

**◉マチルダ・メイ**（1965〜）父は俳優で作家のヴィクトール・マイム、母はダンサー。幼少よりバイオリンを習い、クラシック・バレエに親しむ。14歳で入学したコンセルヴァトワールを首席で卒業し、84年『ネモの不思議な旅』で映画デビューする。85年のトビー・フーパー監督のSF映画『スペースバンパイア』で日本に初登場したが、美女の姿をした宇宙バンパイアに扮して、大胆なヌードを披露し、そのエロティックな魅力で一部に熱烈なファンを生んだ。シャブロルの『ふくろうの叫び』では謎めいたヒロインに扮し、セザール賞最優秀新人女優賞を受賞している。87年のジャック・ドゥミ監督の『思い出のマルセイユ』ではイヴ・モンタンの相手役を演じ、90年『ネイキッド・タンゴ』ではセクシーなダンサー役が絶賛された。92年の『おっぱいとお月さま』でも、見事な肢体を惜しげもなく露わにしている。歌えて踊れて演技力もあるセクシー女優としてゆるぎない存在となっている。

# No.154 沈黙の女／ロウフィールド館の惨劇

1995年　上映時間＝111分　監督◉クロード・シャブロル　原作◉ルース・レンデル
脚本◉カロリーヌ・エリアシェフ　主演◉イザベル・ユペール、サンドリーヌ・ボネール

シャブロルは1990年代の本作によって彼の長いキャリアの頂点の一つを築きあげる。舞台は相変わらず地方に暮らすブルジョワ家庭だが、この一家はこれまでの登場人物とは違い、あからさまな悪徳や偽善の匂いはない。いわばどこにでもいるフランス人なのである。その彼らが、一見理不尽に見えながら、運命的必然というしかない悲劇に呑みこまれていくところが恐ろしい。ブルジョワの日常生活の細密な描写からラストの惨劇まで、強い緊張の糸は決して途切れることがない。

ブルジョワ主婦カトリーヌ（ジャクリーン・ビセット）の家に、新しいお手伝いソフィー（サンドリーヌ・ボネール）がやって来る。彼女の働きに一家は満足していた。まもなくソフィーは郵便局で働く女ジャンヌ（イザベル・ユペール）と友だちになる。ジャンヌには自分の子供を殺したという芳《かんば》しからぬ噂があったが、ソフィーにも絶対に人に知られたくない秘密が二つあった。ソフィーはジャンヌを自分の部屋に招き、一緒にテレビを見るようにな

る……。

原作はルース・レンデル。彼女の作品世界には、ハイスミスよりも濃厚な、人間の陰惨な闇の部分への興味がある。その闇のなかへ軽やかといってもいい足取りで踏みこんでゆく二人の女優、ボネールとユペールの競演がなんといっても素晴らしい。1995年のヴェネツィア映画祭は、最優秀女優賞をこの二人に同時授賞するという異例の措置を行った。

ポイント

◉**クロード・シャブロル**（1930〜2010）パリに生まれる。幼少時から16ミリ上映会を開く映画狂で、大学では薬剤師の資格を取得するかたわらエリック・ロメールとともにシネクラブを立ち上げ、「カイエ・デュ・シネマ」誌に出入りし、映画批評を執筆。ロメールとの共著『ヒッチコック論』もその頃生まれた。56年、最初の妻アニェスの伯母の遺産を基に製作会社を設立。58年処女作『美しきセルジュ』を発表、翌年のジャン・ヴィゴ賞を受賞する。続く『いとこ同志』はベルリン映画祭金熊賞に輝いた。その後、二度目の妻となったステファーヌ・オードランとのコンビで『肉屋』(69)をはじめ数多くの犯罪映画の名作を撮る。80年代に入ってからはマラン・カルミッツの製作により、イザベル・ユペールと組んだ『主婦マリーがしたこと』や『沈黙の女』も傑作。遺作『刑事ベラミー』(09)まで、人間の不可解な深層心理にメスを入れる思索的なミステリー映画を撮り続けた。

# 嘘の心

No. 155

1999年　上映時間＝113分　監督◉クロード・シャブロル　脚本◉シャブロル、オディル・バルスキ
主演◉サンドリーヌ・ボネール、ジャック・ガンブラン、ヴァレリア・ブルーニ＝テデスキ

50年を越えるキャリアのなかで、シャブロルのミステリー映画は、次第に「フーダニット（誰がやったか）」という興味を喪失してゆく。本作でも二つの殺人事件が起こり、犯人探しの主筋は最後まで巧みに保持されはするのだが、シャブロルの主眼はじつは謎解きにはない。殺人事件が周囲の人間に不可逆的な影響を及ぼし、それまで見えなかった人間の本質が露呈するプロセスにこそ、彼は容赦なく鋭い視線を注ぐ。かつてのような偽悪的スキャンダル趣味はもはや完全に影をひそめ、静謐《せいひつ》な人間凝視のなかから、より深い戦慄が這いあがってくるのだ。

看護婦のヴィヴィアーヌ（サンドリーヌ・ボネール）は画家のルネ（ジャック・ガンブラン）と結婚している。ある日、ルネの絵画教室から帰った少女が、森のなかで強姦され殺される。ルネは容疑者として追及されるが、ヴィヴィアーヌは夫を擁護する。しかし、彼女の憂鬱につけこむように、作家のデモという男が誘いの手を伸ばし、夫婦生活に不安が忍びこ

む。そんなおり、デモが殺される。
ブルターニュのうすら寒い海岸地方をとらえる画面がともかく美しい。この美しさは最後まで保たれるが、その美しさの背後で、登場人物たちの生活は後戻りのきかない変質に見舞われ、地方の静かな町は死の影に覆われる。そして、作中に現れる「だまし絵」のように、何が本当で、何が嘘なのか、その境は判然としないまま闇に溶けてゆく。

ポイント

◉ジャック・ガンブラン（1957〜）　ノルマンディ地方グランヴィル生まれ。20歳で初舞台を踏み、その後パリに出て、舞台活動を続けながらTVにも進出。90年以降、クロード・ルルーシュの作品に連続して出演し、4本目の『レ・ミゼラブル』（95）で注目される。95年には『パリのレストラン』（95）で原作小説の作者であり監督も務めたローラン・ベネギの分身という大役を得たほか、ベルトラン・ブリエの『私の男』（96）でも強い印象を残した。ガブリエル・アギヨンの『ペダル・ドゥース』（96）ではゲイの男を怪演しセザール賞助演男優賞にノミネートされ、今村昌平監督の『カンゾー先生』（98）出演のために来日も果たした。『嘘の心』では、辺鄙な田舎町で殺人の容疑をかけられ苦悩する主人公の画家を演じて絶賛された。ほかにも『めざめ』（02）、『美しき運命の傷痕』（05）があり、現在、フランスで最も注目される俳優のひとりである。

# 緑の光線

No. 156

**1986年　上映時間＝94分　監督・脚本◉エリック・ロメール　撮影◉ソフィー・マンティニュー**
**主演◉マリー・リヴィエール、ヴァンサン・ゴーティエ**

1980年代のロメールは「喜劇と格言劇」という新シリーズを撮ってゆく。この総題はミュッセの戯曲集から取られた。シリーズ全6作に格言風の副題が付され、本作『緑の光線』には「ああ！　胸熱き時よ来い」というランボーの詩の一節が添えられている。夏のヴァカンスこそフランス人にとって「胸熱き時」。しかし、デルフィーヌ（マリー・リヴィエール）は、女友だちの不都合でギリシア旅行をキャンセルされてしまう。彼女は途方に暮れ、泣きくずれる。別の友だちの家に行ってもデルフィーヌの心は癒されない。その後、ビアリッツの海岸に行ったとき、彼女は、太陽が海に沈む瞬間に放つ、奇跡のような緑の光線の話を聞く。しかし、ここでも失望して、パリに帰ろうと駅に向かうが……。『緑の光線』を作ったときロメールは66歳。しかし、ヌーヴェル・ヴァーグの初心に帰ったかのように、スタッフを女性中心の最小限の人数に切りつめ、全篇ロケーション撮影、演技とセリフにも即興を大幅に導入した。その結果、なんとも爽やかで若々しい息吹きがこの映画を吹きぬけている。欲求不満の塊で泣いてばかりいるヒロインは、最初は観客の共感を拒むが、次第に私たちの心に入りこんでくる。なぜなら彼女は私たちの等身大の姿だからだ。ロメールのまなざしは人間に厳しくも寛大でもある。一定の物語やスタイルに束縛されず、人間と世界をありのままに肯定するそのまなざしこそ、「映画」である。

|ポイント

◉**マリー・リヴィエール**（1956〜）　女優を志し、演技を学んでいるとき、エリック・ロメールの『愛の昼下がり』（72）を見て、深い感銘を受ける。ロメールにコンタクトをとり、78年、『聖杯伝説』でコーラス役のひとりとしてデビューする。80年、『飛行士の妻』での神経衰弱気味の自分勝手な女の子アンヌの役は印象的だった。さらに、『緑の光線』で恋の相手を探し続ける泣き虫のデルフィーヌ役で主演し、その率直な感情表出が深い共感を呼んだ。この作品には、自分の家族も出演し、より親密な雰囲気をかもし出している。ロメール作品では、『レネットとミラベル　四つの冒険』（86）の駅で小銭をだましとろうとするペテン師、『冬物語』（91）のヒロインが再会する男性シャルルの友達役で出演。『恋の秋』（98）では親友マガリが孤独なのを案じて、自分が身代わりになって彼女の再婚相手を見つけようとするイザベルを演じ、しっとりとした大人の女性の情感を漂わせている。

# 恋の秋

1998年　上映時間＝112分　監督・脚本◉エリック・ロメール
主演◉マリー・リヴィエール、ベアトリス・ロマン

1990年代、ロメールは第3のシリーズに乗りだす。「四季の物語」という総題どおり、四つの季節を舞台に、ロメールの永遠の主題である多角形の恋の諸相が描きだされる。『恋の秋』はシリーズ最終作で、ロメールにしては珍しく40代の女性を主人公にしている。親友のヒロインのマガリ（ベアトリス・ロマン）はローヌ渓谷でぶどう園を営んでいる。イザベル（マリー・リヴィエール）は、マガリが夫を亡くしてからずっと独身でいることを心配して、内緒で新聞広告を出し、結婚相手を探そうとする。一方、マガリの息子の恋人ロジーヌも、マガリに男性を世話しようとし、自分の教師を彼女に接近させる。ロメール映画の定番の展開である。ささやかな秘密の策謀。多角関係の恋。人の取り違え。泣きくずれる女。誤解と和解。『愛と偶然の戯れ』とはマリヴォーの戯曲の表題だが、ロメールこそ現代のマリヴォーであり、彼の映画の主題はまさに愛と偶然の戯れなのである。女優もまたロメール映画の常連だ。18歳のとき『クレールの膝』（P304）でデビューし

No.157

たB・ロマンに、『緑の光線』（P346）のM・リヴィエール。中年女性の心の揺らぎとときめきをまるで少女のように表現して、見る者を感動させる。それ以上の驚きの的が78歳のロメールの演出である。この上なく自由闊達《かったつ》に見えながら、すべての画面と台詞がこれ以外にありえない正確さで配置されている。それは技量の円熟というより映画の奇跡と呼ぶにふさわしい。

**ポイント**

**◉ベアトリス・ロマン**（1952〜）　クロード・ド・ジヴレーのTV映画に出演したのを機に、映画女優を志す。知人からエリック・ロメールにコンタクトを取るように勧められ、70年の『クレールの膝』のおませな少女ローラ役でデビュー。71年、『愛の昼下がり』で主人公が夢見る女性の一人を演じた。この映画で注目され、クロード・ベリの『セックス・ショップ』(73)やジョゼフ・ロージーの『愛と哀しみのエリザベス』(75)などの作品にも出演する。その後、突然結婚してインドへ。帰国して82年、ふたたびロメールの『美しき結婚』で結婚願望の強い女子大生サビーヌ役でヴェネツィア映画祭主演女優賞を受賞した。『緑の光線』(86)ではヒロインを叱咤激励する女友達、『レネットとミラベル　四つの冒険』では、スーパーの監視員を演じて印象に残る。『恋の秋』は、13年ぶりのロメール作品であった。その後、自ら監督としてメガホンをとり、プロデュース業にも進出している。

# グレースと公爵

# No. 158

**2001年** 上映時間＝125分 監督・脚本◉エリック・ロメール
主演◉ルーシー・ラッセル、ジャン＝クロード・ドレフュス

ロメールは、恋愛と現代風俗を描く主要な系譜のほかに、『O公爵夫人』や『聖杯伝説』など、人工的な凝ったスタイルで時代劇を撮ってもいる。本作『グレースと公爵』は、後者の系列の究極の達成といえるだろう。

物語は、フランス革命に翻弄された実在の英国貴婦人グレース・エリオットの手記に基づいている。グレース（ルーシー・ラッセル）はルイ16世を敬愛する王党派だが、愛人のオルレアン公爵は貴族でありながら革命派に賛同し、ルイ16世の処刑に賛成投票を行う。グレースはそれを許さない。革命が進展するにつれ、民衆の暴力はエスカレートし、グレースにもギロチンによる処刑の危機が迫る。一方、オルレアン公にも皮肉な運命が待ちうけている。

本作は、あからさまに革命派の民衆を血に飢えた野蛮人として描き、賛否の反応を呼んだ。だが、革命賛美も革命批判もともにイデオロギーの産物にほかならず、この映画は原作者のイデオロギー的視点を採用したにすぎない。ロメールの目は原作者よりもはるかに冷徹

である。むしろ本作はデジタル技術を駆使した実験映画として必見の価値をもつ。当時の版画に基づき、その風景を水彩画化したものをそのまま映画の背景とし、その上に現実の人間の演技や小道具を映しだしたのだ。極度に人工的なお伽話のような雰囲気が、画面に目を凝らすうち、人間や衣服や室内調度をとらえる繊細でリアルな感触と調和し、虚実の溶けあった前代未聞の映画的境地へと観客を運ぶ。

**ポイント**

◉**ルーシー・ラッセル**（1968〜）ロンドン生まれ。2年間のフランス留学を経てロンドン大学に入学。ビジネスを学びながら、演劇サークルに所属し、同じ大学の映画サークルにいたクリストファー・ノーランが監督した『フォロウィング』（98）で映画デビューを飾る。大学卒業後は、銀行に勤めながら、夜間の演劇学校に通学する。卒業直後に、業界紙で「青い目、ブロンド、フランス語を流暢に話す女優を求む」という広告をみつけて応募し、『グレースと公爵』の主役の座を射止めた。以降は、『アイ・アム・デビッド』（04）、『バットマン・ビギンズ』（05）、『トリスタンとイゾルデ』（06）などに出演している。フランソワ・オゾン監督の『エンジェル』（07）は、英国の女流作家エリザベス・テイラーの原作によるもので、成功を夢見て、成り上がる女流作家のヒロイン、エンジェル（ロモーラ・ガライ）を崇拝し、生涯ずっと見守る慈悲深い秘書の女性を演じて印象に残る。

# No. 159

# 冬の旅

1985年　上映時間＝106分　監督・脚本◉アニェス・ヴァルダ　撮影◉パトリック・ブロシエ
主演◉サンドリーヌ・ボネール、マーシャ・メリル

アニェス・ヴァルダは多くの記録映画を撮っている。そのドキュメンタリストとしての強靭な視線は、対象を裸にして凝視し、ときに冷たいニヒリズムに接近することも辞さない。自分の夫であるドゥミの死の直前の姿を記録した『ジャック・ドゥミの少年期』は、一見ノスタルジックなドゥミの少年時代の回顧のように見えながら、そうしたヴァルダの冷たさが最も危うい形で露呈した作品だった。

本作『冬の旅』は純然たるフィクションだが、やはりヒロイン、モナを見つめるまなざしに同情的な甘さは一切ない。主人公の生き方を肯定するでも否定するでもなく、裸のまま観客の前にごろりと投げだす。そこから、重く悲痛な感動が滲みだす映画である。

冬のある日、野原で主人公モナ（サンドリーヌ・ボネール）の死体が発見され、彼女と出会った人々の証言によって、モナの生涯が再現される。身一つで旅をし、時おり男と関係をもち、野宿し、たまに宿を提供されたりするが、決して自分の内心を明かしたり、ひと所に

とどまることはない。「屋根もなく、法律もない」（原題）彼女は、全き自由の体現者であると同時に、死に至る孤独という代償を支払う犠牲者であり、誇り高き単独者であるとともに、悪臭にみちた最底辺のけものである。その不可解な人間性をサンドリーヌ・ボネールが体現して鬼気迫る。ほとんど内面を表にあらわすことなく、モナという人間の存在感だけを画面に刻みつけるのである。

**ポイント**

◉**サンドリーヌ・ボネール**（1967〜）　アリエ県ガナ生まれ。13歳で『ラ・ブーム』にエキストラ出演。その後、数本の作品に端役で出演し、モーリス・ピアラの『愛の記念に』（83）のヒロイン役で本格デビューを果たし、セザール賞有望若手女優賞に輝く。『冬の旅』の後は、ふたたびピアラと組んだ『悪魔の陽の下に』（87）、クロード・ソーテと組んだ『僕と一緒に幾日か』、パトリス・ルコントの『仕立て屋の恋』などの話題作に続けて出演。英語作品としては二度目の『プレイグ』（92）で共演したウィリアム・ハートと恋仲になり一人娘のジャンヌをもうける。ジャック・リヴェットの『ジャンヌ・ダルク』二部作では、妊娠時にもかかわらず大役を果たした。近年は、クロード・シャブロルの『沈黙の女／ロウフィールド館の惨劇』『嘘の心』の名演が印象に残る。25年の歳月をかけて自閉症の妹を撮り続けた『彼女の名はサビーヌ』（07）は感動的なドキュメンタリーである。

# メロ

No.160

1986年　上映時間＝110分　監督・脚本◉アラン・レネ　原作◉アンリ・ベルンスタイン
主演◉サビーヌ・アゼマ、アンドレ・デュソリエ、ファニー・アルダン、ピエール・アルディティ

世界で最も難解な映画を作る監督の一人として名を馳せたレネだが、『薔薇のスタビスキー』あたりからごく「普通」の劇映画を作りはじめる。本作『メロ』は『去年マリエンバートで』(P242)から4半世紀後の作品で、昔日の人気作家ベルンスタインの戯曲を基に、純化されたメロドラマを完璧ともいえる演劇的雰囲気のなかで描いている。本作成功の要《かなめ》となった美術は、『去年マリエンバートで』と同じジャック・ソーニエが担当し、カラー画面の極上の美しさに貢献している。トリュフォーの『終電車』(P328)と並んで、広義のヌーヴェル・ヴァーグが到達した「良質さ」の模範例である。

マルセル(アンドレ・デュソリエ)は世界的なヴァイオリン奏者で、音楽学校時代の親友ピエール(ピエール・アルディティ)と久々に再会する。そのとき初めてピエールの妻ロメーヌ(サビーヌ・アゼマ)と出会い、彼女と恋に落ちる。マルセルがロメーヌの伴奏でブラームスのヴァイオリン・ソナタを弾いたことから二人の仲は決定的になる。ロメーヌは苦

悩し、夫ピエールに毒を盛ろうとするが、そのことを従妹のクリスチアーヌ（ファニー・アルダン）に知られ……。

映画はきわめて人工的な室内劇として開幕するが、次第に主人公4人の息づまる心理と感情の軋轢《あつれき》を湛《たた》えた濃密なドラマに変わっていく。フランスが誇る個性派俳優4人の、いずれも役どころを心得たツボを外さぬ演技の応酬に心を奪われる。

ポイント

◉アンドレ・デュソリエ（1946〜）　アヌシーに生まれる。パリのコンセルヴァトワールを首席で卒業し、コメディ・フランセーズの研究生となる。トリュフォーの『私のように美しい娘』（72）で映画デビュー。『赤ちゃんに乾杯！』（85）で注目される。さらに『愛を弾く女』（92）、『恋するシャンソン』（97）、『将校たちの部屋』（01）でセザール賞を三度受賞し、フランスを代表する名優として知られる。ほかに主な出演作には『パリよ、永遠に』（14）、『あの頃、エッフェル塔の下で』（15）などがある。最近作であるフランソワ・オゾンの『すべてうまくいきますように』（21）では芸術や美食を楽しみ、生きることを愛していたのに、脳卒中で倒れ、身体の自由がきかなくなったために、安楽死を決断する老人をユーモアと悲哀をにじませつつ演じている。とりわけ娘のソフィー・マルソーにわがまま放題の毒舌を吐く丁々発止の絶妙なやりとりが大きな見どころになっている。

# 恋するシャンソン

No. 161

1997年　上映時間＝122分　監督◉アラン・レネ
脚本◉アニエス・ジャウイ、ジャン＝ピエール・バクリ　主演◉ジャウイ、バクリ

レネの超絶技巧の冴えを見せつける1作。だが、難解さはどこにもなく、至るところで上質の笑いが湧きおこり、人生のほろ苦い味わいが滲みでる。映画作家の語りの円熟が同時に飽くことなき方法的意欲の証しでもあるような、娯楽映画の稀有の傑作である。

脚本を書いたのは、フランスで人気を誇るおしどり劇作家ジャウイ&バクリのコンビ。登場する四人の男と三人の女が、恋人、夫婦、不倫の愛人、友人・知人、仕事場の上司と部下といった形で、尻取り遊びのようにつながりあい、思わぬできごとが連続する。シナリオは、その複雑きわまる人間関係を見事にさばき、話の意外な展開で観客の興味を一瞬もそらさず、大団円というに相応しいラストへと運びこむ。

そのうえ、有名なシャンソンから最近のフレンチ・ポップスのヒット曲まで、流行歌のさわりが登場人物のセリフに突然かぶさり、登場人物はその歌に合わせて「口パク」で台詞を歌うのである。その意外性、巧みさ、爆笑ものの面白さ！　日本でいえば、矢沢永吉の歌で

高倉健が恋人に別れを告げたり、美空ひばりの歌で宮沢りえが人生のつらさをふと漏らす。そんな場面の連続を想像して頂きたい。

俳優陣も、『メロ』（P354）からアゼマ、デュソリエ、アルディティの名優トリオ、これにジャウイ&バクリの芸達者、さらにジェーン・バーキンとランベール・ウィルソンまで加わるという豪華さで、目を離している暇がない。

**ポイント**

**◉ジャン＝ピエール・バクリ**（1951～2021）アルジェリアのカスティリョーネ生まれ。カンヌの学校で学んだ後、パリに出て広告代理店の仕事に就く。その後、シモン校の演劇コースを受講。77年より舞台演出を始め、また、「メグレ警視」シリーズなどのTVにも出演し、79年には映画にも進出。ヒット作『女ともだち』（83）や『C階段』（85）で好演し、『サブウェイ』（85）の演技でセザール賞にノミネートされる。87年にアニェス・ジャウイと出会って、戯曲の共同執筆にも取り組み、『家族の気分』を発表、映画版も絶賛された。アラン・レネの連作『スモーキング』『ノー・スモーキング』（93）と『恋するシャンソン』の脚本にジャウイとともに起用され、セザール賞の脚本賞を受賞している。ジャウイの監督作『ムッシュ・カステラの恋』（00）では主人公、舞台女優にひと目惚れしてしまう無骨な芸術オンチの社長カステラを見事に演じている。

# さよなら子供たち

# No. 162

**1987年　上映時間＝109分　監督・脚本◉ルイ・マル　撮影◉レナート・ベルタ**
**主演◉ガスパール・マネス、ラファエル・フェイテ、イレーヌ・ジャコブ**

『ルシアンの青春』（P318）以後、ルイ・マルは創作の拠点をアメリカに移す。そこで彼が12歳のブルック・シールズを主演に迎えて撮った少女娼婦の物語『プリティ・ベビー』は、世界的なヒットとなった。そして13年の空白ののち、マルがフランスに戻って作った映画が、本作『さよなら子供たち』である。

すでに『ルシアンの青春』で対独協力とユダヤ人迫害の主題を描いたマルだが、本作も共通の時代とテーマを扱っている。ただし、『さよなら子供たち』は、彼が監督としてデビューまもない頃に一度映画化しようとした題材である。これは彼の少年時代の経験を基にした自伝的作品であり、主人公ジュリアンにはマル自身の姿が投影されている。

ジュリアンは裕福な実業家の息子で、パリ郊外のカトリック系寄宿学校に暮らしている。そこにボネという生徒が転校してくる。彼は身分を偽るユダヤ人だった。ボネは周囲とうち解けないが、ジュリアンとの間には次第に友情が芽生える。しかし、ユダヤ人追及の手は、学校の生徒や神父にも及びはじめる。『さよなら子供たち』は、『ルシアンの青春』のようなイデオロギー的議論の入りこむ余地のない、純粋に感情的な傑作である。その成功は、視点を主人公の目に絞ったことによる。少年の目は、友情と戦争（＝殺人）という世界の未知の二面性を、同時に生々しく発見してゆくのである。そのプロセスが青を基調とした画面に美しく定着されている。

**ポイント**

◉**レナート・ベルタ**（１９４５〜）　撮影監督。スイスのイタリア語圏のベリンゾーナ生まれ。67〜68年、ローマのチネチッタにある国立撮影技術センターに学ぶ。帰国するとアラン・タネール監督の『どうなってもシャルル』(68)、『サラマンドル』(70) に参加、ドキュメンタリーを思わせる静謐なカメラが絶賛された。タネールとコンビを組むいっぽうで、同じスイスの鬼才ダニエル・シュミットの依頼を受け、処女作『今宵限りは…』(72) を撮影。以後、シュミットのバロック的な美意識とイメージ世界を見事に映像化し、『ラ・パロマ』(73)、『天使の影』(75)、『ヴィオランタ』(77)、『人生の幻影』(83)、『トスカの接吻』(83)、『季節のはざまで』(92) と彼の全作品の撮影を手がけている。その審美的な映像には定評があり、エリック・ロメール監督の『満月の夜』(84)、ルイ・マル監督の『さよなら子供たち』のほか、ストローブ＝ユイレ、パトリス・シェローなどの作品の撮影も担当している。

# 愛と哀しみのボレロ

No. 163

1981年　上映時間＝185分　監督・脚本◉クロード・ルルーシュ
音楽◉ミシェル・ルグラン、フランシス・レイ　主演◉ロベール・オッセン、ダニエル・オルブリフスキ

第二次世界大戦下に始まる、四つの国の四つの家族の転変を描く大作。『男と女』（P270）以来、ふたたびルルーシュが世界的なセンセーションを巻き起こした。

モスクワでボリショイ・バレエ団の夫婦の物語が始まる。夫は戦死するが、息子は名ダンサーに成長し、西側に亡命する。

パリには音楽家の夫婦がいる。ユダヤ人であったため強制収容所送りになるが、生まれた赤ん坊を救うため駅に捨てていく。夫はガス室で殺されるが、生き残った妻は子供を探しつづける。

同じパリにドイツの軍人を愛してしまった歌手がいる。歌手は蔑《さげす》まれながら、一人で私生児を生んで育てる。一方、ドイツに帰った軍人は指揮者となってアメリカへ赴く。

ニューヨークのジャズマンは妻を交通事故で失うが、娘や孫は歌手の道を進む。

こうして戦争に翻弄されながら無関係に始まった四つの家族の物語が、音楽への愛に導か

れ、徐々に流れを広げて、ラストで一つの大河に合流する。トロカデロ広場で行われるコンサートの場面が白眉である。生き残った親と、未来を担う子供や孫たちが一堂に会し、ラヴェルの「ボレロ」のクレッシェンドのなかで、人生の歓喜の高まりを共有するのだ。ボリショイ・バレエ団のダンサー父子を一人二役で演じるジョルジュ・ドンが「ボレロ」を踊りぬく。モーリス・ベジャールの振付けによる、このノンストップの十数分が全篇のクライマックスだ。

**ポイント**

◉**ダニエル・オルブリフスキ**（1945〜）ポーランド、ロウィッチ生まれ。ワルシャワの演劇学校に在学中、映画デビューする。67年、戦後ポーランド映画界が生んだ最大のスター、ズビグニエフ・チブルスキーが事故死し、それ以後、オルブリフスキは『すべて売り物』『約束の土地』(75)を始め、アンジェイ・ワイダの作品に次々に出演している。ポーランドの戦後史を体現するロマンティシズムと野心を抱えた青年像を好演し、チブルスキー亡き後のポーランドを代表する国民的スターとなった。とくにシュレンドルフの『ブリキの太鼓』(79)、ルルーシュの『愛と哀しみのボレロ』(81)で国際的なスターの地位を確立した。その後もフィリップ・カウフマンの『存在の耐えられない軽さ』(88)などの話題作が続き、82年には来日もしている。ほかにもクシシュトフ・ザヌーシの作品やキェシロフスキの『デカローグ』などで陰影に富んだ演技を見せている。

# 悪魔の陽の下に

No.164

1987年　上映時間＝98分　監督◉モーリス・ピアラ　原作◉ジョルジュ・ベルナノス
脚本◉ピアラ、シルヴィー・ダントン　主演◉ジェラール・ドパルデュー、サンドリーヌ・ボネール

ピアラはヌーヴェル・ヴァーグ以後の世代の代表者だが、長篇デビューは40代半ばと遅く、また、完全主義と厳しい演出姿勢で名高く、77歳の生涯で10本の長篇映画しか完成できなかった。愛や性や老いや病気といった日常的な出来事を主題とし、対象を凝視する長回しによって人間の真実に迫るピアラの映画は、フランス以外での認知が遅れたが、『悪魔の陽の下に』は初のコスチューム・プレイであり、カンヌ映画祭でパルム・ドールを受賞することで、この孤高の作家の世界的評価を一気に高めた力作である。

主人公は、自らの肉体を鉄の鞭《むち》で打ちすえ、悪魔の誘惑を退ける神父ドニサン（ジェラール・ドパルデュー）。彼は、愛人を殺害した16歳の少女ムシェット（サンドリーヌ・ボネール）に出会い、彼女の魂を救おうとする。だが、それに失敗し、厳しい修道生活に戻る。彼は周囲の人々に聖人と見なされながらも、魂は安らぐことがない。

原作はベルナノスの小説だが、神と悪魔に引き裂かれた魂の苦悩という反時代的な主題

を、ここまで異常な緊張感にみちたドラマに仕上げたピアラの力量に脱帽する。蒼白く燃えるようなドパルデューと、謎めいた悪徳の香りを放つボネールという主演のコントラストも見ものである。同じ宗教的主題を扱いながら、ブレッソンの冷たい客観性とは対極をなす、エモーショナルな戦慄がじかに画面から伝わってくるような映画だ。

**ポイント**

**◉モーリス・ピアラ**（1925〜2003）　フランス中部ピュイ＝ド＝ドーム生まれ。3歳の時にパリに移り、幼い頃から美術に興味を持ち、美術学校で絵画を学ぶ。その後、美術作品を発表する傍ら、数多くの職業に就く。51年、アマチュア映画作家として16ミリの短篇を撮る。舞台に俳優として立つ一方、60年以後は、テレビ映画の助監督、編集者となる。67年『裸の少年期』で、ジャン・ヴィゴ賞を獲得し注目を浴びるが、日本ではサンドリーヌ・ボネールが主演した『愛の記念に』（83）で初めて紹介された。思春期の少女が父親との葛藤を経て、愛に傷つきながら成長していくこの佳作は、ピアラの強烈な作家的個性を印象づけた。カトリーヌ・ブレイヤが原案の異色ミステリー『ソフィー・マルソーの刑事物語（改題『ポリス』）』（85）、奔放に生きてきた男が家族の絆を問い直す秀作『パパと呼ばないで』（94）がビデオで発売されたのち、『ヴァン・ゴッホ』（91）が公開された。

# 夜風の匂い

**No. 165**

1998年　上映時間＝95分　監督・脚本◉フィリップ・ガレル　撮影◉カロリーヌ・シャンプティエ
主演◉カトリーヌ・ドヌーヴ、ダニエル・デュヴァル、グザヴィエ・ボヴォワ

16歳でデビューし、神童と絶賛されたガレルだが、初期の前衛的な技法からゆるやかな変化を続け、現在ではカメラワークや編集の小細工を一切しりぞけ、古典的な清澄さを特色とする映画作りの道を歩んでいる。固定画面で対象を見つめる手法は、例えばピアラの映画などよりも徹底しており、息がつまるほどの集中力を俳優にも観客にも要求する。ブレッソンやストローブ＝ユイレと並んで世界映画の極北を印すフランスの映画作家である。

本作の主人公は三人。若い恋人ポールを熱愛するが、彼と夫の目の前で自殺を図ろうとするエレーヌ（カトリーヌ・ドヌーヴ）。エレーヌに愛されながら、孤独を求めるポール。妻に自殺され、自分の居場所を見出せない建築家のセルジュ。この三人の魂がすれ違い、再び決定的に別れる模様が描かれる。

ガレルの映画の主題は、愛と孤独という二語に要約できるだろう。孤独のなかから愛は生まれ、しかし、愛が孤独を救うことはない。人間はたえずこの二極に引き裂かれ、そのあい

だを彷徨《さまよ》うほかないのだ。そこから、ガレルの映画独特の諦念《ていねん》が湧いてくる。諦念とは、絶望とともに〈いま・ここ〉を誠実に生きる決意である。この映画には、革命の挫折、妻の自殺、自殺未遂など、さまざまな絶望の形がある（ガレルの自伝的な要素も強い）。だが、この上なく研ぎ澄まされた一つ一つのショットのなかで、絶望が、すべての虚飾を剥ぎとった生の究極の姿に見えてくる。

**ポイント**

**◉フィリップ・ガレル**（1948〜）パリに生まれる。俳優の父に連れられて多くの映画を見て育つ。13歳でカメラを手にし、19歳でヌーヴェル・ヴァーグの俳優たちを起用し、『現像液』を撮り、ゴダールに絶讃された。70年代に入ると、ヴェルヴェット・アンダーグラウンドの歌姫ニコと結ばれ、ニコ主演で7本の作品を残す。79年、アンヌ・ヴィアゼムスキー主演の『秘密の子供』では物語性の強い作風へと変化し、83年には自伝的な作品『自由、夜』を発表する。88年、ニコの突然の死を知ったガレルは彼女との生活、別離、死をテーマに『ギターはもう聞こえない』（90）を発表し、ヴェネツィア映画祭銀獅子賞を受賞。『夜風の匂い』の後、『白と黒の恋人たち』（01）では初めて若者たちを主人公に起用し、新境地を開いた。『恋人たちの失われた革命』（05）では息子ルイ、父モーリスほかを起用し、自らの創作活動の原点である5月革命をテーマに取り上げ、見事な集大成とした。

# No. 166 ラ・ピラート

1984年　上映時間＝88分　監督・脚本◉ジャック・ドワイヨン　撮影◉ブリュノ・ニュイッテン
音楽◉フィリップ・サルド　主演◉ジェーン・バーキン、マルーシュカ・デートメルス

ドワイヨンの名を世界に知らしめた映画は長篇第2作の『小さな赤いビー玉』で、ドイツ軍占領中のフランスを舞台に、ユダヤ人少年の一家の生活と受難を描くものであった。フランス映画によく見られる主題だが、そこには人間の感情を紋切型に還元することなく、不可解なものは不可解なままに描こうとする潔い作家の意志が見られた。ドワイヨンは続く作品群でこの意志を徐々に先鋭化させ、とくに、男女の情欲という不可解な感情を主題として、出口のない人間関係をぎりぎりまで追求してゆく。『ラ・ピラート』はその頂点に位置する、窒息的な感覚と悲痛な透明さにみちた映画である。

ヒロインの名はアルマ（ジェーン・バーキン）。彼女には愛する夫がいるが、いさかいが絶えない。アルマにはかつてレズビアンの恋人キャロル（マルーシュカ・デートメルス）がおり、謎の少女の助力を得たキャロルはアルマを拉致《らち》し、関係を元に戻す。こうして逃避行に出た3人の女を追うため、アルマの夫はナンバー5と呼ばれる男（フィリップ・レオター

ル）を雇う。アルマを核にして、2人の女と2人の男の愛憎関係が煮つまり、英仏海峡を行くフェリーボートのなかで、劇的な終息に向かう。

最後まで因果関係は謎だ。だが、瞬間瞬間の性愛と感情の剥きだしの昂揚は、因果関係による説明をこえて観客に迫る。そのドラマの異常な強度に圧倒されるほかない。

**ポイント**

**◉マルーシュカ・デートメルス**（1962〜）　オランダ北部のスクールベーク生まれ。18歳でパリに出て、メイドのアルバイトをしながら、思い立って受けたフロラン演劇学校にトップで入学する。イザベル・アジャーニの降板後、ヒロインを捜していたゴダール監督のオーディションに合格し、83年『カルメンという名の女』で鮮烈な主役デビューを飾る。現代を生きる神話的なヒロインをいきいきと演じて、フランス期待の新人となった。翌84年、ジャック・ドワイヨン監督の『ラ・ピラート』ではジェーン・バーキン扮するヒロインとレズビアンの関係にある娘を好演した。86年には、マルコ・ベロッキオ監督の問題作『肉体の悪魔』における大胆な性的演技が大きな話題を呼んだ。87年には、『ハンナ・セネシュ』でタイトル・ロールのヒロインを演じて、演技の幅を大きく広げた。その後は『マンボ・キングス／わが心のマリア』などアメリカ映画にも出演し、国際的に活躍している。

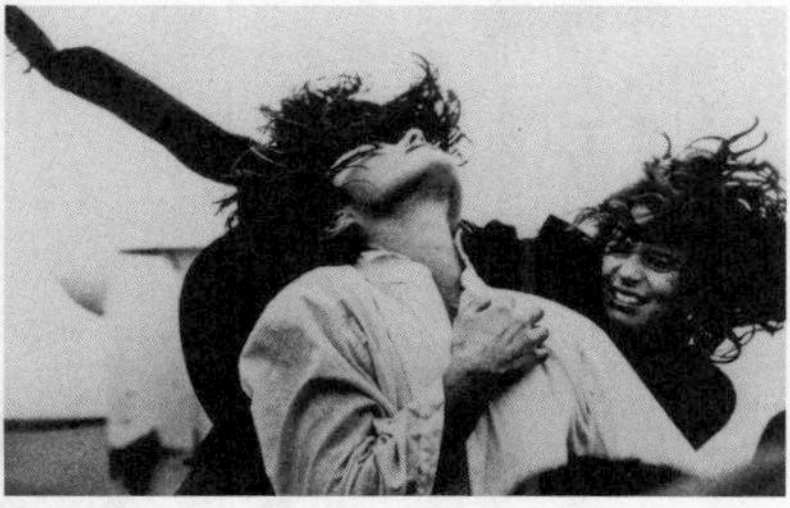

No. 167

# ポネット

1996年　上映時間＝97分　監督・脚本◉ジャック・ドワイヨン　撮影◉カロリーヌ・シャンプティエ
音楽◉フィリップ・サルド　主演◉ヴィクトワール・ティヴィソル、マリー・トランティニャン

『ラ・ピラート』（P366）で性愛の袋小路を描ききったドワイヨンは、その後、人間関係を見る目に寛容さが宿り、空間造形にも広がりが加わっていく。映画作家として一回りスケールが大きくなったのだ。本作『ポネット』では、人間関係の原点である母への思慕と、死の想像的体験という普遍的な主題を扱っている。

ポネット（ヴィクトワール・ティヴィソル）は4歳の少女で、交通事故で母親（マリー・トランティニャン）を失う。父親はポネットを伯母さんに預け、従姉兄は彼女を迎えてくれるが、ポネットは母親の死を受け入れることができない。寄宿学校に入ってからも、幼い友人たちはポネットの母親の死をさまざまなかたちで解釈するが、彼女は神様にお祈りをして、母親の帰りをひたすら待ち続ける。

今ふうの言葉でいえば、「喪の作業」や、「トラウマ」の克服の物語ということになる。だが、4歳の幼女にとって、最愛の母の死は理解を絶する運命のいたずらであり、それゆえ理

性ではこの喪失の痛みを乗りこえることはできない。幼女の心理学的観察として始まった映画は、神の恩寵《おんちょう》による奇跡を待望する魂の彷徨のドラマに変わっていく。驚くべきは、このドラマを演じきったヴィクトワールちゃんの存在である。これを演技と呼べるかどうかは議論の分かれるところだが、彼女の表情やしぐさに感動しない人はいないだろう。ヴェネツィア映画祭は史上最年少の主演女優賞をもって彼女に報いた。

**ポイント**

◉**ジャック・ドワイヨン**（1944〜）パリに生まれる。中等教育で哲学を学んだ後、郵便配達人、保険の外交員を経て、兵役につく。65年に編集見習いとなって映画の世界に入り、ミシェル・ファノやジャクリーヌ・ルコントの助手となる。74年に、16ミリによる初めての長篇劇映画『頭の中の指』を監督。フランソワ・トリュフォーに絶賛され、好評を博す。クロード・ベリから依頼を受け『小さな赤いビー玉』を監督、占領下をテーマにした傑作として高く評価された。その後、イヴ・ロベールの製作で3本の作品を発表、とくに『あばずれ少女』（79）はカンヌ映画祭ヤング・シネマ賞を受賞。80年の『放蕩娘』は興行的に失敗したが、主演のジェーン・バーキンと結ばれ、82年には娘ルーをもうけた。『ラ・ピラート』以降、若手俳優から最高の演技を引き出す演出家としての力量はゆるぎないものがある。『ポネット』の大ヒットで日本でも知名度が一挙に高まった。

# なまいきシャルロット

No. 168

1985年　上映時間＝97分　監督・脚本◉クロード・ミレール
主演◉シャルロット・ゲンズブール、ベルナデット・ラフォン、ジャン＝クロード・ブリアリ

ミレールはトリュフォーやゴダールの助監督として出発した人で、ヌーヴェル・ヴァーグの純粋な後継世代に属する。しかし、『死への逃避行』など犯罪映画を得意とし、巧みにサスペンスを持続させる演出によって、商業映画の枠内ですぐれた成果をあげてきた。

ミレールが日本で注目されたのは、セルジュ・ゲンズブールとジェーン・バーキンの娘、13歳のシャルロット・ゲンズブールを主演デビューさせた『なまいきシャルロット』である。主役はじめ、3人の少女のゆれ動く心理を瑞々しく描いて、ミレールとしても新たな領域を開拓した記念すべき作品だった。

シャルロットは13歳である。隣に住む病気がちの年下の少女ルルから姉のように慕われているが、幼いルルとの付きあいに物足りない思いも抱いている。そんなとき、天才ピアニストと騒がれる同じ13歳のクララと知りあい、付き人になってほしいと頼まれる。周囲の不審をよそに、シャルロットはルルと家族から離れ、クララと一緒に旅立つことを夢見はじめる

……。

友情と憧れ、日常と夢のあいだで惑うヒロインを演じるシャルロットがともかく素晴らしい。主演第1作にしてセザール新人女優賞を受賞したことは当然だろう。その後、彼女が国民的人気スターに成長したことは衆知のとおり。私としては、近視で病気がち、鼻血を噴いて熱演するルル役のエキセントリックな少女も、それにおとらず良かったと思う。

**ポイント**

**◉クロード・ミレール**（1942〜2012） パリに生まれる。61年、パリ映画高等学院に入学。卒業後、マルセル・カルネの『マンハッタンの哀愁』（65）の助監督として映画界に入り、ブレッソンの『バルタザールどこへ行く』（66）、ゴダールの『ウイークエンド』（67）の助監督を務めた。とくにトリュフォーとは密接な関係となり、『暗くなるまでこの恋を』から『アメリカの夜』まで製作主任を、『アデルの恋の物語』ではプロデューサーを歴任している。76年に『いちばんうまい歩き方』で長篇デビューし、88年にはその4年前に急逝したトリュフォーの遺作シナリオをもとに『小さな泥棒』をシャルロット・ゲンズブール主演で撮っている。その後は、『オディールの夏』（94）ほか、公開作は少ないが、『リリィ』（03）は、チェーホフの『かもめ』の翻案で、リュディヴィーヌ・サニエのフル・ヌードが大きな話題となった。22年、〈生誕80周年記念クロード・ミレール映画祭〉が開催された。

# ディーバ

1982年　上映時間＝118分　監督◉ジャン＝ジャック・ベネックス　脚本◉ベネックス、ジャン・ヴァン・オム
音楽◉ウラジミール・コスマ　主演◉ウィルヘルメニア・ウィギンズ・フェルナンデス

No. 169

1980年代初頭に製作され、公開当初はさほど話題にならなかったが、しだいに若いファンの口コミで人気を獲得したカルト・ムーヴィ。現在の目で見ると、ヌーヴェル・ヴァーグの呪縛がようやく解けた世代による、スタイリッシュな犯罪活劇という娯楽映画の新たな方向を開いた画期的な作品だった。ベネックスのあとに、ベッソン、カラックスなどの清新な才能が続き、80年代フランス映画は、彼らの頭文字をとって、BBCの時代といわれた。

主人公のジュールは若い郵便配達夫で、黒人オペラ歌手シンシアに魅せられている。だが、彼女がレコーディングを拒否しているため、ジュールはひそかにシンシアの歌を録音し、録音テープを狙うアジア人の二人組に追跡される。そのうえ、ある売春婦が、暗黒街のボスの秘密を告白したカセットをジュールの配達袋に隠したせいで、彼はギャングや刑事たちからも追跡される羽目におちいる。

パリの街の表情をクールにとらえる画面が美しく、また、それとは対照的に、ポップな色彩感覚で演出された人工的な室内場面も魅力的だ。ひと言でいえば非常にお洒落な映画なのだが、逃走と追跡を描く活劇としてもきわめてスリリングで、場面転換も素早く、静と動が完璧なリズムを作って配置されている。映画全体を引っぱるカタラーニ作曲『ワリー』のアリアもすばらしく、映画におけるオペラ使用の最良の一例として記憶される。

**ポイント**

◉**ジャン＝ジャック・ベネックス**（1946〜2022）　パリに生まれる。大学の入学資格を哲学で取得したが、在学中は薬学を専攻した。68年、パリの5月革命に参加し、70年に映画界に転身する。ルネ・クレマン、クロード・ベリなどの監督作品に、製作助手、助監督として付いた。77年、短篇でデビューし、82年『ディーバ』でセザール賞の新人監督賞のほか、撮影、音楽、録音賞を受賞した。その後、デヴィッド・グーディスの犯罪小説を映画化した『溝の中の月』（82）、そして『ベティ・ブルー　愛と激情の日々』（86）で熱狂的なファンを獲得した。ライオンの調教師を夢見る若い男女をファンタスティックなタッチで描く『ロザリンとライオン』（89）、イヴ・モンタンの遺作となった『IP5／愛を探す旅人たち』（92）、エロティックな妄想に耽る男を描く『青い夢の女』（01）などを監督している。日本のオタクをテーマにしたドキュメンタリーを撮ったことも話題になった。

# No. 170 ベティ・ブルー 愛と激情の日々

1986年 上映時間＝185分 監督・脚本◉ジャン＝ジャック・ベネックス 原作◉フィリップ・ジャン
音楽◉ガブリエル・ヤレド 主演◉ベアトリス・ダル、ジャン＝ユーグ・アングラード

ベネックスの長篇第3作。それ以前のスタイリッシュな犯罪映画という路線からラブストーリーに転じ、「狂気の愛」を現代的なスマートな美学のなかで描きってみせた。その結果、より広い観客層にアピールし、熱狂的なファンを生みだした。ベネックスの人気の頂点を築いた作品。

主人公のゾルグ（ジャン＝ユーグ・アングラード）は小説を書きながら、海辺のバンガローのペンキ塗りで暮らしている。そこにベティ（ベアトリス・ダル）という風変わりな女が転がりこんでくる。二人は激しい恋に落ちるが、ベティの乱行のせいでパリに逃げだすことになる。ゾルグの小説を読んで感動したベティは、小説の売りこみに奔走するが、ここでも彼女の性格の激しさが災いする。子供を欲しがるベティが、自分が妊娠できない体だと知ったとき、彼女の精神は平衡を失い、惨事を引きおこす。

原作はフランスの人気作家フィリップ・ジャン（ディジャンは間違い）の『朝37度2分』

で、この印象的なタイトルは、女性が妊娠しやすい体温をさすという。愛の結晶としての妊娠への讃歌という古風なロマンティシズムを、透明感あふれる色彩設計、強烈なエロティシズム、効果的なユーモア、甘いリリシズムなど、現代的な演出で巧みに包みこんだことが成功の要因だろう。とくに、狂気のヒロインを演じたB・ダルの強烈な個性には目を瞠《みは》らされた。

**ポイント**

◉**ベアトリス・ダル**（1964〜）　ブレスト生まれ。パリでパンク生活を送っていた18歳の頃、撮られた写真が「フォト・レヴュー」誌に掲載され、翌年、エージェントの目に留まり契約を交わす。そして85年『ベティ・ブルー 愛と激情の日々』で、ジャン＝ユーグ・アングラードの破滅的な恋人を演じて、鮮烈なスクリーン・デビューを飾った。当時、フランスではブリジット・バルドー以来のセクシー女優と騒がれた。89年には、ジャック・ドワイヨン監督の『女の復讐』(89)で、死んだ元恋人をめぐってイザベル・ユペールの本妻に追い詰められる女性を繊細に演じて高く評価された。ジム・ジャームッシュ監督の『ナイト・オン・ザ・プラネット』(91)では目の不自由な女性をユーモラスに演じ、国際的なスターの名声を得た。フレデリック・シェンデルフェール監督の新感覚ノワール『裏切りの闇で眠れ』(06)でも相変わらず妖艶な存在感をアピールした。

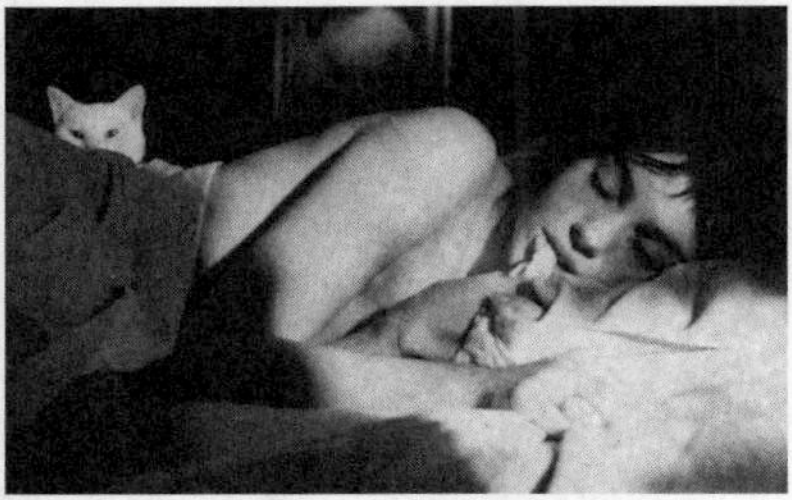

# グラン・ブルー

**1988年　上映時間＝167分　監督・原案・脚本◉リュック・ベッソン　脚本◉ベッソン、ロバート・ガーランド**
**音楽◉エリック・セラ　主演◉ジャン＝マルク・バール、ジャン・レノ、ロザンナ・アークエット**

リュック・ベッソンは、『最後の戦い』と『サブウェイ』という近未来アクションの異色作でフランス映画の枠をこえる作家として注目された。続く『グラン・ブルー』は当初2時間15分の版で公開されたが、カルト的な人気が高まり、3時間をこえる「完全版」が再公開され、異例のダブル・ヒットとなった（日本では初め「グレート・ブルー」というタイトルの2時間の英語版で公開され、その後3時間弱の「完全版」が再公開された）。

主人公は無呼吸潜水とイルカとの交感で有名なジャック・マイヨールをモデルにし、マイヨール本人も脚本にクレジットされているが、物語は彼の生涯とは直接関係がない（なお、マイヨールは2001年、エルバ島で首吊り自殺をとげた。享年74）。

ジャック・マイヨール（ジャン＝マルク・バール）は素潜りの天才だったが、潜水夫の父親が事故死して以来、潜水から遠ざかり、イルカを心の友としている。子供時代からのライバル、エンゾ（ジャン・レノ）はなんとかジャックを再起させようとして、彼を無呼吸潜水

No. 171

選手権に出場させるが、そこで思わぬ事故が二人の運命を変える。典型的な友情と克己の「スポ根」ものだが、海の青さを美しく描く画面、エコロジー的な主張、主人公の神経症的性格と死の誘惑の幻想的描写(マイヨールの自殺を予告?)などがスパイスとなって、80年代のスタイリッシュなアクション映画として成功した。

**ポイント**

◉**ジャン=マルク・バール**(1960〜) 父はアメリカ人、母はフランス人。サンディエゴで海を遊び場にサーフィンなどに興じながら育つ。UCLAからソルボンヌ大学へ進む。ロンドンのギルドホール・スクール・オヴ・ミュージック&ドラマで演技を学び、シェイクスピア劇場に出演していた。85年、『キング・ダビデ/愛と戦いの伝説』の小さな役で映画初出演。ジョン・ブアマン監督の自伝的な作品『戦場の小さな天使たち』を経て、87年にオーディションで主役を射止めた『グラン・ブルー』で一躍、注目を浴びた。映画のイメージ通り、海から生まれた妖精のようなミステリアスな雰囲気と個性的なマスクは日本でも大ブレイクし、自動車メーカーのコマーシャルにも抜擢されたほどだ。その後、ラース・フォン・トリアー監督に気に入られ、『ヨーロッパ』(91)、『奇跡の海』(96)、『ドッグヴィル』(03)、『マンダレイ』(05)と問題作に立て続けに出演している。

# No. 172

# ニキータ

**1990年　上映時間＝117分　監督・脚本◉リュック・ベッソン**
**主演◉アンヌ・パリロー、ジャン＝ユーグ・アングラード**

ベッソンは『グラン・ブルー』（P376）で、海洋冒険物のジャンル映画にエコロジカルな感覚と死の誘惑というロマン主義的な彩りを加えたが、本作『ニキータ』では、女殺し屋という荒唐無稽な設定を、BD（フレンチ・コミックス）タッチの荒々しいバイオレンス・アクションに仕上げている。どんなに使い古されたパターンを取りあげても、そこに現代的な付加価値を添えるところが、娯楽映画の監督としてのベッソンらしい戦略である。

ヒロインのニキータ（アンヌ・パリロー）は麻薬中毒のパンク娘。ドラッグ欲しさに薬屋を襲い、何人もの警官を射殺して、無期懲役に処せられる。だが、政府の秘密機関が殺人者としての潜在能力に目をつけ、ニキータを監禁して、殺し屋として鍛えあげる。3年の厳しい訓練ののち、彼女は冷たい暗殺者として仕事を始めるが、マルコ（ジャン＝ユーグ・アングラード）という男と恋に落ちる。ニキータはマルコに自分の秘密を打ち明けられぬまま、殺人の仕事を続けねばならなかった。

すべてが紋切型である。麻薬中毒の粗暴な女がセルフ・コントロールを覚えて完璧な殺人マシーンになるというストーリーも、秘密機関の厳しい指導係（チェキー・カリョ）や伝説的な女殺し屋（ジャンヌ・モロー）の人物像も、激しく血しぶきが飛びかう銃撃戦も、マンガ的といえばマンガ的なのだ。だが、そうした全体を暗いトーンで統一し、悪夢のような新種のフィルム・ノワールに仕立てたところに、ベッソンのまぎれもない才能がある。

**ポイント**

◉**アンヌ・パリロー**（1960〜）　パリ生まれ。中等科在学中、フランソワ・フロランについて演技を勉強し、16歳の時にアヴィニョン演劇祭のオーディションで初舞台を踏む。78年、学校の休みを利用してミシェル・ラング監督の『浜辺のホテル』で映画デビュー。80年、ジュスト・ジャカン監督の『ガールズ／恋の初体験』で主役4人の娘の一人を演じ、可愛いお色気が評判になった。その後、舞台出演中に、アラン・ドロンに認められて、彼が製作、監督、主演した『危険なささやき』の相手役に厳しいオーディションの末に抜擢された。ドロンの二作目の『鷹』でもヒロインを演じ、ドロンの新しい恋人と噂された。『ニキータ』で派手なアクションと巧みな感情表現を披露して名を上げ、ハリウッドに呼ばれて『イノセント・ブラッド』(92)に出演した。ディアーヌ・キュリスの『彼女たちの関係』(96)ではベアトリス・ダルと愛憎激しい姉妹を演じ、話題となった。

# No.173 レオン

1994年　上映時間＝133分　監督・脚本◉リュック・ベッソン
主演◉ジャン・レノ、ナタリー・ポートマン

『ニキータ』（P378）に続くベッソンの殺し屋映画第2弾。銃撃戦とアクションをマンガ的な誇張した構図とカット割りで描く前作の趣向がさらに洗練されている。また、『ニキータ』の非人間化された殺し屋の苦悩というサブテーマを、『レオン』では心やさしい殺し屋という、より大衆受けする物語に変えている。ベッソンのこの戦略は見事に当たり、本作は彼の世界進出のきっかけとなった。

レオン（ジャン・レノ）は凄腕の殺し屋だが、孤独で、観葉植物の鉢植えだけを心の友として生きている。隣に住む12歳の少女マチルダ（ナタリー・ポートマン）が、父親の麻薬取引のトラブルで家族を皆殺しにされたとき、レオンは彼女をかくまってやった。かくして二人の奇妙な共同生活が始まる。家族の復讐を誓うマチルダにレオンは殺し屋の技術を教え、マチルダは字が読めないレオンに読み書きを教えるのだ。マチルダの家族を殺した犯人が麻薬取締官（ゲイリー・オールドマン）だと知ったマチルダとレオンは、警察に戦いを挑む。

銃撃戦や戦闘技術のトリッキーな描写もスリリングだが、主人公3者3様の人間造形の巧みさも本作の成功の重要な鍵だ。これ以降、心やさしい無骨男というパターンでJ・レノは世界的な人気役者となるし、これが映画初出演のN・ポートマンは『スター・ウォーズ』のお姫さまに出世する。G・オールドマン扮するヤク中刑事のキレっぷりも凄まじい。現代的娯楽映画のお手本のような作品だ。

**ポイント**

◉**ジャン・レノ**（1948〜）モロッコのカサブランカ生まれ。両親はスペイン人。パリのコンセルヴァトワールで演劇を学んだ後、TV、舞台に出演。助監督だったリュック・ベッソンと出会い、わずか1000フランのギャラで『最後の戦い』(83)の本格的な映画出演を引き受けた。続くベッソン作品『サブウェイ』(86)、『グラン・ブルー』(88)と脇役ながら印象的な役柄を演じ、後者のエンゾ役でセザール賞助演男優賞にノミネートされ、一躍注目される。『レオン』では少女のために命を張るレオンを熱演し、世界的な人気を得た。そのいかつい風貌からは想像できないようなユーモアがあり、『おかしなおかしな訪問者』(93)などのコメディ映画にも出演している。日本でも人気があり、洋酒、車などのCMに出演。宮崎アニメ『紅の豚』のフランス公開時には主人公の吹き替えを行った。日本を舞台にした『WASABI』(01)では娘役の広末涼子と共演し、大きな話題となった。

# 汚れた血

**1986年　上映時間＝119分　監督・脚本◉レオス・カラックス**
**主演◉ドニ・ラヴァン、ジュリエット・ビノシュ、ミシェル・ピコリ**

カラックスは、ベネックス、ベッソンとともにBBCと呼ばれ、1980年代フランス映画を代表する顔となった。30年以上のキャリアで長篇をわずか6作撮っただけの寡作家だが、純粋な映画的才能という点では、ベネックスやベッソンをはるかにしのぐ。『汚れた血』はカラックスの長篇第2作。前作『ボーイ・ミーツ・ガール』の陰鬱な詩情にみちたモノクロ画面から転じて、華やかな色彩で観客を驚かせた。「汚れた血」とは、ランボーの詩のタイトルであり（小林秀雄訳では「悪胤」）、クールな時代の『気狂いピエロ』（P196）（この映画もランボーの詩の朗読で終わった）ともいうべき原色の色彩感覚と、映画全体に漂うニヒルな熱っぽさがランボーを連想させる。だが、タイトルは具体的には、作中に登場する死の伝染病を意味している。

彗星が接近し、愛のない性行為で移る伝染病が蔓延する終末的なパリ。アレックス（ドニ・ラヴァン）は犯罪者マルク（ミシェル・ピコリ）の後見で育てられ、マルクと行動をと

No. 174

もにするアンヌ（ジュリエット・ビノシュ）に心を惹かれる。そして、伝染病に効くワクチンを盗む仕事を引き受けるのだが……。

物語の大筋はフィルム・ノワールのパターンを踏襲しているが、作者自身はその物語をほとんど信じていない。その結果、物語とは無関係なカメラワークと色彩と音楽（デヴィッド・ボウイの「モダン・ラヴ」の使用が印象的）が突出して、異様にバランスを失した、極端に唯美的な世界が形成された。

**ポイント**

◉**レオス・カラックス**（1960〜） 16歳で学校を退学し、17歳で初の短篇映画を撮る。18歳で「カイエ・デュ・シネマ」誌に映画評論を書き始め、80年に短篇第2作がエール映画祭でグランプリを獲得。そして、83年の長篇デビュー作『ボーイ・ミーツ・ガール』で、「ゴダールの再来」と評され、センセーションを巻き起こし、カンヌ批評家週間でもヤング大賞に輝き、国内外にその名を轟かせる。長篇2作目の『汚れた血』も熱狂的な支持を集め、91年にはドニ・ラヴァン主演の〈アレックス3部作〉の最終作『ポンヌフの恋人』を発表。膨大な製作日数、製作費も話題になったが、その卓越した才能に賞讃が集まった。99年にはメルヴィル原作の『ポーラX』で破天荒な才能を見せつけた。長い沈黙の後、日仏合作のオムニバス『TOKYO!』(08)で短篇「メルド」を撮り、さらに初のミュージカル『アネット』(21)で常軌を逸した鬼才ぶりがふたたび話題となった。

# ポンヌフの恋人

No. 175

1991年　上映時間＝126分　監督・脚本◉レオス・カラックス　撮影◉ジャン＝イヴ・エスコフィエ
主演◉ジュリエット・ビノシュ、ドニ・ラヴァン、クラウス・ミヒャエル

撮影開始から完成まで3年もかかり、製作中から伝説と化した大作である。パリのど真ん中のポンヌフ橋上で交通を全面的に遮断してロケ撮影をするはずが、主演男優の事故で不可能となり、今度は南仏に実物大のポンヌフを作って撮影に入った。ところが製作者の破産などアクシデントが相次ぎ、ようやく完成されたものの、製作資金の回収にも至らず、カラックスの「呪われた映画作家」としての名声（？）を決定づけた作品だ。

主人公アレックス（ドニ・ラヴァン）はポンヌフの上で暮らす若い浮浪者。ここで、不治の眼病から徐々に失明しつつある娘ミシェル（ジュリエット・ビノシュ）と出会い、恋に落ちる。しかし、ミシェルは昔の恋人への思いを断ちがたく、また、眼病の治療法が見つかったと呼びかける父親の広告のポスターを見て、アレックスの前から姿を消す……。

カラックスの映画の特徴である陰鬱な詩情がときに凶暴さに転じ、目くるめく深まりを見せる一方で、パリの革命記念日の夜の場面に代表されるように、音楽に乗ってカメラが動き

まわり、主人公が乱舞する誇大妄想ぎみのスペクタクル趣味もたっぷりと発揮されている。ドラマ上の興味も、黙示録のような世界の終わりの静かな凝視と、楽天的なメロドラマの図式的演出とに分裂している。カラックスの才能が怪物的なスケールの大きさをもつことはよく分かるが、映画的な持続という点では散漫さが感じられる。

**ポイント**

**◉ジュリエット・ビノシュ**（1964〜）　パリに生まれる。父は舞台監督で、母は演劇学校の講師、祖母はポーランドで活躍したチェコスロヴァキア出身の女優だった。12歳で舞台デビューし、コンセルヴァトワールで演技を学ぶ。85年、アンドレ・テシネの『ランデヴー』で映画初主演し、その後、レオス・カラックスと交際。『汚れた血』『ポンヌフの恋人』に出演した。88年に『存在の耐えられない軽さ』でアメリカ映画にも進出を果たす。93年には『トリコロール／青の愛』でセザール主演女優賞を受賞。93年、プロのスキューバ・ダイバーとの間に男児をもうける。その後は俳優オリヴィエ・マルティネス、マチュー・アマルリックと交際、ブノワ・マジメルとの間に女の子をもうけるが、その後別れている。96年に『イングリッシュ・ペイシェント』でオスカー最優秀助演女優賞を受賞した。その後も、アサイヤス監督『アクトレス』（14）、是枝裕和監督『真実』（19）など活躍を続ける。

# ポゼッション

**No. 176**

**1980年　上映時間＝123分　監督・脚本◉アンジェイ・ズラウスキ　撮影◉ブリュノ・ニュイッテン**
**主演◉イザベル・アジャーニ、サム・ニール**

アンジェイ・ズラウスキはウクライナ生まれのポーランド人だが、パリで映画の高等教育を受けた。ワイダの協力者、映画評論家として頭角を現し、制約の多いポーランドを出て、フランスでの自由な映画製作（とくにロミー・シュナイダーやソフィー・マルソーなど人気女優にスキャンダラスな性的演技を求める姿勢）で世界的な話題を呼んできた。

『ポゼッション』では、人気絶頂のイザベル・アジャーニを主役に迎え、エロティックな見せ場もふんだんに、神秘主義的ホラーとでもいうべき領域に突入した作品になった。

夫マルクが長旅から帰ると、妻アンナ（アジャーニ）の様子がおかしい。複数の愛人がいるらしい。マルクは探偵を雇って、アンナを尾行させるが、謎は解けず、アンナの狂気は深まるばかり。思い余ったマルクは一人息子を小学校の女教師エレーヌ（アジャーニの一人二役）に預け、彼女と関係をもつ。いったいアンナは誰と通じているのか？

トリュフォーの『アデルの恋の物語』で熱演に開眼したアジャーニが裸で体当たり、持ち前のヒステリー演技の頂点を極めている。ゲロを吐きまくるわ、北斎の春画に出てくるような大ダコの悪霊とセックスするわで、ゲテモノ好きにはこたえられない映画だ。しかも、背景には、二重人格だの、善悪の葛藤だの、ベルリンの壁だの、世界戦争の危機だののトピックを織りこみ、知的なハッタリも忘れない。ズラウスキ節全開の怪作である。

**ポイント**

◉**イザベル・アジャーニ**(1955〜) パリ生まれ。父はトルコ系アルジェリア人、母はドイツ人。71年ニーナ・コンパネーズの『夏の日のフォスティーヌ』に出演。演劇に興味を持ち、レイモン・ルローが72年『女房学校』に抜擢。翌年はコメディ・フランセーズ最年少で正式座員に招かれ、天才若手女優の出現と話題をさらった。続いてフランソワ・トリュフォーが『アデルの恋の物語』(75)に起用し、アカデミー主演女優賞にノミネート、フランスを代表する女優として世界から注目された。以後、ロマン・ポランスキーの『テナント』(76)、ウォルター・ヒルの『ザ・ドライバー』(78)と活躍。『ポゼッション』とジェイムズ・アイヴォリーの『カルテット』でカンヌ映画祭最優秀女優賞を受賞。その後も、『カミーユ・クローデル』(88)でセザール賞を受賞している。私生活では79年ブリュノ・ニュイッテンとの間に息子を、95年にはダニエル・デイ=ルイスとの間に第2子をもうけた。

# ラウンド・ミッドナイト

No. 177

1986年　上映時間＝131分　監督・脚本◉ベルトラン・タヴェルニエ　脚本◉デヴィッド・レイフィール
音楽◉ハービー・ハンコック　主演◉デクスター・ゴードン、フィリップ・ノワレ

ヌーヴェル・ヴァーグはフランス映画の「良質の伝統」にとどめの一撃を加えたかに見えたが、その影響が衰えた1980年代以降、手堅い技法でウェルメイドな物語を語る新たな「良質の伝統」がふたたび芽生えてきている。タヴェルニエはその流れを代表し、アメリカ映画への造詣《ぞうけい》も並々ならず深い職人的な映画監督である。

『ラウンド・ミッドナイト』の原作は、ジャズ評論家フランシス・ポードラスがモダン・ジャズ・ピアノの開祖バド・パウエルとの交流を綴った『異教徒の踊り』。この物語の主人公を、タヴェルニエはピアニストからテナー・サックス奏者に置き換え、主人公の生涯に、天才テナーマン、レスター・ヤングの挿話を注入して、人間像に厚みを加えた。さらに、主人公ターナーを本物の偉大なテナー奏者であるデクスター・ゴードンに演じさせ、また、ゴードンと共演する仲間にも、ハービー・ハンコック、ウェイン・ショーター、トニー・ウィリアムスといった現役最高のジャズメンを配した。こうした二重三重の配慮が功を奏し

て、本作は見ごたえ、聞きごたえ十分の音楽映画に仕上がっている。
物語は、主人公フランシスと、麻薬とアルコールに打ちひしがれたサックス吹きターナーとの友情を軸に展開する。デクスター・ゴードンが本格的な映画初出演にもかかわらず、差別される黒人天才の悲哀を全身にみなぎらせ、驚異の存在感を発揮している。

**ポイント**

●**ベルトラン・タヴェルニエ**（1941〜2021）リヨン生まれ。父は作家で詩人のルネ・タヴェルニエ。14歳頃から映画監督を志し、シネマテークに入りびたる。ソルボンヌで法律を学ぶが、映画雑誌にも寄稿し、「カイエ・デュ・シネマ」や「ポジティフ」などで映画評論家として健筆をふるった。63年にオムニバス映画『接吻・接吻・接吻』の1エピソードを演出して監督デビューを果たした。73年に長篇第1作『サン・ポールの時計屋』でベルリン映画祭審査員特別賞を受賞し、注目を集める。そして『田舎の日曜日』(84)がカンヌ映画祭監督賞をはじめ数多くの栄誉に輝いた。『ラウンド・ミッドナイト』では長年のジャズへの思いがオマージュとして結晶している。近年は、占領下のパリで、レジスタンス運動に身を投じたジャン・ドヴェールとジャン・オーランシュという二人の尊敬する映画人を描いた『レセ・パセ　自由への通行許可証』(02)を撮っている。

# No. 178 仕立て屋の恋

1989年　上映時間＝78分　監督・脚本◉パトリス・ルコント　原作◉ジョルジュ・シムノン
音楽◉マイケル・ナイマン　主演◉ミシェル・ブラン、サンドリーヌ・ボネール

パトリス・ルコントは、本国フランスでは喜劇集団「レ・スプランディッド」と組んだ猛烈なドタバタ映画『レ・ブロンゼ』の連作で観客の笑いをかき立てた監督だが、日本では『髪結いの亭主』（P392）が最初に話題を呼び、お洒落な恋愛を描くフランス的才人というイメージが行きわたった。そのため、ルコントの評価はとくに日本で高まり、本作『仕立て屋の恋』も急遽さかのぼって公開された。

原作はシムノンの『イール氏の婚約』。この小説にはすでに、デュヴィヴィエ監督、ミシェル・シモン主演の『パニック』という映画化作品があるが、ルコントは原作のサスペンスを巧みに残しながらも、一風変わったクールなラブストーリーに仕立てあげている。恋愛映画を得意とするフランス的才人という日本での評価に恥じない見事な出来ばえである。

仕立て屋のイール氏（ミシェル・ブラン）は孤独な男だ。唯一の楽しみは、向かいの部屋に住むアリス（サンドリーヌ・ボネール）の姿を覗き見すること。そんなイール氏が殺人事

件の容疑者になる。すると、憧れのアリスが彼に接近してくる。その裏にはどんな秘密が隠されているのか？

主人公の荒涼とした心を反映するような寒々しく青みがかった画面が印象的だ。しかし、観客の共感を拒むような主人公が、しだいに自己犠牲的な愛に向かう変化を主演のブランが完璧に演じきる。ラストの処理もどんでん返しというより哀しく胸に迫る。

**ポイント**

◉**パトリス・ルコント**（１９４７〜）　パリ生まれ。幼少からの映画ファンで、67年、パリ映画高等学院に入学、自主製作の短篇を数多く監督する。75年、『トイレの鍵は内側から閉まっていた』で長篇デビュー。ミシェル・ブランとのコンビ作『恋の邪魔者』（80）、『夢見るシングルス』（81）が次々にスマッシュ・ヒットとなる。84年の『スペシャリスト』ではアクション映画にも挑戦、大成功を収める。以後、初老の男たちの哀歓を描く作風に転じ、『仕立て屋の恋』はカンヌ映画祭に出品され、『髪結いの亭主』はルイ・デリュック賞を受賞した。『タンゴ』（92）ではコメディの世界に再挑戦し、歴史大作『リディキュール』（96）ではセザール賞４部門で受賞。以降もベルモンドとアラン・ドロンの28年ぶりの共演で話題を集めた『ハーフ・ア・チャンス』（97）、モノクロ映像で幻想的な愛のファンタジーを展開する『橋の上の娘』（98）など多彩な映画作りを続けている。

# No. 179 髪結いの亭主

1990年　上映時間＝82分　監督・脚本◉パトリス・ルコント　音楽◉マイケル・ナイマン
主演◉ジャン・ロシュフォール、アンナ・ガリエナ、トマ・ロシュフォール

ルコントの名を一躍日本で高めた風変わりなラブストーリー。

アラブ音楽に乗って海岸で踊りつづける少年アントワーヌ。彼は床屋に行くのが大好きで、とりわけ髪を刈ってくれる豊満な奥さんに魅せられ、大きくなったら女の床屋さんと結婚すると決意する。それから長い歳月が流れ、アントワーヌ（ジャン・ロシュフォール）は女理髪師のマチルド（アンナ・ガリエナ）にひと目惚れする。アントワーヌの突然の求婚に戸惑いながらも、マチルドは結婚を承諾する。二人の結婚生活は平穏で暖かく幸福だった。アントワーヌは髪結いの亭主として、何もせずに女房の仕事ぶりをやさしく見守っている。そんなある日、マチルドが買物から帰ってこなかった……。

冒頭で延々と流れるアラブ音楽の懐かしく躍動的な響きが、アントワーヌの行動のモチーフとしてラストまで効果的に使われている。だが、奇妙な味わいの物語には、結末があってないようなものだ。その謎めいた空隙《くうげき》を埋めているのが、映画全体をひたす官能的な雰囲気

である。ヒロインを演じたアンナ・ガリエナのふくよかな艶っぽさも抜群にいいが、具体的な性的描写よりも、床屋の内部のけだるい空気が、エロティシズムと死の結びつきを雄弁に物語っている。また、そこにはどこか物悲しいユーモアも漂っている。そうした要素が渾然《こんぜん》一体となって、独創的な作品世界を作りだした。

**ポイント**

◉**アンナ・ガリエナ**（1954〜）イタリア、ローマに生まれる。渡米してアクターズ・スタジオのオーディションを受け、演技コースを受講。オフ・ブロードウェイの舞台にデビューする。8年間ニューヨークに滞在した後、イタリアに帰国。オトマール・クレイツァ演出の『三人姉妹』でニーナを演じた。以後、テレビと映画にも進出、『さらばモスクワ』などに出演した。87年からフランスに拠点を移し、『髪結いの亭主』のエロティックなヒロインを演じて注目を集める。その後も、4か国語を操る才女ぶりを発揮して国際的に活動の場を広げる。91年には、パリのオデオン座でリュイス・パスクワレ演出によるジャン・ジュネ作『バルコニー』に出演している。映画は『ハモンハモン』(92)、『ゴールデン・ボールズ』(93)などがあるが、とくにティント・ブラスがヴィスコンティの『夏の嵐』をナチズム時代に置き換えてリメイクした『秘蜜』(02)では大胆なヌードを披露し話題となった。

# シラノ・ド・ベルジュラック

1990年　上映時間＝139分　監督◉ジャン＝ポール・ラプノー　脚本◉ラプノー、ジャン＝クロード・カリエール
原作◉エドモン・ロスタン　主演◉ジェラール・ドパルデュー、アンヌ・ブロシェ

No. 180

フランス人の俳優の好みには一風変わったところがある。醜男が好き、というと言いすぎだが、例えば、フランス映画黄金時代最大のスターは無骨で無口なジャン・ギャバンであって、舞台の名優で理想的な美男のジェラール・フィリップではない。戦後も、甘い美男子のアラン・ドロンより、ひしゃげた顔つきのジャン＝ポール・ベルモンドの方が国民的なスターだった。その後フランスで名実ともに最高の人気を誇ったのは、怪異ともいえる容貌のジェラール・ドパルデューなのだ。

その一度見たら忘れられぬ顔のドパルデューの当たり役が本作『シラノ・ド・ベルジュラック』である。原作はフランス演劇史上屈指の成功作であり、シラノをスクリーン上で見事に演じきったドパルデューは、この成功によって国民的名優になったといって過言ではない。実際、彼は『シラノ』で、カンヌ映画祭の最優秀男優賞と、フランス映画で最高の栄誉とされるセザール賞の最優秀男優賞をダブル受賞している。

巨大すぎる鼻をもつ剣の達人シラノが、ロクサーヌへの自分の恋を犠牲にして、友人クリスチャンのために奔走するものの、3人3様の悲劇を迎える物語はあまりにも有名である。映画化は各国でなされているが、本作は、登場人物がアレクサンドラン（12音節の韻文）で朗々と語りあうという原作の形式を踏襲することにも成功している。脚色者カリエールの才腕を高く評価すべきだろう。

**ポイント**

◉**ジェラール・ドパルデュー**（1948〜）　シャトールー生まれ。12歳でおちこぼれ、泥棒を常習とするチンピラになり、入所した刑務所の心理分析医に勧められて、16歳でパリのTNP（国立民衆劇場）の演劇クラスに入った。65年に映画デビューし、才能を発揮、74年にはジェラール・フィリップ賞を受賞。日本でも『バルスーズ』（74）で衝撃的に登場し、以後、ベルトルッチの『1900年』（76）、トリュフォーの『隣の女』（82）など名匠の作品に出演。84年には『ダントン』の演技でアメリカ批評家協会最優秀男優賞を獲得した。『シラノ・ド・ベルジュラック』の大ヒットで国民的なスターの地位を獲得。同年『グリーンカード』を皮切りにアメリカ映画にも進出し、翌91年には大作『コロンブス』で主人公、『めぐり逢う朝』では音楽家ラマン・モレと実在の偉人を演じ、後者では息子のギヨーム・ドパルデューが青年時代を演じている。88年レジオンドヌール勲章を授与された。

# ふたりのベロニカ

**No. 181**

1991年　上映時間＝98分　監督・脚本◉クシシュトフ・キェシロフスキ　脚本◉クシシュトフ・ピエシェヴィッチ、キェシロフスキ　主演◉イレーヌ・ジャコブ、ハリナ・グリグラシェフスカ

クシシュトフ・キェシロフスキがフランス製作で撮った幻想映画の逸品。主演のイレーヌ・ジャコブが神秘的なヒロインを一人二役で美しく演じ、カンヌ映画祭主演女優賞に輝いた。

ポーランドに、歌手をめざす娘ベロニカ（ジャコブ）がいる。ある日、彼女は観光バスに乗った自分にそっくりの娘を目撃する。だが、まもなくベロニカは心臓発作でこの世を去る。その瞬間、彼女にそっくりの娘は、パリで胸の痛みを覚えていた。彼女もまたベロニカといい、ポーランドのベロニカと生年月日も生まれた時刻も同じだった。パリのベロニカもまた音楽を愛する小学校の教師で、ポーランドのベロニカが歌っていた曲を子供たちに教えているのだった。そして、さまざまな出来事がパリのベロニカと、亡くなったベロニカを結びつけていく……。

古今東西に分身の物語は多いが、この映画はそのテーマを描いた最も美しい寓話の一つと

いっていいだろう。この世のどこかに自分とそっくりの人がいる。その神秘的な直感を、パリのベロニカは次第に確信に変えていく。なぜふたりのベロニカが存在するのかは最後まで分からない。だが、パリのベロニカと同じく、映画を見終わった観客は、ポーランドのベロニカが自分の命を賭してもうひとりのベロニカを救済したと感じるだろう。人間は自分の知らないところで無償の犠牲によって生かされている。そんな神秘主義的感覚を描ききった感動的な映画なのである。

ポイント

**◉クシシュトフ・キェシロフスキ**（1941〜96）ポーランドのワルシャワ生まれ。国立映画学校に学び、短篇ドキュメンタリーを数多く製作するが、何本かは検閲でオクラ入りになった。79年『アマチュア』がモスクワ映画祭でグランプリを受賞し、注目を集める。81年の『偶然』では、主人公がワルシャワに向かう列車に飛び乗ろうとした結果から枝分かれする3通りの運命が描き出されるが、キェシロフスキの映画はすべて愛と偶然と運命が交錯することで生みだされるドラマといってよい。TVシリーズ『デカローグ』から劇場用に再編集された『殺人に関する短いフィルム』（87）はタクシー運転手の殺人をリアルに描き、『愛に関する短いフィルム』（88）では覗き魔の少年の夢想を冷徹に描いた。フランス国旗の3色を題名に掲げた『トリコロール』3部作をへて、96年、ダンテの「神曲」をモチーフにした『地獄篇』『煉獄篇』『天国篇』3部作の脚本を執筆中に心臓発作で急逝した。

# チャオ・パンタン

# No.182

**1983年　上映時間＝100分　監督・脚本◉クロード・ベリ　撮影◉ブリュノ・ニュイッテン**
**主演◉コリューシュ、リシャール・アンコニナ**

クロード・ベリは長篇第1作『老人と子供』で、反ユダヤ主義の老人（ミシェル・シモンが好演！）とユダヤ人少年の交流を瑞々《みずみず》しく描いて賞讃を博したが、その映画の製作でガレルをスタッフとして起用したり、トリュフォーと共同でピアラの処女長篇『裸の少年期』を製作したりと、ヌーヴェル・ヴァーグとその後の世代をつなぐ重要人物でもある。また、プロデューサーとして、ポランスキーの『テス』、アノーの『愛人／ラマン』（P400）、シェローの『王妃マルゴ』（P402）など世界的話題作も提供している。

監督としては、マルセル・パニョル原作の『愛と宿命の泉』、ゾラ原作の『ジェルミナル』といった良質の文芸大作を作りあげたが、本作『チャオ・パンタン』は小粒ながら、フランス製フィルム・ノワールの歴史に残る佳作となった。

うだつの上がらない孤独な中年男ランベール（コリューシュ）は、初めて年下の友人（リシャール・アンコニナ）に心を許すが、麻薬取引のトラブルでその友人を殺され、敢然と復讐に立ちあがる。

フランス製暗黒映画の不滅の主題である男の友情をベースにした物語である。喜劇人コリューシュと新鋭アンコニナの共演にはうっすらとホモセクシュアルの匂いさえただよって、なんとも切ない。そして、大ベテラン、トローネルの美術とニュイッテンの撮影はパリの下町のくすんだ雰囲気をやるせなく、詩情豊かに描きだす。雨のなかを行くコリューシュの孤影は涙なしでは見られない。

ポイント

◉**クロード・ベリ**（1934〜2009）パリに生まれる。両親はポーランドのルーマニア系ユダヤ人で、毛皮商から俳優となり、『青い麦』(53)、『真実』(60)などに出演。モーリス・ピアラの短編の脚本と共同監督を手がけ、オムニバス『チャンスと恋』(64)の第4話『戦士のチャンス』で監督デビューし、この作品でアカデミー短篇賞を受賞した。長篇デビュー作の『老人と子供』は、占領下での反ユダヤ人問題をテーマにした秀作で、ミシェル・シモンがベルリン映画祭男優賞を受賞した。監督としては『チャオ・パンタン』『愛と宿命の泉』があるが、プロデューサーとしてもエリック・ロメールの『モード家の一夜』、ジャック・ドワイヨンの『小さな赤いビー玉』を製作し、クロード・ジディの『クレイジー・ボーイ』シリーズも手がけている。チェコ時代のミロシュ・フォアマンの『火事だよ！ カワイ子ちゃん』のフランスでの配給を手がけるなど、バイタリティあふれる活動が目立つ。

# No. 183 愛人／ラマン

1992年　上映時間＝116分　監督・脚本◉ジャン＝ジャック・アノー　原作◉マルグリット・デュラス
音楽◉ガブリエル・ヤレド　主演◉ジェーン・マーチ、レオン・カーファイ

原作はいわずと知れたマルグリット・デュラスの同名小説。デュラスは少女時代をヴェトナムで過ごし、17歳でフランスに帰国するが、ヴェトナムでの体験をもとに、70歳になってから自伝的小説として『愛人』を発表した。この作品はゴンクール賞を受賞し、世界的なベストセラーとなった。

ヒロインの少女（ジェーン・マーチ）は15歳。メコン河を渡る船の上で、中国人の男（レオン・カーファイ）から声をかけられる。男は32歳の富豪の息子で、その後、毎日黒いリムジン車で少女の学校の送り迎えをし、二人は深い関係になる。中華街の薄暗い部屋で関係を続ける見返りに、男は少女に金を渡し、少女の母親も家の経済の苦しさから、この関係を黙認する。しかし、男は父親の命令で同国人の娘と結婚しなければならず、少女もフランスに帰還することになる。フランスに向かう船上から、少女は黒いリムジンを目撃した。……何十年ものち、作家となった少女はかつての愛人のことを思いだす。

製作者のベリと監督のアノーは1920年代ヴェトナムの雰囲気を再現するために厖大《ぼうだい》な資金と手間をかけた。その結果、映画全体に上質のエキゾチシズムが浸透し、カメラ、美術、衣裳、音楽の相乗効果によって、見て心地よい美しい映画が誕生した。また、接写を多用した性描写も話題を呼び、大ヒットの要因となった。原作者デュラスはこの映画に不満をもらしたというが。

**ポイント**

◉**ジャン＝ジャック・アノー**（1943〜）　エソンヌ県生まれ。ソルボンヌ大学で美術と中世史を学び、卒業後、パリ映画高等学院で映画技術を学ぶ。CMディレクターとして脚光を浴び、カンヌ国際CM映画祭でも数多くの賞を獲得し、CM界の第一人者と呼ばれた。23歳の時に、兵役で訪れた仏領カメルーンで、現地人のために教育映画を製作している。その時の体験がベースになって生まれたのが、『ブラック・アンド・ホワイト・イン・カラー』(77)で、アカデミー外国語映画賞を受賞した。以後、彼の映画は壮大なスケールとエキゾチシズムに彩られ、エコロジカルな主題を取りあげる傾向が強い。『人類創世』(81)は紀元前8万年、最後の氷河期を迎えようとした時代に、人間の祖先が〈火〉を求めて困難な旅に出る作品である。『薔薇の名前』(86)も中世の異端審問をテーマにしており、『子熊物語』(88)は、動物世界をエモーショナルに描いた大作で世界中でヒットした。

# 王妃マルゴ

No. 184

1994年　上映時間＝162分　監督◉パトリス・シェロー
主演◉イザベル・アジャーニ、ダニエル・オートゥイユ、ジャン＝ユーグ・アングラード

シェローは「アマンディエ座」を率いたフランス最大級の演出家だが、映画への興味も並々ならず、10本の長篇を世に送った。なかでも、クロード・ベリ製作による『王妃マルゴ』は、大デュマの歴史小説を原作とする極め付きの大作である。

舞台は16世紀、宗教戦争の真っ只中である。国王はシャルル9世（ジャン＝ユーグ・アングラード）だが、実権を握るのはその母のカトリーヌ・ド・メディシス（ヴィルナ・リージ）。彼女は旧教と新教を和解させるため、娘のマルゴ（イザベル・アジャーニ）を新教派のナヴァール公アンリ（ダニエル・オートゥイユ）に嫁がせる。だが、聖バルテルミーの虐殺という大事件が起こって、新教と旧教の対立が激化し、カトリーヌの企ては失敗に帰する。一方、アンリは旧教派と手を結び、カトリーヌの権力を脅かす存在となる。そのため、カトリーヌはアンリを毒殺しようとするが、この陰謀がフランスと王妃マルゴの運命を激変させる。

デュマの原作は、有名な歴史の一コマにマルゴの悲恋を絡め、波瀾万丈のドラマに仕立てている。この絢爛たる歴史絵巻に、シェローはオールスターキャストで挑み、血みどろの残酷趣味や性描写も交えて、演劇的スペクタクルに腕をふるった。だが、原作の筋立ての複雑さが映画ではテンポの重さとなり、血の赤と闇の黒を強調する人工的な画面が雰囲気の重苦しさを呼んでいる。重量級の迫力だがいささか胸にもたれることも事実だ。

ポイント

◉**パトリス・シェロー**（1944〜2013）　パリ郊外レジニエ生まれ。10代から演劇に興味を持ち、19歳で舞台監督として活躍し、22歳のときにパリ郊外のサルトルーヴィル劇場の監督に抜擢される。その後、国立民衆劇場やナンテールのアマンディエ劇場の監督も務め、数多くの舞台やオペラを演出、とくにバイロイト音楽祭で上演されたワーグナーの「ニーベルングの指環」は高い評価を受け、フランスを代表する演出家としての地位をゆるぎないものにした。映画はジェイムズ・ハドリー・チェイスの犯罪小説を映画化した『蘭の肉体』(75)で監督デビュー。その後、『傷ついた男』(83)、『王妃マルゴ』、『愛する者よ、列車に乗れ』(98)などの話題作、問題作を発表している。とくにハニフ・クレイシ原作の『インティマシー／親密』(01)は、往年のイギリスのフリーシネマを思わせるドキュメンタリー・タッチで中年女性の愛欲を痛切に描き、ベルリン映画祭金熊賞を受賞している。

No. 185

# 愛を弾く女

1992年　上映時間＝100分　監督◉クロード・ソーテ　音楽◉フィリップ・サルド
主演◉エマニュエル・ベアール、ダニエル・オートゥイユ

ギャング映画でデビューしたクロード・ソーテだが、『夕なぎ』『ギャルソン！』といった諸作を通じて「ほろ苦い大人の恋」を描ける映画監督という定評を築き、フランス映画の「良質の伝統」を今に伝える作家となった。屈折した恋愛心理を繊細に描きだす作風のせいか、フランスでの評価と人気は驚くほど高い。２０００年に76歳で亡くなるが、晩年の本作『愛を弾く女』と遺作の『とまどい』では、エマニュエル・ベアールを主演にすえて、彼女の魅力を最大限に引きだすことにも成功した。

楽器職人のステファヌ（ダニエル・オートゥイユ）は、親友のマクシム（アンドレ・デュソリエ）の工房で働いている。マクシムには女性ヴァイオリン奏者のカミーユ（ベアール）という恋人がいる。カミーユを紹介されたステファヌは、親友から彼女を奪おうとするが、カミーユから愛を告白されたとき、自分は誰も愛していないと彼女を拒絶する。

原題は「冬の心」といい、主人公ステファヌの荒涼とした内面を表現している。この強度

の心理的屈折はフランス心理小説の伝統に属するものであり、言葉による分析ぬきで映画にすれば説得力を欠くことは目に見えている。ところが、ソーテはステファヌの心理を理解可能なセリフや画面として観客に差しだす代わりに、理解不可能な「冬の心」をもった役者の姿を、誇張を排し、丹念に画面に収めていく。その演出にまったく不自然さのないところがソーテの名手たるゆえんである。

**ポイント**

**◉クロード・ソーテ**（1924〜2000）オー＝ド＝セーヌ県モンルージュ生まれ。彫刻家を目指し装飾美術学校で学ぶが、映画に興味を覚え、編集者になる。第二次大戦のために中断したが、戦後、パリ映画高等学院で学ぶ。卒業後、クロード・オータン＝ララ監督の助監督見習いとなり、55年『微笑よこんにちは』で監督デビュー。日本ではフィルム・ノワール『墓場なき野郎ども』で初めて紹介されたが、きめ細やかな心理描写による恋愛映画の名手として高く評価される。とくにロミー・シュナイダーをヒロインにした『すぎ去りし日の…』(70)でルイ・デリュック賞、『夕なぎ』(72)でフランス・シネマ大賞を受賞している。脚本家としても知られ、『顔のない眼』『城の生活』『コニャックの男』などを執筆している。『すぎ去りし日の…』以来の名コンビで今や映画音楽の大家フィリップ・サルドを映画界に引き入れたのもクロード・ソーテであった。

# デリカテッセン

No. 186

1991年　上映時間＝95分　監督・脚本◉ジャン＝ピエール・ジュネ＆マルク・キャロ
撮影◉ダリユス・コンディ　音楽◉カルロス・ダレッシオ　主演◉ドミニク・ピノン、マリー＝ロール・ドゥニャック

ジュネとキャロはともにビデオクリップの作家として知られたが、共同監督によるこの初長篇劇映画では、ビデオクリップの製作で培《つちか》った人工的な雰囲気の醸成の才能を最大限に発揮し、限りなくレトロな近未来という独自の世界を創出した。

核戦争ののち、食糧不足に陥ったパリ郊外の荒廃した建物が舞台である。ここに「デリカテッセン」の肉屋がある。食糧不足のおりから人間の肉を調達しては、建物の住人に売りさばいている。この建物に、ルイゾン（ドミニク・ピノン）という新参者がやって来る。肉屋の犠牲になるのは決まったも同然だ。ところが、肉屋の娘でチェロ弾きのジュリーがルイゾンにひと目惚れしてしまい、彼の救出に乗りだす。そこに、菜食主義者で反体制派の地底人の組織も絡んで、デリカテッセンの建物は奇妙奇天烈な闘争の渦に呑みこまれる。

映画の舞台となる建物と周辺地域のデザインがともかく秀逸で、その美術造形のオリジナリティが本作の成功を約束したといってよい。うす暗く、うすら寒く、狭苦しく、湿度が高

く、汚水が染みだし、そこらじゅうカビだらけの近未来。だが、そんな世界が不思議に懐かしい郷愁を誘うことも事実なのだ。その不快と快のバランスを巧みに維持するセンスの良さがジュネ&キャロの持ち味である。『ブレードランナー』の世界に50年代の詩的レアリスムを注入した感覚といえばいいだろうか。

**ポイント**

◉**ジャン＝ピエール・ジュネ**（1953〜）　パリに生まれる。CMやビデオクリップの監督として活躍し、91年の『つまらないもの』でセザール賞短篇実写賞を受賞。映画界でも頭角を現す。学生時代からの友人でマルチ・アーティストのマルク・キャロ（1956〜）と組んだ『デリカテッセン』がヒットする。その後『ロスト・チルドレン』（95）のファンタスティックな映像美が高く評価され、ハリウッドに進出、超大作『エイリアン4』（97）の監督に大抜擢される。フランスに戻って「友達と一緒に人が幸せになる映画をつくりたかった」とモチーフを語った『アメリ』（01）は「アメリ現象」と呼ばれるほどの記録的な大ヒットとなった。その後、ヒロインのオドレイ・トトゥを主演に『ロング・エンゲージメント』（04）を監督。原作はセバスチアン・ジャプリゾのベストセラーで、第一次世界大戦を背景に、不思議な予知能力を持つ女性が運命の人を追い続けるミステリー・ロマンである。

# No.187

# アメリ

2001年　上映時間＝122分　監督◉ジャン＝ピエール・ジュネ　脚本◉ジュネ、ギヨーム・ローラン
主演◉オドレイ・トトゥ、マチュー・カソヴィッツ、ヨランド・モロー、ジャメル・ドゥブーズ

『デリカテッセン』（P406）ののち、ジュネ&キャロは『ロスト・チルドレン』でさらに大規模なスタジオワークを駆使し、子供たちの大冒険を描きだす。その結果、ジュネは単身アメリカに招かれ、SF超大作『エイリアン4』を作りあげる。しかし、ハリウッドの機械的な製作システムで消耗したジュネはフランスに戻り、パリの下町の「ちょっといい話」の連続による小品を撮ろうと決意する。その結実が『アメリ』で、フランス映画史上最高の観客動員（1千万人突破）を記録した。

原題は「アメリ・プーランの途方もない運命」。これはむろん反語で、ヒロインのアメリ（オドレイ・トトゥ）は、他人へのささやかな親切を人知れず行うことが楽しみという若い女性だ。そんな控えめな彼女が、身分証明書の写真を集めるのが趣味の青年ニノ（マチュー・カソヴィッツ）とめぐり会い、かくれんぼのような恋の物語が始まる。

舞台は現実のパリだが、コンピュータ処理で広告など醜い細部を慎重に消し去り、再構成

したため、30年代の詩的レアリスムに通じるお伽話のようなパリがここに実現された。題材も下町の人情と初恋という古風なものだが、なかにちりばめられるエピソードは、『デリカテッセン』以来の毒気と誇張を十分に含み、随所で観客をにやりとさせる。恋と人情、涙と笑いという映画の原点を、現代的なスマートな感覚で包んだまことに楽しい作品である。

**ポイント**

◉**オドレイ・トトゥ**（1976〜）ボーモン生まれ。幼い頃から女優を志し、96年にテレビ番組でデビューを飾る。その後、TVや短篇映画に出演し、96年にトニー・マーシャル監督の『エステサロン／ヴィーナス・ビューティ』で長篇映画デビューし、セザール賞の有望若手女優賞を受賞する。『アメリ』の驚異的な大ヒットで、一躍、世界的な脚光を浴びる。スティーブン・フリアーズ監督の『堕天使のパスポート』（02）では移民社会にはびこる臓器移植という重いテーマに挑み、シリアスな好演を見せた。ジュネ監督の『ロング・エンゲージメント』（04）では、第一次大戦下の戦場を舞台に、不思議な予知能力を持つミステリアスな女性を演じている。人気は高まるいっぽうで、トム・ハンクス主演のハリウッド大作『ダ・ヴィンチ・コード』（06）のヒロインにも抜擢されるなど、演技の幅が大きく広がった。09年にはシャネルの香水「No・5」の広告塔にも起用された。

# No. 188

# 憎しみ

1995年　上映時間＝97分　監督・脚本◉マチュー・カソヴィッツ　撮影◉ジョルジュ・ディアーヌ
主演◉ヴァンサン・カッセル、ユベール・クンデ、サイード・タグマウイ

2005年。パリ郊外に端を発し、フランス全土を震撼させた移民の若者たちによる暴動の記憶は生々しい。その10年前に撮られた『憎しみ』は、パリ郊外の街を背景に、若者たちの暴力衝動を描きだし、フランス移民大暴動の胎動を予感した映画だといえよう。この作品により弱冠27歳でカンヌ映画祭審査員特別賞を受賞したカソヴィッツは人気監督となり、商業映画の大作を任されるようになる。

舞台は、荒廃に荒廃を重ねる郊外の低所得者専用の団地都市。主人公は、ユダヤ人のヴァンズ（ヴァンサン・カッセル）、黒人のユベール、アラブ人のサイードという出身民族の異なる3人の若者である。彼らは、将来の展望のない無為と空騒ぎと一触即発の暴力の世界を生きている。そんななかで、友人のアブデルが警官から暴行を受け、昏睡状態で病院に収容される。ヴァンズはアブデルが死んだら警察に復讐すると誓う。彼の手には、ある警官が失くした拳銃が握られていた……。

知人のフランス人がこの映画を見たとき、登場人物のしゃべる台詞がよく理解できなかったという。同じフランス語を話すフランスでの物語でありながら、郊外に生きる移民の若者の世界はそれほどフランスの伝統的な社会とは隔絶しているのだ。そんな社会のなかに存在する異界をシャープなモノクロの映像が鮮烈にすくいあげる。途方もなくとげとげしい暴力的世界でありながら、それを冷徹に描きだす若い監督の演出の技量が際立っている。

**ポイント**

◉**マチュー・カソヴィッツ**（1967〜）パリ生まれ。父親はユダヤ系ハンガリー人の映画監督ペテ・カソヴィッツ。父親の影響で映画に興味を持つようになり、高校卒業後、裏方として映画の現場で働き始める。93年『カフェ・オ・レ』で長篇デビュー。白人、黒人ふたりの恋人との間で揺れ動く少女を描くこの奇妙なラブ・コメディはセザール賞にノミネートされ、注目された。第2作『憎しみ』は、主演のヴァンサン・カッセルが鮮烈な印象を与え、大ヒット。カンヌ映画祭監督賞をはじめ、セザール賞も受賞した。続く『アサシンズ』(97)も、老暗殺者が若い後継者を探すバイオレンス・ドラマで、低年齢化する凶悪犯罪の問題にも鋭いメスをいれた衝撃作だった。以後、社会派的な問題意識やモチーフは稀薄となり、『クリムゾン・リバー』(00)は大ベストセラーを原作に、ジャン・レノが主演、壮大な山岳アクションとサイコ・スリラーを融合させたエンタテインメント大作だった。

# 哀しみのスパイ

No. 189

1994年　上映時間＝113分　監督・脚本◉エリック・ロシャン　撮影◉ピエール・ノビヨン
主演◉イヴァン・アタル、サンドリーヌ・キベルラン

1980年代はベネックス、ベッソン、カラックスによる映像的なマニエリスム（技巧主義）の時代だったが、90年代に入り、それに代わって、日常的な細部をじっくりと見つめるタイプの映画作家が生まれてくる。ロシャンはその最初のすぐれた才能である。デビュー作の『愛さずにいられない』はパリを舞台にした清新なラブ・ロマンス、続く『愛を止めないで』は恋人に会うためバス・ジャックした男を描くサスペンス映画、第3作の『哀しみのスパイ』は邦題どおりスパイものと、題材に一貫性はないが、それぞれのテーマに合った手堅い手法で固めながら、どこかにはかなく美しい幻想の感覚を漂わせるところがロシャンの個性である。

主人公のアリエル（イヴァン・アタル）はユダヤ人で、パリから祖国イスラエルに帰還し、モサドの諜報員となる。最初の任務はフランスの原子物理学者から情報を入手することであり、次の任務はワシントンでアメリカの情報提供者と接触するというものだった。だ

が、当初の愛国的理想とはほど遠い汚れた仕事の連続に嫌気がさして、アリエルはモサドを離れようとするが……。
ジョン・ル・カレのスパイ小説を彷彿とさせる沈鬱なハードボイルド・タッチが見ものである。J＝P・メルヴィルのいぶし銀のフィルム・ノワールはここに最良の後継者を見たといえるほど、余剰を殺《そ》ぎおとした画面構成とやるせない抒情に打たれる。

**ポイント**

◉**エリック・ロシャン**（1961〜） パリに生まれる。幼少の頃から8ミリで映画を撮ることに興味を覚える。パリ映画高等学院に入学し、3年間の在学中に3本の短篇を撮ったが、そのなかのシュールな1本『女の存在』(87)がセザール短篇賞を受賞した。その後、長篇第1作『愛さずにいられない』(89)では、エリート女性に恋をする気ままな青年をみずみずしいタッチで描き、セザール賞最優秀新人賞を受賞した。『愛を止めないで』(91)も、出口のない日常から脱出しようと、恋人（シャルロット・ゲンズブール）に会いに行くためにバスジャックする奇矯な青年を描いている。主役を演じたイヴァン・アタルは実生活でも彼女のパートナーであり、エリック・ロシャンの秘蔵っ子のような存在である。『哀しみのスパイ』に続くロシャン作品の『アンナ・オズ』(96)でもシャルロットはヒロインを演じた。夢のなかに存在するもうひとりの自分に翻弄されるという異色のサイコ・ミステリーである。

# No. 190

# そして僕は恋をする

1996年　上映時間＝181分　監督・脚本◉アルノー・デプレシャン
主演◉マチュー・アマルリック、エマニュエル・ドゥヴォス

1990年代に輩出した新人監督のなかで、エリック・ロシャンに続いて話題になった才能がデプレシャンである。元々ロシャンのもとでカメラマンを務めたり、『愛さずにいられない』の脚色に参加したりした経歴をもつ。

デプレシャンの『そして僕は恋をする』は3時間の大作で、学問、就職、恋愛のあいだで迷う青年を主人公に、複雑で曖昧な人間関係を描きだす。90年代というとりとめのない時代をとりとめなくリアルに定着した点で、90年代フランスを代表する映画だといえる。

主人公ポール（マチュー・アマルリック）は29歳。大学で哲学の非常勤講師をしながら、博士論文を書こうとしている。エステル（エマニュエル・ドゥヴォス）という長年の愛人がいるが、親友の恋人シルヴィア（マリアンヌ・ドニクール）にもちょっかいを出している。また、シルヴィアの兄の同棲相手であるヴァレリー（ジャンヌ・バリバール）と出会ってからは、情緒不安定なヴァレリーの積極的な攻勢にいささか辟易《へきえき》するようになる。ポールの恋

と人生にはどんな未来が……？

男が完全に主導権を失って右往左往し、女がやたらに生き生きしている。この映画は、そんな現代の人間関係の空気を巧みに表現している。『そして僕は恋をする』は、ユスターシュの『ママと娼婦』（P290）が70年代（5月革命後の精神的虚脱）の縮図であるのと同じ意味で、90年代（ポストモダンの精神的空白）の縮図だといえるかもしれない。

ポイント

◉**マチュー・アマルリック**（1965〜） オー＝ド＝セーヌ県生まれ。父は「リベラシオン」紙などで論説委員を務めるジャーナリスト、母は文芸評論家。84年にオタール・イオセリアーニの『月の寵児』で映画デビュー。87年、ルイ・マルの『さよなら子供たち』でアシスタントとして撮影に関わる。96年にはラウル・ルイスの『犯罪の系譜』、デプレシャンの『そして僕は恋をする』に出演。パリの若者たちに人気を博し、セザール賞最有望男優賞を受賞する。以降、アンドレ・テシネの『溺れゆく女』（98）に出演し、デプレシャン作品『キングス&クイーン』（04）ではセザール賞主演男優賞などを受賞。05年にはスティーヴン・スピルバーグの『ミュンヘン』でキー・パーソンである主人公に協力するフランス人を演じ、絶讃された。『007 慰めの報酬』（08）で悪役を演じたのち、監督に転じ、『さすらいの女神たち』（10）、『彼女のいない部屋』（21）の秀作を生んだ。

# エスター・カーン　めざめの時

No. 191

**2000年　上映時間＝142分　監督・脚本◉アルノー・デプレシャン　撮影◉ブリュノ・ニュイッテン**
**主演◉サマー・フェニックス、イアン・ホルム**

19世紀末のロンドンに暮らすユダヤ人の娘をヒロインにすえて、デプレシャンが初めてコスチューム・プレイに挑んだ力作。原作はイギリス作家アーサー・シモンズの小説で、使用される言語はもちろん英語である。『そして僕は恋をする』（P414）が現代フランスの空気を反映して、人間や世界解釈の曖昧な多義性にこそ特色があったとすれば、『エスター・カーン』には、まぎれもない時代の、街の空気の、人間の行動の手ごたえがある。これは映画作家としての長足の進歩である。

エスター・カーン（サマー・フェニックス）はロンドンの場末に住むユダヤ移民の仕立屋一家の娘。将来の展望もないし、家族とも理解しあえない。だが、ある芝居を見たその日から演劇の世界に魅せられ、俳優志願者として修業に打ちこみはじめる。そして、老俳優から演技の手ほどきを受け、演劇評論家との恋に破れるなど、人生の新しい局面に触れるなかで、初の主演の舞台であるイプセン作「ヘッダ・ガブラー」の初日を迎える。

物語は、人生と恋愛と苦悩への目覚めを描く古典的な筋立てである。だが、その物語を見つめるデプレシャンの視線がきわめて新鮮だ。カメラワークに意外性があふれ、編集にも大胆な飛躍が導入されている。ヒロインの心理を絵で説明するのではなく、彼女の身体と感情の変化を映画の動きのなかで浮き彫りにしていくのだ。実存的アクション映画とでも呼びたい出来ばえに拍手を送りたい。

**ポイント**

◉**アルノー・デプレシャン**（1960～）　ルーベ生まれ。パリ映画高等学院で演出と撮影技術を学んだ後、短篇映画や数々のCFの撮影にオペレーターとして参加する。その後、16ミリの作品の演出を始め、90年にはエリック・ロシャンの『愛さずにいられない』の脚色も手がける。同年、中篇の『死人たちの生活』がジャン・ヴィゴ賞を受賞、脚光を浴びた。92年には長篇第一作『魂を救え！』がカンヌ映画祭でプレミア上映され、無冠だったが絶讃された。『そして僕は恋をする』(96)は、パリに生きる男女の生態が繊細にとらえられ、恋愛描写の巧みさからトリュフォーの再来とも称された。英国世紀末の象徴主義を代表する作家アーサー・シモンズ原作の『エスター・カーン』も古典主義的な演出が高く評価されている。『キングス&クイーン』(04)では、マチュー・アマルリック、エマニュエル・ドゥヴォスが久々に共演し、ヒロインの錯綜する恋愛遍歴が見事に浮き彫りにされている。

# No. 192

# 家族の気分

1996年　上映時間＝111分　監督◉セドリック・クラピッシュ
原作・脚本・主演◉アニエス・ジャウイ、ジャン＝ピエール・バクリ

クラピッシュは1990年代に注目された若い才能の一人で、傷つきやすい若者たちの彷徨を描くのが得意だった。本作『家族の気分』ではタイトルどおり家族の不和と和解の物語を扱い、全篇にユーモアをちりばめながら、手堅い手法で緊密なドラマに仕上げている。舞台は一軒のカフェ。経営者のアンリ（ジャン＝ピエール・バクリ）には、母親と、弟のフィリップと、妹のベティ（アニエス・ジャウイ）がいる。この一家は毎週金曜に集まり、食事をするのが習いだ。しかしその日、アンリは妻に愛想を尽かされ、家出されてしまう。一方、弟のフィリップは会社の重役でテレビ出演に張りきっていたが、この初挑戦に失敗する。また、妹のベティは男と別れようと決めたところだ。ようやく食事会が始まるが、家族それぞれの不満が口をついて飛びかい、互いへの非難合戦になってしまう。

なにより見事なのは、レネの『恋するシャンソン』（P356）でも脚本と演技をこなしたジャウイとバクリの脚本である。元々この映画はジャウイ＝バクリが舞台で成功させた戯曲が原

作なのだ。家族のそれぞれの言い分、鋭い皮肉、辛辣《しんらつ》な悪意が徐々に剥きだしになり、最後の修羅場に至るプロセスの完成度の高さは、オールビーの戯曲「バージニア・ウルフなんかこわくない」の喜劇版という趣さえあるほどだ。そのドラマをクラピッシュは間然するところのない演出で支えきっている。笑いにあふれ、最後はほろりと涙させる名篇である。

### ポイント

**◉セドリック・クラピッシュ**（1961〜） パリ郊外ヌイイ＝シュル＝セーヌ生まれ。ニューヨーク大学で映画製作を学び、85年フランスに戻り、ドキュメンタリーを中心に活動する。レオス・カラックス作品のスタッフを経て、92年『百貨店大百科』で長篇デビューし、セザール賞にノミネートされる。2作目の『青春シンドローム』(94)は、数年ぶりに再会した高校の同級生たちが、70年代を回想するという監督自身の半自伝的な作品で、高く評価された。『家族の気分』の直後に撮られた『猫が行方不明』(96)はベルリン映画祭映画批評家協会賞を受賞している。その後も多彩なテーマに取り組み、『パリの確率』(99)は異色のSF仕立てのドラマであった。『スパニッシュ・アパートメント』(02)はバルセロナのアパートを舞台に、各国から集まった留学生たちの悲喜こもごもの交流をさわやかに描き、『ロシアン・ドールズ』(05)は、その興味津々の続篇となっている。

# ムッシュ・カステラの恋

No.193

2000年　上映時間＝112分　監督・脚本◉アニエス・ジャウイ　脚本◉ジャン＝ピエール・バクリ
主演◉アンヌ・アルヴァロ、ジャン＝ピエール・バクリ

レネの『恋するシャンソン』（P356）やクラピッシュの『家族の気分』（P418）に見事なシナリオを提供したジャウイとバクリの共同脚本による映画。今回はジャウイが初監督という新たな試みに挑戦した。結果は上々で、丹念な人間観察からじわじわと笑いがにじみだす佳作である。

カステラ氏は中堅企業の社長。無教養な無骨者で、ペットに夢中の妻からは無視され、会社ではボディガードに守られて孤独に生きている。そんなカステラ氏がいやいや見に行った芝居で女優に夢中になる。女優はクララという名前で、なんとカステラ氏の英語レッスンの教師の候補だった。そこでカステラ氏は一念発起して英語の勉強に精を出し、古典演劇に興味を傾け、クララの友人の画家たちとも付きあいはじめる。クララにとってはありがた迷惑だ。はたして、孤独なカステラ氏の恋の行方はいかに？

紋切型といえば紋切型のお話である。しかし、ジャウイ＝バクリの観察眼は、無骨なカス

テラ氏の慎ましい人間性を見逃さず、生まれて初めての恋で、その人間性がひそやかに開花していくさまをじっくりと見届ける。カステラ氏を演じるバクリの演技も、この種の喜劇にありがちな誇張を抑え、古典喜劇のような普遍的説得性をこの人物像にあたえている。また、社長のボディガードなど副次的な人物の扱いも丁寧で、脇役たちのリアリティの集積が映画に十分な人間的厚みをあたえている。大人のための上質な喜劇映画だ。

ポイント

●**アニエス・ジャウィ**（1964〜）パリ郊外アントニー生まれ。コンセルヴァトワールで学ぶ。パトリス・シェローによるナンテールのアマンディエ劇場俳優養成学校に入学し、数々の舞台に出演。87年、ジャン＝ピエール・バクリと出会って意気投合、公私ともにパートナーとなり、戯曲の共同執筆に取りかかる。『キッチンでの出来事』は映画化もされ、セザール脚本賞を受賞。この舞台を見たアラン・レネが『スモーキング』『ノー・スモーキング』の脚色に起用し、その独創性が話題を呼んで、ふたたびセザール賞を受賞した。続いて『家族の気分』(96)、アラン・レネのために書き下ろした『恋するシャンソン』(97)も大評判となった。本作で監督デビューしたが、その鋭い人間観察と演出力は高い評価を受けた。01年、37歳という最年少でルネ・クレール賞を受賞。第2作『みんな誰かの愛しい人』(04)もチェーホフ的な苦いユーモアを醸しだす佳作で、カンヌ映画祭脚本賞を受賞している。

# かげろう

2003年　上映時間＝95分　監督◉アンドレ・テシネ　脚本◉テシネ、ジル・トーラン
撮影◉アニエス・ゴダール　主演◉エマニュエル・ベアール、ギャスパー・ウリエル

No. 194

初期のテシネは、奇をてらった表現技法やブレヒト演劇を思わせる異化効果が目立っていたが、『野性の葦』で、フランス映画最高の栄誉であるセザール賞の作品・監督・脚本賞を総なめにして、フランス映画の「良質の伝統」を支える監督の仲間入りを果たした。『野性の葦』で、テシネはアルジェリア戦争末期のフランスの青春群像を活写したが、『かげろう』ではさらにさかのぼって、第二次大戦下のフランスを舞台に、異色のラブストーリーを陰翳豊かに描きだし、映画作家として手腕の円熟を見せつけた。

女性教師のオディル（エマニュエル・ベアール）は幼い息子と娘を連れて、南仏に向かってドイツ軍の侵攻を逃れようとする。その旅の途上で、素性の知れぬ青年イヴァンに助けられ、住人が捨てた一軒家に逃げこむ。そこでイヴァンは野性的な力を発揮してオディルの家族3人を養い、人目を忍びつつ、4人の束の間の牧歌的な生活が始まる。そして、オディルとイヴァンのあいだには年の差をこえた恋愛関係が芽生える。

冒頭のドイツ軍飛行機の攻撃場面からは『禁じられた遊び』（P92）を連想させられるが、決定的な違いは、『かげろう』には官能的な艶がみちていることである。男女の性愛が描かれているからだけではなく、ひっそりと森に囲まれた家のたたずまいの描写にひそかな官能性が充満しているのだ。ここに物語に還元されないテシネの映画の美しさがある。

ポイント

◉**アンドレ・テシネ**（1943〜） タルヌ＝エ＝ガロンヌ県生まれ。幼少期より映画に憧れ、パリに出てパリ映画高等学院の入学試験を受けるが失敗。シネマテークに通いながら、「カイエ・デュ・シネマ」誌に映画批評を書き始め、ジャック・リヴェットの『狂気の愛』（67）の助監督などを務める。69年に長篇デビューを果たす。日本ではなかなか公開される機会がなく、その最初の作品『ブロンテ姉妹』（79）は、哲学者ロラン・バルトが出演しているのが話題になった。その後は、『海辺のホテルにて』（81）、『ランデヴー』（85）、『私の好きな季節』（93）と作品が紹介され、その魅力が認知される。さらに『野性の葦』（94）で一挙に幅広い人気を獲得することになった。『溺れゆく女』（98）では、ヒロインのエロティックな魅力をじっと観察するような視線が強まった。『かげろう』でもヒロインのエマニュエル・ベアールがかつてないほど官能的な魅力にあふれ、際立って印象に残る。

# キリクと魔女

**No. 195**

1998年　上映時間＝75分　監督・原案・脚本◉ミシェル・オスロ　音楽◉ユッスー・ンドゥール
声の出演◉イオガン・ドーファン、アントワネット・ケレルマン

現代フランス・アニメの独創的な美学の達成であり、フランスではアニメの興行記録を塗りかえるヒットとなった。この作品に共感した高畑勲監督が、日本版の字幕と吹き替えの翻訳を行ったことでも話題を呼んだ。

物語はアフリカの民話に取材したもので、音楽をセネガルの世界的ポップ・スター、ユッスー・ンドゥールが担当している。

主人公のキリクは生まれたばかりの男の子だ。キリクの村は魔女カラバに支配され、源泉の水を涸らされ、男たちは食べられてしまう。キリクは「なぜカラバは意地悪をするのか？」という謎を解くために、お山の賢者と呼ばれる祖父に助言を仰ぎ、カラバと直接対決することになる。

オスロ監督は切り紙細工を使った短篇アニメーションで高い評価を得た事実が示すように、もともとセル画アニメの標準的なスタイルからはかけ離れた作家だった。初長篇の『キ

リクと魔女』ではセルを使っているが、影絵のような効果を活用して、アフリカのプリミティヴな風土を巧みに喚起している。

とくに華麗な色彩表現がすばらしく、絵画でいえばアンリ・ルソーの熱帯や密林を連想させる。オスロ監督自身、影響を受けた画家としてルソーと日本の北斎を挙げているし、大胆にデフォルメした構図という点では、北斎との共通性も感じられる。子供向けのアニメでありながら、アーティスティックな感性の鋭さに驚嘆させられる。

ポイント

◉**ミシェル・オスロ**（1943〜）　コート・ダジュール生まれ。幼少期をギニアで過ごし、ルーアン、パリ、ロサンゼルスで美術を学んだ後、アニメーションの製作に専念する。『三人の発明家』でザグレブ国際映画祭最優秀賞を受賞し、注目される。その後、『哀れなせむし男の伝説』(82)、『四つの願い』(87)をつくる。『プリンス&プリンセス』(97)は、とくに影絵アニメーションの手法を大きく取り入れている。『キリクと魔女』はアヌシー国際アニメーション映画祭グランプリをはじめとする映画賞を獲得し、フランスにとどまらず世界的に大ヒットしたが、それまで彼は失業者のようなつましい生活を送っていたといわれる。『アズールとアスマール』(06)は異文化の人間同士の融和をテーマに作られた色彩豊かなファンタジー・アニメーション。遠い異国の地へ旅立った少年が様々な出会いを通して成長する宗教的冒険譚である。09年にはレジオン・ドヌール勲章をアニェス・ヴァルダから授与された。

# No. 196

# ベルヴィル・ランデヴー

2002年　上映時間＝80分　監督・脚本・グラフィックデザイン◉シルヴァン・ショメ
声の出演◉ジャン＝クロード・ドンダ、ミシェル・ロバン

シルヴァン・ショメはフランス・アニメーションの新星というべき突出した才能を見せた。本作『ベルヴィル・ランデヴー』は彼の初長篇だが、アカデミー長篇アニメ賞にノミネートされ、フランスでは百万人の観客を集めるヒットとなった。

少年シャンピオンはスーザおばあちゃんのくれた三輪車だけが人生の楽しみだった。しかし、長じて筋肉隆々の若者になり、自転車選手としてツール・ド・フランスに出場するが、レースの途中で誘拐されてしまう。残されたスーザおばあちゃんは太った愛犬ブルーノとともに、孫の行方を追って大西洋を渡り、ベルヴィルの街にたどり着く。そこには、トリプレット三姉妹という歌手のおばあちゃんトリオがいて、スーザに協力し、シャンピオンを拉致したマフィアと対決する。

グロテスクすれすれの極端にデフォルメされた絵のセンスに仰天する。脂肪や筋肉や痩せ方を誇張した人体。歪んだパースペクティヴのなかで個性を主張する建物。沈まないのが不

思議なほどの超現実的な高い船。
セリフはほとんどなく、サイレント映画のスピードとジャック・タチのようなユーモア感覚で押してゆく。緩急自在の映像の、生きているようなリズム感が抜群なのである。脇役の三姉妹の歌と演奏も最高。ジョゼフィン・ベーカー、フレッド・アステア、ジャンゴ・ラインハルトと、古き良き時代の音楽へのオマージュの香りも高く、映画館を出たあとは、きっとサントラ盤を買いたくなるだろう。

**ポイント**

◉**シルヴァン・ショメ**（1963〜） メゾン＝ラフィット生まれ。84年に美術学校を卒業。在学中にBD＝バンド・デシネ（フレンチ・コミック）の作品を出版している。88年、アニメーターとして活動の拠点をロンドンに移し、主にルノー社、スイス航空などのコマーシャルを製作する。91年、初のアニメーション作品『老婦人とハト』を製作。作品の背景は、美術学校時代の級友で、BDの作家として活躍していたニコラ・ド・クレシーが担当している。この作品は、英国アカデミー賞、アヌシー国際アニメーション映画祭大賞を受賞し、一躍、注目される。93年、SFコミック『泥の橋』の作話を担当。『ベルヴィル・ランデヴー』はアカデミー賞のオリジナル主題歌賞と長編アニメ賞の2部門にノミネートされ、大ヒットとなる。04年にエジンバラに「ジャンゴ・スタジオ」を創設し、10年、ジャック・タチ原案の『イリュージョニスト』を完成させた。

# No. 197 ぼくの好きな先生

2002年　上映時間＝104分　監督◉ニコラ・フィリベール　撮影◉クリスチャン・ギー
主演◉ジョルジュ・ロペス

フランス中部のオーヴェルニュ地方にある小さな学校を舞台にしたドキュメンタリー映画。映画のスタッフはこの学校に長いあいだ通って撮影を続け、先生と子供たちにカメラの存在を意識させないほど深く交流し、親しみと笑いと涙にみちた記録映画を完成した。フランスで200万人もの観客を動員するヒットとなり、日本でも静かな話題を呼んだ。

この学校には先生が一人しかいない。ロペス先生が、一人で3歳から11歳まで13人の生徒を教えているのだ。年少の子供たちには簡単な読み書き（原題〝Etre et avoir〟にある être〈ある〉と avoir〈もつ〉の活用など）や、お絵かきや初歩的な倫理などを教える。「初歩的な倫理」とはいっても、それはむしろ根源的な問題であり、例えば、なぜ学校に来て勉強しなければいけないのか、というような問題を、ロペス先生は今流行《はや》りの生徒とのディスカッションなどで決めるのではなく、断固として生きるための倫理としてきちんと理づめで教えるのである。しかし、同時に上級生には家族の問題や感情的な悩みの相談にも応じるなど、人間的なやさしさもあふれている。
そんな日常的な教育の厳しくも懐かしい情景を縫って、オーヴェルニュ地方の豊かな緑や太陽の輝きや雪深い山野が点描され、四季の移り変わり、歳月の流れを実感させる。先生はこうして毎日毎日35年間も子供たちを教えてきたのだ。観客がそう気づくとき、ロペス先生の退職も間近に迫っている。

**ポイント**

◉**ニコラ・フィリベール**（1951〜）ナンシー生まれ。グルノーブル大学で哲学を専攻し、19歳の時にルネ・アリオ監督の『カミザール』の撮影に見習いとして参加。映画づくりに強く惹かれ、パリに出て、ルネ・アリオ、アラン・タネール、クロード・ゴレッタなどの助監督を務める。90年、『パリ・ルーヴル美術館の秘密』でドキュメンタリストとして注目され、聾唖者のコミュニケーションの世界を繊細にとらえた『音のない世界で』（82）が絶讃された。続いて自然のなかにあるラ・ボルド精神科診療所を舞台に患者たちが自分たちのリズムで日常を送る日々を描いた『すべての些細な事柄』（96）で世界的な名声を博した。記録的に大ヒットした『ぼくの好きな先生』の後、30年前に助監督でついたルネ・アリオ監督の劇映画の現場となったノルマンディーを訪れ、当時、出演した地元の農民たちと再会する感動的なドキュメンタリー『かつてノルマンディーで』（07）を撮った。

# まぼろし

No. 198

2001年　上映時間＝95分　監督・脚本◉フランソワ・オゾン
脚本◉エマニュエル・ベルンエイム、マリナ・ド・ヴァン、マルシア・ロマノ、オゾン　出演◉シャーロット・ランプリング、ブリュノ・クレメール

オゾンは1990年代フランス映画に現れた新鋭で、初期には悪趣味な題材を人工的な美術とキッチュな映像で描くことを得意とした。私にはとても一流の才能とは思えなかったのだが、『まぼろし』を見てその考えを撤回した。それまでの挑発的な技巧を嘘のように引っこめ、静謐《せいひつ》な映像で、夫の突然の死に直面する女性の姿を凝視している。21世紀初頭のフランス映画の秀作である。

マリー（シャーロット・ランプリング）とジャンは仲のよい中年夫婦で、恒例の夏のヴァカンスに出かける。二人で海辺に出て、夫はひと泳ぎしてくるという。マリーが昼寝から目覚めたとき、夫の姿は消えていた。事故か自殺か？　死体は上がらず、彼女は夫の死を信じることができない。パリに戻り、これまでと変わらぬ日常生活が再開し、ベッドを共にする男もできるのだが、マリーは夫の行方を探しつづける。

物語はただちにアントニオーニの『情事』を連想させるだろう。画面のクールな感触にも

アントニオーニに通じるものがある。だが、オゾンの映像はイタリアの巨匠よりさらに人間的感情を排除している。森の木々や海の砂やプールの水のほうが、人間よりも官能的な艶を湛えているのである。その事物の艶の陰に隠れて、人間の内面や感情は底知れぬ不可知の闇に沈むほかない。そんな世界観が、鼻持ちならぬ唯美主義に転落するぎりぎりの瀬戸際で、恐ろしいほど美しく結晶している。

**ポイント**

**◉シャーロット・ランプリング**（1946〜）　イギリスのスターマー生まれ。父は陸軍将校でオリンピックメダリストのスプリンター、母は画家。ロンドンで写真家にスカウトされ、ファッションモデル時代、リチャード・レスターに見出され、『ナック』（65）の端役でデビュー。その後、巨匠ルキノ・ヴィスコンティの目に止まり、『地獄に堕ちた勇者ども』（69）で注目を浴びる。71年、『さらば美しき人』で美しき裸身を大胆にさらし、センセーションを巻き起こした。さらに74年、リリアーナ・カヴァーニの『愛の嵐』で、収容所で生き延びるために性の玩具となったユダヤ人少女を演じ、世界中に衝撃を与えた。その後は国際的な活躍が目立ち、86年には大島渚の『マックス、モン・アムール』に出演し、大きな話題となった。『まぼろし』以後、オゾンとは『スイミング・プール』（03）、『エンジェル』（07）、『17歳』（13）、『すべてうまくいきますように』（21）とコンビを組んでいる。

No. 199

# 8人の女たち

2002年　上映時間＝111分　監督・脚本◉フランソワ・オゾン
主演◉カトリーヌ・ドヌーヴ、エマニュエル・ベアール

前作『まぼろし』（P430）に比して、『8人の女たち』はキッチュなオゾンが戻ってきたという感じの極彩色ミュージカル・ミステリーだ。大ベテランから中堅まで、フランスを代表する女優たちを集め、女だけしか登場しない映画である。大ヒットし、オゾンに世界的な名声をあたえた。

大雪で密室と化した豪邸で主人が刺殺される。容疑者は主人の家族の女たち。吝嗇《りんしょく》きわまりない母親（ダニエル・ダリュー）。別の男と浮気していた妻（カトリーヌ・ドヌーヴ）。金銭問題を抱えている妹（ファニー・アルダン）。怒りっぽい義妹（イザベル・ユペール）。カマトトの長女（ヴィルジニー・ルドワイヤン）。性格の悪い次女（リュディヴィーヌ・サニエ）。色情狂じみたメイド（エマニュエル・ベアール）。黒人の家政婦。このなかの誰が犯人か？　疑心暗鬼の腹の探りあいのなかで、8人の女たちの恐ろしい本性が露呈していく。

この上なく豪華な女優陣に息を呑むほかない。故ロミー・シュナイダーまでヒッチコック

ばりのカメオ出演をしているのだ。そのうえ、8人の女たち全員が歌を歌うという洒落た趣向。そのメロディも編集もチャーミングだ。さらに、舞台の書割りのようにカラフルな装置に、ため息を誘うほど美しい50年代風ファッションの数々。オゾンらしい視覚的な演出も派手だが、悪趣味に陥らず目を楽しませてくれる。女たちの本音が剥きだしになる辛辣なセリフの応酬も面白い。立派な娯楽映画だ。

**ポイント**

◉**フランソワ・オゾン**（1967〜） パリ生まれ。父親のキャメラで11歳の時から8ミリを撮り始める。パリ第1大学映画コースで修士号を取得。国立映画学校フェミスの監督コースを卒業後、『サマー・ドレス』(96)、『海をみる』(96) がロカルノ映画祭グランプリを獲得し、〈短篇王〉の異名をとる。長篇第1作『ホームドラマ』がカンヌ映画祭批評家週間で話題になり、『クリミナル・ラヴァーズ』(99) はヴェネツィア、『焼け石に水』(00) はベルリン映画祭で評判をとった。とくに『まぼろし』以降、豪華絢爛なミュージカル『8人の女たち』、メタ・ミステリーの味わいがある『スイミング・プール』(03) が高く評価されている。その後も、ある夫婦の別れから出会いへと時間が遡行する野心的なドラマ『ふたりの5つの分かれ路』(04)、〈死〉を凝視した自伝的な『ぼくを葬《おく》る』(05)、上昇志向にとりつかれた女流作家をアイロニカルに描いた『エンジェル』(07) など多彩な作品を作っている。

# 夜顔

2006年　上映時間＝70分　監督・脚本◉マノエル・ド・オリヴェイラ　撮影◉サビーヌ・ランスラン
主演◉ミシェル・ピコリ、ビュル・オジエ

映画史上、現役監督の最高年齢を更新しつづけたマノエル・ド・オリヴェイラが、98歳で撮った作品である。

ともかく仕掛けが凝っていて、この映画は、ルイス・ブニュエル監督、カトリーヌ・ドヌーヴ主演の『昼顔』（P268）の続篇という設定なのだ。つまり、あの映画のヒロインと男友達が40年後にパリの街でばったり再会したら？……というお話である。

ヒロイン、セヴリーヌの役に、オリヴェイラ監督はドヌーヴではなく、あえてビュル・オジエを起用した。このキャスティングが大正解で、貫録がありすぎるドヌーヴに比して、オジエは老いてなお（67歳）愛らしく、映画に軽やかな空気を吹きこんだ。

このセヴリーヌを、ミシェル・ピコリ扮する怪老人が、『昼顔』の出来事の裏にあった「秘密」を教えてやるから、とつけ回す。そのユーモラスな顚末《てんまつ》がじつに面白い。超現実的な仕掛けを施したブニュエルの『昼顔』より荒唐無稽な飛躍にみちている。

No.200

だが、この小品、何よりの魅力は、パリの街を映しだすその画面にある。なんの変哲もないパリの風景が、驚くほど艶やかな詩情に濡れ、私たちのまなざしを誘惑する。これほど生き生きと美しいパリが描かれたのは、ヌーヴェル・ヴァーグ以来ではないか、との思いにさえとらわれる。

見ている間じゅう、この映画はいったいどこへ行くのかというぞくぞくするような興奮が続く、なんともミステリアスな作品なのである。

ポイント

**◉マノエル・ド・オリヴェイラ**（1908〜2015）　ポルトガル北部のポルト生まれ。学生時代はスポーツと映画に熱中し、陸上選手、レーシング・ドライヴァーとしても活躍した。31年、短篇『ドウロ河』を映画祭に出品し、好評を博す。その後は、家業のワイン醸造を手伝いながら、短篇映画を監督。71年、長篇『過去と現在』で注目を集め、本格的に映画作りを再開。93年、『ボヴァリー夫人』を翻案した『アブラハム渓谷』でその優美で官能的な作風が世界的な評価を得た。その後も、キアラ・マストロヤンニが主演した『クレーヴの奥方』（99）でカンヌ映画祭審査員特別賞を受賞するなど名声は高まるばかり。カトリーヌ・ドヌーヴ、イレーネ・パパスなどの豪華キャストを結集させた『永遠の語らい』（03）では、9・11以後の世界情勢を視野に入れた大胆なメッセージ性を打ち出し、ファンを驚嘆させた。百歳を迎えても旺盛な創作意欲を失わない、世界最長老の大巨匠だった。

# 10

# 二十一世紀のフランス映画

# 石の微笑

2004年　上映時間＝107分　監督・脚本◉クロード・シャブロル
主演◉ブノワ・マジメル、ローラ・スメット、オーロール・クレマン

シャブロルは21世紀に入っても絶好調で、2010年に80歳で亡くなるまでに、総計53本の長編劇映画を完成し、そのほとんどは犯罪ミステリー映画だった。この数字は、同じくミステリー映画に専心したフリッツ・ラングの40本を凌《しの》ぎ、ヒッチコックの53本に匹敵する。シャブロルはラングやヒッチコックと比較されるべき映画史の巨匠になった。『石の微笑』は、21世紀シャブロルの最高傑作といえる、格調も怖さも意外性も兼ね備えた映画だ。

このときシャブロルは74歳だったが、老いなどまるで感じさせない若々しい映画的感性が際立っている。映画冒頭の横移動の画面からして、まるでアヴァンギャルド映画のような斬新さなのだ。風景と車と人影の幻想的な流れによって、見る者は一気にシャブロルのミステリー世界へと拉《らっ》し去られる。

主人公の青年フィリップ（ブノワ・マジメル）は、妹の結婚式でセンタ（ローラ・スメッ

No.201

ト）という娘と出会い、恋に落ちる。だが、センタはまもなく異常な性格を表し、自分を愛する証拠に、誰でもいいから他人を殺してくれとフィリップに迫る。そんなおり、近くである浮浪者の死体が発見される……。

原作は『沈黙の女／ロウフィールド館の惨劇』（P342）と同じルース・レンデルで、シャブロルとの相性の良さは抜群。荒唐無稽な設定から、隙のないショットの積み重ねで完璧な展開を行い、冷酷な運命のドラマに仕立てる。主演二人の好演もあって、シャブロルの演出の切れ味を隅々まで堪能できる。

ポイント

◉**ブノワ・マジメル**（1974〜） パリに生まれる。12歳でオーディションを突破し、『人生は長く静かな河』（88／エチエンヌ・シャテリエ監督）でデビュー。96年、アンドレ・テシネの『夜の子供たち』でカトリーヌ・ドヌーヴと共演、将来を嘱望される若手俳優として注目される。01年にはミヒャエル・ハネケの『ピアニスト』で、ピアニスト、イザベル・ユペールに異様な執着を示す青年を好演し、弱冠25歳でカンヌ国際映画祭主演男優賞を受賞した。以後、『クリムゾン・リバー2 黙示録の天使たち』（04／オリヴィエ・ダアン監督）、『あなたはまだ帰ってこない』（18／エマニュエル・フィンケル監督）など幅広いジャンルの作品に出演。近年、エマニュエル・ベルコと組んで『太陽のめざめ』（15）、『150ミリグラム ある女医の告発』（16）に出演。最新作『愛する人に伝える言葉』（21）では、ガンを宣告され、穏やかに死と対峙してゆく主人公を演じ、その深い洞察に満ちた名演が絶賛された。

# No.202 キングス&クイーン

2004年　上映時間＝150分　監督◉アルノー・デプレシャン　脚本◉デプレシャン、ロジェ・ボーボ
主演◉エマニュエル・ドゥヴォス、マチュー・アマルリック

『そして僕は恋をする』（P414）でフランス映画のホープになったとき30代だったデプレシャンも、60歳をこえた。『キングス&クイーン』はいまでも彼の最高作といえる、途方もなく強烈な魅力で輝く映画だ。

ヒロインのノラ（エマニュエル・ドゥヴォス）は、一人息子を老いた父（モーリス・ガレル）に預けている。だが、父が病に倒れたため、かつて夫婦同然だった男イスマイル（マチュー・アマルリック）に息子を養子にしてもらおうとする。だが、イスマイルは、数々の奇行のせいで精神病院に入院させられていた。ノラは病院まで行って、イスマイルに助けを求めるのだが……。

物語は、腐れ縁ともいうべき男女の関係と、家族の愛と葛藤をテーマにしている。月並みな主題に見えるが、まったく違う。この題材を扱うデプレシャンの演出と編集が素晴らしく鋭利なのだ。

ごく普通の場面でも、デプレシャンは細かくカットを割り、思いがけぬ画面のつなぎで、各場面をアクション映画のように変えてしまう。この独特の手法は『エスター・カーン めざめの時』（P416）でも鮮烈だったが、本作では唖然《あぜん》とするほど見事な完成の域に達している。また、のちに『007 慰めの報酬』に出演するアマルリックの奇人ぶりがかき立てる笑いも特筆に値する。呆れるほど自分勝手な登場人物たちが、王様や女王のごとく堂々と生きている。大人と子供の心が通いあうラストもひどく感動的だ。

**ポイント**

◉**エマニュエル・ドゥヴォス**（1964〜）パリ郊外のピュトーに生まれる。母親がフランソワ・トリュフォーの『逃げ去る恋』に出演したマリー・アンリオ、父親が60年代に活躍したジャン＝ミシェル・ドゥヴォスという俳優一家に育つ。中篇『二十歳の死』（91）以後、アルノー・デプレシャンの作品の常連として活躍。なかでも『キングス&クイーン』ではパリで画廊を営む、三度目の結婚を控えたヒロインを演じているが、その内面的な美しさは魅力的だ。ジャック・オディアールの『リード・マイ・リップス』（01）では聴覚障害を持つヒロインを演じる。愛人のヴァンサン・カッセルが彼女の特技である読唇術を利用して犯罪計画を目論むフィルム・ノワールでセザール賞主演女優賞を受賞。マルタン・プロヴォストの『ヴィオレット——ある作家の肖像』（13）では、自らの生と性を赤裸々に描いてボーヴォワールに絶賛された作家ヴィオレット・ルデュックを内省的に演じて新境地を示した。

# ランジェ公爵夫人

No.203

2007年　上映時間＝147分　監督◉ジャック・リヴェット　原作◉オノレ・ド・バルザック
主演◉ジャンヌ・バリバール、ギヨーム・ドパルデュー

原作はバルザックの『十三人組物語』の第2話から。リヴェットはバルザックの大ファンで、すでに『アウト・ワン』と『美しき諍い女』（P332）でバルザックの物語を現代に移していた。本作では、原作に忠実に、『修道女』（P232）や『ジャンヌ・ダルク』と並ぶ堂々たるコスチューム・プレイ（時代劇）を作りあげた。

ランジェ公爵夫人（ジャンヌ・バリバール）は19世紀パリ社交界随一の名花だが、異常なまでに気位が高い。この貴婦人に軍人モンリヴォー（ギヨーム・ドパルデュー）が惚れこんでしまう。だが、無骨なモンリヴォーは、最後の一線を許そうとしないランジェ夫人の手練《てれん》手管《てくだ》に翻弄されて、彼女を誘拐し、世にも恐るべき復讐をしようとする。

前衛的な実験映画（『狂気の愛』）や、奔放自在なファンタジー（『セリーヌとジュリーは舟でゆく』P302）で名高いリヴェットだが、本作では、もう一つの特色である古典的で厳密な演出に還り、人間の恋愛心理の極限を描く原作を一部の隙もない映像美でスクリーンに映

しだした。冒頭は、紺碧の地中海に浮かぶマヨルカ島の風景で観客を圧倒するが、まもなく、照明が蠟燭《ろうそく》しかない19世紀の室内劇となり、インテリアや衣裳が冷たい艶を放つリアリズムに移行する。長年の盟友であるウィリアム・リュプシャンスキーの撮影は、神技と呼ぶべき崇高さに達している。

モンリヴォーが残酷な行為に及ぼうとする瞬間、ランジェ夫人がどれほど官能的な恋する女に変身するか。その場面に本作の愛の神秘は極まる。

**ポイント**

**◉ジャンヌ・バリバール**（1968〜）パリ生まれ。父は哲学者のエティエンヌ・バリバールで、母は物理学者のフランソワーズ・バリバール。パリ第一大学で歴史学の修士号を取得。フランス国立高等演劇学校で学ぶ。コメディー・フランセーズを経て、アルノー・デプレシャンの『魂を救え』（92）で映画デビューを果たす。以後、デプレシャン作品のミューズとなる。『そして僕は恋をする』（96）で共演したマチュー・アマルリックとは2003年までパートナーで、男の子を2人もうけている。『恋ごころ』（01）、『サガン 悲しみよこんにちは』（08）でセザール賞助演女優賞にノミネート。歌手としても知られ、マチュー・アマルリックが監督した『バルバラ セーヌの黒いバラ』（17）では1950年代からシャンソン界の女王として君臨した伝説的歌手バルバラを演じている。虚構と現実が交錯する〈入れ子構造〉のスタイルを導入したこの斬新な作品で、セザール賞主演女優賞を受賞。

# 我が至上の愛 アストレとセラドン

No.204

2007年 上映時間＝109分 監督・脚本◉エリック・ロメール 原作◉オノレ・デュルフェ
主演◉アンディ・ジレ、ステファニー・クレイヤンクール

ロメールが87歳で完成した遺作。しかし、まるで日本の少女マンガのような瑞々しい感性にあふれた、軽やかで、あでやかな恋愛映画だ。こうした監督は映画史にも例を見ない。

舞台は5世紀、ガリアと呼ばれた時代のフランス。ロメールは、この汎神論的《はんしんろん》なエロスの物語にふさわしいロケ地を選ぶのに3年かけたという。その甲斐あって、ギリシア神話のような風景が魅惑的に展開する。

羊飼いの娘アストレは美青年セラドンに恋をする。だが、つまらぬ原因で彼女はセラドンを拒絶し、傷ついた青年は川に身を投げるが、ニンフたちに救われる。セラドンは世を捨てようとするが、アストレへの思いは断ちがたく、ある予想外の行為に出る。

原作は、17世紀フランスの大ベストセラーで、五千ページもあるが、ロメールの脚色は簡潔で、フランス的エスプリと優雅さを巧みに抽出している。

物語の主題は、浮世ばなれした愛の忠誠だが、そんなお堅いテーマをこえて、悩ましく匂

いたつ官能の香りが見る者の陶酔を誘う。ギリシア風の寛衣から娘たちの乳房がこぼれ、気ぜわしく愛撫を交わす手の動きがなんともエロティックだ。そんな愛のシーンを撮った監督が、ふたたびいうが、87歳だというのだから驚くほかない。

ロメールの演出は正攻法で、必要な被写体を画面に収めるだけ。だが、カメラワークは柔軟で、ひそかな映画的興奮がスクリーンの隅々まで水の波紋のように広がっていく。映画の奇跡といいたい。

**ポイント**

**◉アンディ・ジレ**（1981〜）　レユニオン県サン＝ドニ生まれ。エルメスなど有名ブランドの男性ファッションモデルとして人気を博し、テレビドラマでも活躍する。その端整な美貌が人気を博し、アン・フォンテーヌ監督の『ヌーヴェル・チャンス』（06／未公開）で映画デビューを果たす。エリック・ロメールの遺作『我が至上の愛　アストレとセラドン』では、ニンフ（妖精）たちを虜にする羊飼いのセラドンを演じているが、その際立った美しさ、官能的な魅力で一躍、注目を浴びた。劇中で恋人となるアストレを演じたステファニー・クレイヤンクールとは実際に恋愛関係になった。よしながふみのマンガの映画化『アンティーク〜西洋骨董洋菓子店〜』（08／ミン・ギュドン監督）にも出演している。主演作では日本未公開だが、ポーランドを代表する異端の作家ヴィトルド・ゴンブローヴィッチの同名原作を鬼才アンジェイ・ズラウスキが映画化した『コスモス』（15）が大いに気になる。

# 夏時間の庭

# No.205

2008年　上映時間＝102分　監督・脚本◉オリヴィエ・アサイヤス
主演◉ジュリエット・ビノシュ、シャルル・ベルリング、エディット・スコブ

21世紀に入ってから、かつてのとんがった映画青年アサイヤスは、まるで東映活劇のようにハードな、しかも5時間半の大作『カルロス』や、往年ハリウッドの名作『イヴの総て』を想起させる、女優たちのぶつかりあう『アクトレス』を撮って、どんな題材でも柔軟にこなす巨匠の仲間入りをした。その転機となったのが、この『夏時間の庭』である。

テーマは家族。老いた母の家に、長男と長女（ジュリエット・ビノシュ）と次男、そして彼らの子供たちが集まってくる。老母の75歳の誕生日を祝うためだ。しかし、老母は自分の死を予期し、この家と財産を処分するように命じる。これは、小津安二郎の『麦秋』や『東京物語』にも似た、一見温かく見えるが、残酷な家族の崩壊の物語なのだ。

老母を演じたのは、ジョルジュ・フランジュ監督の恐怖映画の名品『顔のない眼』（P122）で美少女のヒロインだったエディット・スコブ。神秘的な少女性を宿しつつ、時間に侵食された人間の孤独な影を際立たせている。

老母の死の前後の説明を完全に省略し、残された家族の顔に映る死の波紋だけを描くアサイヤスの演出が見事で、監督の技量の成熟を感じさせる。

脇役の家政婦のセリフが記憶に残る。

「空《から》の花瓶は虚しい」

老母の愛用した花瓶を骨董品として売る家族への批判であると同時に、使われない花瓶を残しても仕方がないという諦念を湛えた賢者の言葉である。

**ポイント**

◉**オリヴィエ・アサイヤス**（1955〜） パリ生まれ。1970年代に「カイエ・デュ・シネマ」誌で映画批評を書き、その後、映画監督になる。『ランデヴー』（85）、『溺れゆく女』（98）などのアンドレ・テシネ監督作品で脚本を担当、86年『無秩序』で長篇デビュー。その後、パリを舞台に大人の三角関係を描いた『パリ・セヴェイユ』（91）、香港スター、マギー・チャンを主演に迎え話題を呼んだ『イルマ・ヴェップ』（96）、東京で撮影を敢行した『DEMON LOVER デーモンラヴァー』（02）を経て、『クリーン』（04）では、マギー・チャンがカンヌ国際映画祭で主演女優賞を獲得した。その後、クリステン・スチュワート主演の『アクトレス〜女たちの舞台〜』（14）、『パーソナル・ショッパー』（16）を撮り、同作でカンヌ国際映画祭監督賞を受賞している。私生活ではマギー・チャンと結婚し、01年に離婚。09年に映画監督・女優のミア・ハンセン＝ラブと再婚し、同年に娘が生まれている。

# No.206 風にそよぐ草

2009年　上映時間＝104分　監督◉アラン・レネ　脚本◉アレックス・レヴァル、ロラン・エルビエ
主演◉アンドレ・デュソリエ、アンヌ・コンシニ

世界で一番難解な映画といわれた『去年マリエンバートで』（P242）から、爆笑ものの口パクミュージカル『恋するシャンソン』（P356）へと、70歳をこえたレネの予想外の演出の変転には大いに驚かされた。だが、21世紀に入って、レネの映画作りはさらに変幻自在を極めていく。1922年生まれのレネが87歳で撮った『風にそよぐ草』は、軽快にして珍無類の恋愛コメディである。

マルグリット（サビーヌ・アゼマ）はパリの真ん中でバッグをひったくられる。その捨てられた財布を拾ったのが、初老の紳士ジョルジュ（アンドレ・デュソリエ）。そのなかにあったマルグリットの写真を見て一目惚れしてしまう。そして、ストーカーまがいの強烈な攻勢を仕掛けてくるのだが……。

『メロ』（P354）から4半世紀に及ぶアゼマとデュソリエのコンビはフランス映画界の至宝だ。

また、『去年マリエンバートで』以来の美術監督ジャック・ソーニエが手がけたセット、

とくに主役二人が初めて出会う映画館のある街角など、その技は冴えに冴え、愛の奇跡のドラマを輝かせる。その気になれば、レネはこんな名人芸もさらりと見せる。

原タイトルは地面を割って生えてくる雑草のことを意味するが、レネの初期作『夜と霧』や『去年マリエンバートで』にも雑草は印象的に現れ、ホロコーストや原爆の災禍をこえる生の象徴だった。それが本作では、年齢や社会的制約をはねのけて育つ愛のイメージになっている。レネの映画作家としての個性の一貫に感動を禁じえない。

**ポイント**

**◉サビーヌ・アゼマ**（1949〜）パリ生まれ。フランス国立高等演劇学校に学び、舞台女優としてのキャリアをスタートさせる。映画デビューはジョルジュ・ロートネルの『最悪』(76)。女優としての転機となったのは、アラン・レネ（1922〜2014）との出会いで、面識のなかったレネから連絡をもらい、『人生は小説』(83)の主演の一人、女教師役に抜擢される。そして続く『死に至る愛』(84)では悲劇的なヒロインを演じた。その後、レネとは公私にわたるパートナーとなった。連作『スモーキング』『ノー・スモーキング』(93)では異なる6つの役に挑み、『恋するシャンソン』(97)では明るくエネルギッシュなオディール役を好演。オペレッタ映画『巴里の恋愛協奏《コンチェ》曲《ルト》』(03)では艶やかな歌声を披露している。ベルトラン・タヴェルニエの『田舎の日曜日』(84)とレネの『メロ』(86)ではセザール賞主演女優賞を受賞しており、女優として本格的な才能を開花させた。

# No.207 ゴダール・ソシアリスム

2010年　上映時間＝102分　監督◉ジャン＝リュック・ゴダール
撮影◉ファブリス・アラーニョ、ポール・グリヴァス　出演◉パティ・スミス

ゴダール80歳のおりの作品。ソ連の崩壊後にあえて「ソシアリスム（社会主義）」の可能性を問うゴダールの姿勢に、グローバル資本主義に覆われた現代世界への深い苦悩を感じずにはいられない。

一方、手法的には、劇映画全編をデジタルビデオ撮影するというゴダール初の試みであり、この実験精神は、次作『さらば、愛の言葉よ』（2014）で、手作りの木枠にキヤノンのカメラを2台くくりつけて3D（立体）映画を撮ってしまうところまで行く。

舞台は地中海を周遊する豪華客船。かつてスペイン内戦で共和政府がモスクワに送った大量の黄金が消えた。その謎をめぐるミステリー仕立てである。

停泊地は、エジプト、パレスチナ、オデッサ、ナポリ、バルセロナ。いずれもヨーロッパ文明の要所だが、過去の歴史の壮大な重みに比して、現代都市の情景はどこも空虚だ。

「クオ・ヴァディス、エウロパ（どこへ行く、ヨーロッパ）」とゴダールは問いかけるが、

「この船の行く先は不可能な歴史」なのだという。沈没を暗示する「全員退避」の号令が幻聴のように響きわたり、世界の運命を凝視するゴダールの絶望感がひしひしと伝わってくる。
昔のゴダールなら、どこかに完璧な陶酔を誘うイメージを挿入したはずだが、もはやここにはそうした配慮はない。世界の危機が、完結した映像美による自己満足を許さないのだろう。自殺幇助による死という選択もその延長線上にあるのかもしれない。

**ポイント**

◉**パティ・スミス**（1946〜）『ゴダール・ソシアリスム』の第1章「こんな事ども」に本人役で登場するパティ・スミスはアメリカ合衆国イリノイ州シカゴ生まれのシンガーソングライター、詩人。ニューヨークに移り住み、ロバート・メイプルソープと同居しながら創作活動に専心。70年代にニューヨーク・パンクシーンで台頭した女性ロックシンガーの先駆者の一人で、過激にシャウトする歌唱は「クイーン・オブ・パンク（パンクの女王）」と称された。レニー・ケイと出会い、自身が舞台で詩を朗読し、彼がバックで演奏するスタイルを確立する。78年に発表したアルバム『イースター』でブルース・スプリングスティーンと共作した「ビコーズ・ザ・ナイト」はビルボードのシングルチャートで13位にランクインした。09年には11年間彼女に密着したドキュメンタリー映画『パティ・スミス：ドリーム・オブ・ライフ』が日本でも公開されている。

# No.208 家族の灯り

**2012年** 上映時間＝91分 監督・脚本◉マノエル・ド・オリヴェイラ
主演◉ジャンヌ・モロー、クラウディア・カルディナーレ、レオノール・シルヴェイラ

『夜顔』（P434）と同じく、オリヴェイラ監督が全編フランス語で撮ったフランス＝ポルトガル合作映画。これを撮ったとき、オリヴェイラは104歳で、最後の長編となった（享年106）。こんな映画作家はもう二度と出ないだろう。

ジェボ（ミシェル・ロンスダール）は老いた帳簿係。妻（クラウディア・カルディナーレ）は8年前に失踪した息子のことばかり案じ、ジェボは、息子の妻（レオノール・シルヴェイラ）に唯一の慰めを見出している。だが、泥棒として追われる息子が突然帰宅し、隣人（ジャンヌ・モロー）たちと茶飲み話にふけるジェボたちを非難する。「魂をもつ泥棒もいれば、魂のない善人もいる」というのだ。息子の帰還がジェボ一家の安寧をゆるがす。

貧しさに自足し、変化のない毎日を送る人生は生きるに値するか、という重い問いかけがこの映画の根底にはある。すべての人にそれぞれの言い分があり、現状への不満に答えが見出されることはない。オリヴェイラは彼らをじっと見守るのみだ。撮影監督レナート・ベル

タの神業に息を呑む。
静謐さに沈む室内劇だが、画面の隅々まで緊張感がみなぎり、一瞬のたゆみもない。そのなかに夢幻的な美しさや、神秘的な空気まで感じさせるのだ。極限まで単純化された家族ドラマで、映画的表現の極北に位置するといって過言ではない。ドライヤー、小津安二郎、ブレッソンと並べて、神なき世俗を描く聖なる映画の系譜に連なる一編ともいえる。

ポイント

◉**レオノール・シルヴェイラ**（1970〜）　ポルトガルのリスボンに生まれる。17歳の時に、オリヴェイラの『カニバイシュ』(88)の小さな役を得て、映画初出演を果たす。その後も『ノン、あるいは支配の空しい栄光』(90)にヴィーナス役、『神曲』(91)にイヴ役で登場。そして『アブラハム渓谷』(93)の謎めいた美しいヒロイン、エマを演じて世界的に注目を浴びた。その後は、オリヴェイラ作品以外の出演を極力控え、『アンジェリカの微笑み』(10)、『家族の灯り』まで文字通りこの巨匠の晩年の作品に欠かせないミューズとなった。彼女は「オリヴェイラの作品で演技をするとき、それが素人の役者―彼の初期の映画のように―であっても、ポルトガルの演劇界、映画界で名の知れた俳優であっても、俳優たちはテクストと沈黙を伝達する機関になります。彼が作品を組み立てるときにみせる厳密さやカメラを覗く純粋な視線が、人間同士の衝突を解決するのだと思います」と語っている。

## No.209

# ホーリー・モーターズ

**2012年** 上映時間＝116分 監督・脚本◉レオス・カラックス
撮影◉キャロリーヌ・シャンプティエ 主演◉ドニ・ラヴァン、エディット・スコブ

カラックスが20世紀末に撮った『ポーラX』は、メルヴィルの『ピエール』を原作とする姉弟の近親相姦のドラマだが、全体に漲《みなぎ》る荒涼とした空気は、世界の終末を告げるような趣があった。それから13年間、カラックスは長編映画を作れなかった。待望の『ホーリー・モーターズ』は、その長い空白を一挙にかき消す、映画への熱い思いがこめられた、静かに白熱するような傑作だ。

主人公オスカーは、第1作『ボーイ・ミーツ・ガール』からカラックス映画の主役を張ってきたドニ・ラヴァンが演じる。オスカーは毎日リムジン車でパリの町を移動しながら、変装してあらゆる人物に扮する。物乞いの老婆、映画の特殊撮影のスタントマン、下水道に棲む凶暴な怪物、娘を思いやる父親、ギャングの殺し屋、瀕死の老人……。

映画史には『8½』や『アメリカの夜』のように映画作りの映画というテーマがある。本作には映画監督もカメラマンも出てこないが、ただただ他人の人生を模倣する役者のアク

ションがある。これこそが映画の核心なのだ。そして、そのことに気づいた瞬間、映画という営みの、痛ましいまでの空しさと、身を揺るがすような感動が迫ってくる。

とくに、廃墟となったパリのサマリテーヌ百貨店の場面の美しさは筆舌に尽くしがたい。

いまや映画はデジタルな情報の集積になってしまったが、それでも映画は撮られつづけねばならないという、呪われた天才の孤独な確信が画面いっぱいに溢れている。

ポイント

◉**ドニ・ラヴァン**（1961〜）ヌイイ＝シュル＝セーヌ生まれ。フランス国立高等演劇学校に学びながら、クロード・ルルーシュ、ディアーヌ・キュリスの作品に小さな役で出演。『ボーイ・ミーツ・ガール』（84）のオーディションでレオス・カラックスと出会い、以後、『汚れた血』（86）、『ポンヌフの恋人』（91）と彼の初期の〈アレックス3部作〉で主演を務め、カラックスの分身とも称される。ラヴァンは映画狂のカラックスに、『ボーイ・ミーツ・ガール』では『M』（31・フリッツ・ラング監督）のピーター・ローレを、『汚れた血』では『ローラ殺人事件』（44・オットー・プレミンジャー監督）のダナ・アンドリュースを参考にするようにと助言されたが、全く理解できなかったと述懐している。『ホーリー・モーターズ』は「自分が出演したレオスの映画のなかで、もっとも喜びを感じる作品」と絶賛している。ハーモニー・コリンの『ミスター・ロンリー』（07）におけるチャールズ・チャップリン役も忘れがたい。

# No.210
# アデル、ブルーは熱い色

2013年　上映時間＝179分　監督◉アブデラティフ・ケシシュ　脚本◉ケシシュ、ガリア・ラクロア
主演◉アデル・エグザルコプロス、レア・セドゥ

本作はカンヌ映画祭でパルム・ドール（最高賞）を受賞した。この賞は本来監督に与えられるものだが、審査委員長スピルバーグの意向で、監督とともに、主演女優2人への異例の授賞となった。それほど2人の迫真的な演技が強烈だったのだ。

アデル（アデル・エグザルコプロス）はフランスの女子高生。街ですれ違った青い髪の女エマ（レア・セドゥ）と恋に落ち、体の関係に入り、たがいの家族にも紹介しあう。数年後、エマは画家となり、アデルはそのモデルをしながら幼稚園の先生になるが、2人の間にはしだいに溝が生じていく。

長く激しい同性愛の肉体描写が話題となった。実際、クローズアップを多用して、ここまで精細かつ生々しく女性同士の行為を描きだした作品は初めてだろう。のちに主演したレア・セドゥはこの演出に違和感を表明したが、あまりにもあからさまに肉体を露呈させられた女優としては無理もないことだ。

しかし、それはポルノ的な興味によるのではなく、現実をつぶさにカメラに収めようとするケシシュ監督の資質なのだ。アデルの学校生活や政治的デモ、くり返される食事や眠りやパーティの場面も同様の執拗さで捉えられている。この写実主義に「昆虫学的」という形容をつけてもよい。
やはり特筆すべきは、タイトルロールを演じたアデルの鈍重さも含めたリアルな存在感と、ショートカットの青い髪の女に扮したレア・セドゥの凛としたカッコよさである。

ポイント

◉**アブデラティフ・ケシシュ**（1960〜） チェニジアに生まれる。6歳でニースに移住。アンティーブの国立演劇学校で学び、演出も手がける。映画では、俳優としてアンドレ・テシネの『イノセンツ』（87）に出演。監督デビュー作『ヴォルテールのせい』（00）はパリにやって来た移民の若者たちの日常を精緻に描き、ヴェネチア国際映画祭で新人監督を対象とした金獅子賞を受賞。低予算で撮った『身をかわして』（04）はセザール賞主要4部門で受賞。さらに『クスクス粒の秘密』（07）では、船上レストランを開こうと奮闘するチュニジア系移民の男性と、その家族の姿を生き生きと描き、ヴェネツィアで審査委員特別賞、国際映画批評家連盟賞などを受賞している。そしてジュリー・マロのグラフィックノベルを映画化した『アデル、ブルーは熱い色』は、カンヌ国際映画祭で満場一致でパルム・ドールに輝き、主演女優2人にも賞が授与されるという史上初の快挙をなし遂げた。

# ロスト・イン・パリ

## No.211

2016年　上映時間＝83分　監督・脚本◉ドミニク・アベル&フィオナ・ゴードン
主演◉ドミニク・アベル&フィオナ・ゴードン、エマニュエル・リヴァ

21世紀に入って作られたフランス語圏コメディ映画の最高の一本。ベルギーの夫婦の道化師、ドミニク・アベルとフィオナ・ゴードンが、脚本・監督・主演をこなしている。

カナダの雪深い田舎町から未婚の中年女性フィオナが花のパリに上京する。真っ赤などデカいリュックにカナダの国旗をちょこんと立てて、まさにおのぼりさん。フィオナの目的はマーサおばさんと再会すること。マーサが無理やり老人ホームに入れられるから助けてくれと手紙をよこしたのだ。そのフィオナにホームレスのドミニクが一目惚れし、フィオナの迷惑も顧みず、マーサ探しの手伝いに奔走する。だが、マーサは亡くなったことが分かり、2人は葬儀場に赴くのだが……。

まずは主役2人の芸達者ぶりに驚かされる。いくら本職の道化師でもその芸が映画に映えるとはかぎらない。だが、このコンビは歩く姿や身ぶりひとつでも絵になっている。その見事な身のこなしが、すでに映画的アクションとして成立し、画面に生き生きとしたリズムを

与えている。バスター・キートンやジャック・タチの微笑ましい伝統がここには生きているのだ。
物語も単純に見えて、細かい伏線の張り方が巧妙で、あとから効果がきいてくる。さらに、フィオナとドミニクの話にマーサおばさんが絡んで、意外な展開になる。マーサを演じたのは88歳のエマニュエル・リヴァ。遺作となったが、見応え十分。

ポイント

◉**ドミニク・アベル&フィオナ・ゴードン**　ドミニクは1957年ベルギー生まれ。フィオナは57年オーストラリア生まれ。二人はパリのジャック・ルコック国際演劇学校で出会い、87年に結婚。ブリュッセルやパリを拠点に道化師として活躍。80年代から創作演劇で世界各地を巡業する。90年代に入ると、同じ道化師出身の監督ブルーノ・ロミと3人で短編映画を製作。05年、長篇映画第一作『アイスバーグ!』を発表。氷に魅せられた女性が氷山を目指して旅に出る物語をセリフのほとんどないサイレント・コメディに仕立て上げ、『ルンバ!』(08)では、〝ジャック・タチの後継者〟との賛辞を贈られた。『ロスト・イン・パリ』では、さらにその表現力に磨きがかかり、ディテールにまで凝ったカラフルな映像美に、あっと驚くような仕掛けがちりばめられている。とりわけ絶妙な振り付けと選曲のセンスが光るダンスシーンは躍動感にあふれ、忘れがたい印象を残す。

# 婚約者の友人

No.212

2016年　上映時間＝113分　監督◉フランソワ・オゾン
原作◉モーリス・ロスタン　主演◉パウラ・ベーア、ピエール・ニネ

近年ますます芸域（?）を広げつつあるオゾンだが、本作は、エルンスト・ルビッチ監督の『私の殺した男』（1932）のリメイク。『私を殺した男』は、ルビッチとしては異色中の異色の反戦劇で、隅々まで完璧な演出の行き届いた名作である。

だが、オゾンは名作の圧力を軽やかに撥《は》ねのけて、巧みなミステリーに仕立て直し、ドンデン返しのエンディングまでつけ加えた。オゾンの芸達者を存分に堪能させてくれる。

舞台は、第一次世界大戦直後のドイツのある村。ヒロインのアンナ（パウラ・ベーア）は、戦死した婚約者フランツの墓参りに行き、墓前で泣いている男アドリアン（ピエール・ニネ）を見つける。アドリアンはフランス人で、フランツがパリを旅行したときに知りあった友人だという。フランツの父は、息子を殺したフランスを憎んでいたが、アドリアンの真情を受けいれ、アドリアンの来訪を楽しみにするようになる。アンナもまたアドリアンに、婚約者の友人以上の感情を抱くようになるのだが、アドリアンにはある秘密があった。

本作の成功の原因は、オゾンの脚色のうまさと、主役のピエール・ニネのキャスティングの妙に尽きる。とくにニネは、自身ホモセクシュアルであるオゾンの念入りな演出の甲斐もあって、亡くなった愛する友人と、自分に好意を寄せるアンナとのあいだで、両性具有的な魅力を発し、その秘密にいっそうの謎めいた輝きを加えている。

**ポイント**

**◉パウラ・ベーア**（1995〜）ドイツ、ベルリン生まれ。舞台で経験を積んだ後、14歳でクリス・クラウス監督の『ポル』（10／未）で主役を務め、バイエルン映画賞新人女優賞を受賞しデビューを飾る。ロンドンのギルトホール音楽演劇学校などで演技を学び、『ルートヴィヒ』（12／マリー・ノエル、ペーター・ゼーア監督）や『クリスマスの伝説ー4人の若き王たち』（15／テレーザ・フォン・エレッツ監督）などに出演。オーディションで『婚約者の友人』の主演を勝ち取り、ヴェネチア国際映画祭マルチェロ・マストロヤンニ賞（新人俳優賞）を受賞。この映画のラッシュをクリスティアン・ペッツォルト監督が見た縁で『未来を乗り換えた男』（18）に抜擢される。続いて同監督の『水を抱く女』（20）ではベルリンの博物館でガイドを務める知的な歴史学者を好演。〝オンディーヌ伝説〟を体現する官能的なファム・ファタル、神秘的な水の妖精を演じて世界的な称賛を受けている。

Blu-ray￥4,180（税込）発売・販売元
KADOKAWA／©Mandarin Production - FOZ - X FILME Creative Pool GmbH - Mars Films - France 2 Cinema - Films Distribution

# No.213 たかが世界の終わり

2016年　上映時間＝99分　監督・脚本◉グザヴィエ・ドラン
主演◉ギャスパー・ウリエル、レア・セドゥ、マリオン・コティヤール

ドランは19歳のときに、脚本・監督・主演の『マイ・マザー』でカンヌ映画祭にデビューしたフランス語圏カナダの寵児である。7年後の本作で、カンヌ映画祭グランプリを獲得した。

原作はジャン＝リュック・ラガルスの同名戯曲。ラガルスはフランスの人気劇作家だったが、エイズにより38歳で死んだ。本作の主人公ルイも同性愛者なので、ルイの病にもその影は落ちている。

34歳の有名な劇作家ルイ（ギャスパー・ウリエル）が12年ぶりに実家に戻ってくる。家族に自分の死がまもないと告げるための帰郷だった。

ルイを迎えたのは4人。母親（ナタリー・バイ）は初老だが、厚化粧に派手な衣裳ではしゃぎまわる。妹シュザンヌ（レア・セドゥ）は兄を熱愛しているが、どう接すればいいか分からず、会話ははかどらない。兄アントワーヌ（ヴァンサン・カッセル）はわざと粗暴に

ふるまい、妹と衝突し、ルイにも喰ってかかる。唯一、兄嫁のカトリーヌ（マリオン・コティヤール）がルイと兄の仲をとりなそうとするが、うまくいかない。

登場人物は5人のみの室内劇だが、危うい家族関係の変転から目を離せない。ドランは原作を大胆に刈りこんで、たえまないショットを畳みかけ、スピード感を醸成する。サスペンスも十分で、一触即発の会話劇がスリリングだ。何よりの見どころは、フランスを代表する個性的な名優が、やり過ぎの限界寸前まで盛りあげる演技合戦である。

**ポイント**

◉**グザヴィエ・ドラン**（1989〜） カナダのモントリオール生まれ。幼くして両親が離婚、母親や祖母に育てられた。4歳から子役としてテレビ、映画に出演。自作の短篇「母殺し」をもとに19歳で主演、脚本、監督を務めた『マイ・マザー』(09)がカンヌ国際映画祭監督週間で3つの賞を受賞し、〝若き天才の登場〟と一躍注目を浴びた。3作目の『わたしはロランス』(12)は自身のセクシュアリティに悩むメルヴィル・プポーと母親ナタリー・バイの屈折した関係を描く。色鮮やかな衣装が乱舞する大胆かつ幻想的なイメージが観客を魅了し、日本でもヒットした。豪華キャストの『たかが世界の終わり』では余命を知ったゲイの青年の苦悩を鮮烈に画面に刻みつけた。『タイタニック』のディカプリオにファンレターを書いた自身の幼少期の思い出をヒントに壮大なドラマを構築した『ジョン・F・ドノヴァンの死と生』(18)は、〝母と息子〟という彼の終生のテーマの集大成でもある。

Blu-ray ￥5,170（税込）DVD ￥4,180（税込）
発売・販売元　ポニーキャニオン／©Shayne Laverdiere, Sons of Manual

# No.214 汚れたダイヤモンド

2016年　上映時間＝115分　監督◉アルチュール・アラリ
脚本◉アラリ、ヴァンサン・ポワミロ、アニエス・フーヴル　主演◉ニールス・シュネデール、アウグスト・ディール

オリヴィエ・マルシャル監督の『あるいは裏切りという名の犬』（2004）と並んで、21世紀フランス製フィルム・ノワールの醇乎《じゅんこ》たる傑作だ。

監督のアラリはこれが長編第1作だが、見る者を捉えて離さぬ確かな語り口をもち、独自のスタイルで暗く輝いている。

主人公ピエールはパリの窃盗団の一員だ。父が野垂れ死にし、父が継ぐはずだったベルギーのダイヤモンド取引の商社を叔父に奪われる。ピエールは叔父への復讐を誓うが、叔父に従うと見せて、ベルギーでのダイヤモンド研磨の仕事に就く。そして、パリの窃盗団のボスと連絡をとりつつ、叔父の超大型のダイヤ原石を奪う計画を立てる。

一見単純な話に見えるが、目のクローズアップとダイヤの輝きを重ねる鮮烈な映像や、切断された手の衝撃的なイメージを交えつつ、あからさまな審美主義には陥らず、ひき締まった画面を連続させる。

ピエールを演じる新鋭俳優ニールス・シュネデールも出色《しゅっしょく》だ。正統的な美貌を薄汚れた髭面で隠しながら、ときおり娘のように紅潮させる顔に、妙に妖しい色気を滲ませる。じつは『ハムレット』を下敷きにして、亡き父と息子の葛藤を描くドラマでもある。そこに、父の立場を奪った叔父と、ピエールを息子のように愛する窃盗団のボスと、ピエールの師匠となるダイヤ研磨の名人が絡み、その輻輳《ふくそう》した人間関係が犯罪ドラマに見事な厚みと陰翳をあたえている。

**ポイント**

◉**アルチュール・アラリ**（1981〜）パリ生まれ。祖父は俳優・演出家のクレマン・アラリ。兄は撮影監督のトム・アラリ。パリ第八大学で映画を専攻。07年、中篇作品に特化し、若手監督の発掘の場になっているブリーヴ映画祭で『平手打ち』がグランプリを受賞した。少年時代にジョン・ヒューストンの『マルタの鷹』を見て以来、ハリウッドのフィルム・ノワールに深く魅せられたアラリは長篇第一作『汚れたダイヤモンド』で念願がついに叶い、このジャンルへの熱いオマージュを捧げた。本作について「私がフィルム・ノワールで好きなのは、その曖昧さである。曖昧さはプロット、映像、演技、感情、意味、道徳、全てに関わる。それはダイヤモンドが持つもう一つのメタファーでもある」と語っている。第2作はテーマを一転、ルバング島のジャングルで敗戦後も30年間隠遁していた旧陸軍少尉・小野田寛郎（津田寛治）を描いた『ONODA 一万夜を越えて』（21）である。

©LFP - Les Films Pelléas / Savage Film / Frakas Productions / France 2 cinéma / Jouror Productions　／配給　エタンチェ

# No.215 顔たち、ところどころ

2017年　上映時間＝89分　監督・脚本・ナレーション◉アニェス・ヴァルダ、JR
出演◉アニェス・ヴァルダ、JR

ヴァルダは21世紀に入って、幻想性を交えた独自のドキュメンタリー映画作りに専念する。本作は、1928年生まれのヴァルダが89歳のときに完成したドキュメンタリーのロードムーヴィである。

ヴァルダは、54歳年下の写真アーティストJRと一緒に、フランス各地への旅に出る。JRのスタジオ付きトラックで移動して、フランスの村々をめぐり、そこで出会った人々の顔を写真に撮り、その写真を巨大に引きのばして、彼らの暮らす建物の壁に張りつけるのだ。

そのようにして出会う人々の顔、村々の表情、それがこの映画の第1の主題だ。単純なコンセプトだが、そこから無限の人間と世界の多様性が広がる。もはやヴァルダの映画に虚構の物語は必要ない。カメラを向けた先に、人間と世界の過去と現在と未来が重なりあって映しだされるからだ。

第2の主題は、ヴァルダ自身だ。撮影当時87歳のヴァルダは、元気そうに歩くが、じつは足腰が弱り、映画作家にとっての生命ともいえる目も見えにくくなっている。そんな老いと、その先にある死さえも予見しながら、ヴァルダは生きる希望としての映画作りにいわば命を捧げている。その精神の潔さと軽やかさに感動せずにはいられない。

JRへの感謝の気持ちから、ヴァルダは、彼が尊敬するゴダールに会わせようと、友人ゴダールの住むスイスにまで足を延ばす。その悲痛な結末はこの映画を見たすべての人の心に喰い入るだろう。

ポイント

◉JR（1983〜）パリ近郊に生まれる。10代の頃からグラフィティ・ペインティングを始め、17歳の時にパリの地下鉄で拾ったカメラで、自分と仲間たちによるストリートアートの写真を撮って町の壁に貼り付けるようになる。以来、自らを「フォトグラファー＋グラフィティ・アーティスト」と称し、ケニアのゲットー、ブラジルの貧民街、パレスチナの分離壁、東日本大震災の日本など、各国の壁を展示場所にして、人々の巨大なポートレイトを貼り、世界で最も注目されるアーティストの一人となる。匿名を守り、作品に何の解説も加えず、見る人に解釈してもらうことを基本的なスタンスとしている。2011年に非営利団体メディアのTED賞を受賞し、そこで得た賞金10万ドルで個人参加型の「インサイド・アウト」プロジェクトを開始。そのアジア初の展示が東京・ワタリウム美術館で2013年に開催された。現在はパリとニューヨークを拠点に活動している。

# ディリリとパリの時間旅行

No.216

2018年　上映時間＝94分　監督◉ミシェル・オスロ　音楽◉ガブリエル・ヤレド
声の出演◉プリュネル・シャルル＝アンブロン、エンゾ・ラツィト、ナタリー・デセイ

オスロは『プリンス&プリンセス』や『夜のとばりの物語』など、影絵ふうの陰翳豊かな画面で知られるが、本作では感嘆するほかない色彩美を開花させた。世界アニメの最先端を行く作品だ。

舞台はベル・エポック（「麗しの時代」、19世紀末〜20世紀初頭）の華やかなパリ。ヒロインのディリリはニューカレドニアから密航してやって来た混血の少女だ。パリで開催中の万国博覧会に出演しているとき、何でも配達する仕事のフランス青年オレルと知りあい、彼の荷物配達用の三輪車でパリの街を走りまわる。

おりから、男性支配団と称する謎の集団が、少女たちを誘拐する事件が続発する。ディリリとオレルは男性支配団の情報を集めて、その犯罪を阻止しようとするが、逆にディリリが誘拐されてしまう。オレルはディリリと誘拐された少女たちの救出に向かうが……。

パリの風景の美しさ、輝くばかりの色彩に圧倒される。写真から合成したイメージだが、

写真のリアルさと絵画的幻想美が絶妙のバランスで融合し、パリの街の魅力をアニメ独自の高度な映画的次元に高めている。とくにラストの夜の青さは陶酔を誘う。
ベル・エポックで活躍した有名人の総登場や、ルソー、ピカソ、マチス、モネなどの絵が直接引用できるのもアニメならでは楽しい趣向だ。
物語も単純ながら、冒険活劇の興奮に満ちて、主人公たちが動く、動く。これぞアクション映画だ。

**ポイント**

**◉ガブリエル・ヤレド**（1949〜）　レバノンに生まれ18歳まで過ごす。4歳から14歳までベイルートのイエズス会寄宿学校に学び、学校のオルガンを弾き、音楽図書館に収蔵された楽譜を読んで独学で音楽を勉強する。80年代からは映画音楽の作曲に専念し、現在まで100以上の作品に参加している。97年には『イングリッシュ・ペイシェント』でアカデミー賞最優秀作曲賞を受賞した。主な作品には『ベティ・ブルー／愛と情熱の日々』(85)、『コールドマウンテン』(03)など。シャンソンの作曲家としてフランソワーズ・アルディやミレイユ・マチューのレコーディングにも関わる。オスロは「彼にはアニマティック（製作を始める前に作るスケッチにセリフをつけた映像）を送り、映画の随所で耳にする『太陽と雨』、合唱団と声楽家ナタリー・デセイの素晴らしい最後のカンタータを作ってもらった。ヤレドの音楽には最高に満足している」と称賛を惜しまない。

ブルーレイ／DVD 発売中、デジタル配信中／／発売　ウォルト・ディズニー・ジャパン

# 男と女　人生最良の日々

No.217

2019年　上映時間＝90分　監督・脚本◉クロード・ルルーシュ　音楽◉フランシス・レイ
主演◉アヌーク・エーメ、ジャン＝ルイ・トランティニャン、モニカ・ベルッチ

1960年代フランス映画を代表する大ヒット『男と女』（P270）の、なんと52年後の続編である。才走ったルルーシュのタッチがほどよく枯れて、切ない感動とやるせない哀しみの漂う秀作となった。

元花形レーサーのジャン＝ルイ（ジャン＝ルイ・トランティニャン）も今は年老い、介護施設で余生を送る。記憶もまだらだが、思いだして語るのは、むかし別れた恋人アンヌのことだけだ。そんなジャン＝ルイを心配した息子が、アンヌ（アヌーク・エーメ）を探しだし、父に会ってやってほしいと懇願する。ジャン＝ルイはアンヌを見ても誰か分からなかったが、昔愛したアンヌという女性の話をする。アンヌはジャン＝ルイに思い出の土地ノルマンディまでドライブをしようと誘いかける。

エーメは87歳だが、いまだ美しく、あの顔の鋭角的なラインに、老いに冒されぬ意志と沈着さとを刻んでいる。一方のトランティニャンは、椅子に座ったままのボケ老人に見える

が、したたかな不良性とお茶目なユーモアを湛えて、これまた見事な役者ぶりだ。『男と女』の忘れがたい場面を交えながら、高速の車でパリの街を飛ばし、いつのまにかノルマンディの海岸に至る場面が素晴らしい。

「前にもこの時間を生きた気がする」

「あなたの夢のなかでね」

この二人の会話がまさに本作のトーンを決定づけている。限りなくやさしい愛のファンタジーなのである。

**ポイント**

**◉クロード・ルルーシュ**（1937〜） パリに生まれる。ユダヤ系アルジェリア人の家庭に育ち、幼少期から映画に興味を持つ。報道カメラマンとしてキャリアをスタートさせ、56年から16ミリの短編映画を撮り始める。60年にはプロダクション「フィルム13」を設立し、何本かの長篇を発表するが、いずれも興行的に失敗し、破産に瀕する。最後の作品と決断して撮った『男と女』(66)がカンヌ国際映画祭のパルム・ドール、アカデミー賞外国映画賞など40以上の賞を獲得、一躍脚光を浴びた。フランシス・レイとの名コンビで知られ、甘いメロディとスタイリッシュな映像美で恋愛映画の名匠と謳われている。主な監督作は『パリのめぐり逢い』(67)、『白い恋人たち』(68)、『流れ者』(70)などがある。とりわけ3代にわたって運命論的な愛のモチーフが変奏される『マイ・ラブ』(74)は隠れた代表作である。旺盛な創作活動は衰えず、本作が49本目で、すでに50本目も製作中。

発売・販売元　ツイン／©2019 Les Films 13 - Davis Films - France 2 Cinéma

# 燃ゆる女の肖像

No.218

2019年　上映時間＝122分　監督・脚本◉セリーヌ・シアマ
撮影◉クレア・マトン　主演◉ノエミ・メルラン、アデル・エネル

女性監督セリーヌ・シアマが、女同士の痛切な愛を正面から描き、映画作家としての高みに上りつめた作品である。

18世紀フランスのブルターニュ地方。その海の孤島に、若い女性画家マリアンヌ（ノエミ・メルラン）が小舟でやって来る。この島に暮らす貴族の娘エロイーズ（アデル・エネル）の絵を描くためだ。当時は、見合いのために、先方に肖像画を送る習いだった。マリアンヌとエロイーズはともに肖像画の制作に没頭し、夜は蠟燭や暖炉の火のもとで音楽や文学について語りあう。そして、身も心も愛しあうようになる。だが、絵が完成すれば、別れが待っている。

単純な設定だが、シアマの脚本がよく練られていて、ヒロインたちの愛の深まりを運命の必然の歩みだと確かに納得させてくれる。

主演女優2人は、最初は愛らしさに欠けるが、しだいに内側から照らしだされるようにぐ

んぐん美しさを増し、愛の神秘を実感させる。

画面作り（フレームとアングル）がつねに正確に決まっていることにも一驚させられる。そして、静謐な画面なのに力がこもっている。一見クールなのに、奥底に情念が滾《たぎ》っているのだ。

18世紀の話だが、孤島の城館のロケも、華美を抑えた室内の美術も、簡素化された衣裳も、ロココ趣味の紋切型を完全に脱し、撮影と照明の見事さと相まって、見ている者になんともいえぬ映画的快楽をあたえてくれる。

**ポイント**

**●セリーヌ・シアマ**（1978〜） フランス、ヴァル＝ドワーズ県ポントワーズ生まれ。裕福なイタリア系一家に育ち、フランス文学で修士号を取得後、フェミス（フランス国立映画学校）の脚本コースで学ぶ。04年、脚本家としてデビュー。07年に卒業制作を発展させた長篇『水の中のつぼみ』が、カンヌ国際映画祭「ある視点部門」に正式出品される。十代のヒロインの同性への深い執心をスコリモフスキーの『早春』（70）を想起させる鮮烈な〈水〉のイメージを通して浮かび上がらせたこの映画は高い評価を受ける。続く『トムボーイ』（11）も10歳の少女が男の子をふりをして子供たちの輪の中に介入することで起こる小波乱、アイデンティティの揺らぎを繊細に掬い取っている。『燃ゆる女の肖像』はシアマの抱えてきたジェンダー問題のモチーフの集大成でもあり、カンヌ国際映画祭脚本賞＆クィア・パルム賞ほか世界の映画賞を席捲。世界的な名声を博することとなった。

¥1,257（税込） 発売・販売元　ギャガ／©2019 Lilies Films / Hold-Up Films & Productions / Arte France Cinéma

# みんなのヴァカンス

No.219

2020年　上映時間＝100分　監督◉ギヨーム・ブラック　脚本◉ブラック、カトリーヌ・パイエ
主演◉エリック・ナンチュアング、サリフ・シセ、エドゥアール・シュルピス

フランスにはヴァカンス映画の系譜がある。ロメールの作品は長編第1作『獅子座』（P230）を出発点として、『クレールの膝』（P304）から『夏物語』までヴァカンス映画の宝庫だし、ジャック・ロジエの作品も『アデュー・フィリピーヌ』（P254）から『メーヌ・オセアン』までデタラメで軽やかなヴァカンス映画が揃っている。『女っ気なし』で注目されたギヨーム・ブラックもまさにヴァカンス映画の後継者で、本作『みんなのヴァカンス』において、ロメールやロジエと比較されるべき独自の映画的個性を見事に開花させた。

若者フェリックスは相棒シェリフと南仏に向かう。パリで恋に落ちた娘と再会するためだ。車の相乗りアプリで、エドゥアールという人物の車に同乗させてもらうことにするが、着いた先で車が事故を起こし、3人は仕方なく野宿生活と相なり……。

登場人物はみんなダメなところを抱えた凡人たち。だが、それゆえ彼らの一挙一動が私た

ちにも思い当たるところがあり、感情をゆさぶられる。じつに愛おしいダメ人間たちの奮闘の記録なのである。

そのうえ、水遊びやサイクリングを描いても、画面構成と編集の冴えで素晴らしいスピード感を醸しだし、一切むだのない巧みな映画作りに終始する。

風景の美しさも格別で、風光明媚な名所を狙うのではないが、夏の夜明けの空気の質感を感じさせる。これぞ映画の力だ。

ドラマの顛末にも一抹の寂しさがあり、諸行無常のような感じさえ伝わってくるのである。

**ポイント**

◉**ギヨーム・ブラック**（1977〜）パリに生まれる。配給や製作の研修生として映画にかかわった後、フェミス（フランス国立映画学校）に入学。在学中に短篇を監督。友人と製作会社「アネ・ゼロ」を設立し、『遭難者』（09）と『女っ気なし』（11）を作る。とくに『女っ気なし』は往年のジャック・ロジエのヴァカンス映画を想起させる独特の寂寥感が話題を呼び、異例のロングランとなった。同じくヴァンサン・マケーニュが主演した長篇第一作『やさしい人』（13）は中年男性に訪れた精神的な危機を、ほろ苦いユーモアをおりまぜて描きだす。『7月の物語』（17）は、フランス国立高等演劇学校の学生たちと作った2つのパートからなる作品で、パリと郊外を舞台に、ヴァカンスが始まって浮き立つ若い男女の恋の戯れを軽妙さと深刻さを対比させつつ描いている。『みんなのヴァカンス』は避暑の舞台となる南フランスの田舎町の自然、陽光の魅力が圧倒的である。

／配給エタンチェ

# No.220 TITANE／チタン

2021年　上映時間＝108分　監督・脚本◉ジュリア・デュクルノー
撮影◉ルーベン・インペンス　主演◉ヴァンサン・ランドン、アガト・ルセル、ギャランス・マリリエ

2021年カンヌ国際映画祭のパルム・ドール（最高賞）受賞作。途方もない怪作だ。アレクシア（アガト・ルセル）は幼時に交通事故に遭い、頭蓋骨にチタンの金属板を埋めこまれた。以来、車への異様な執着心が生まれ、車の展示会でエロティックな踊りを見せるダンサーになる。そこでしつこくつきまとうファンを刺殺した瞬間から、彼女のなかで何かが変化する。ある夜、一台の車から誘われるようにして全裸で車に乗り、そこでエクスタシーを経験する。その後、彼女の体は変化する。まるで妊娠したかのように。

人間と車の交感といえば、スティーヴン・キングの『クリスティーン』を想起するが、そうはならない。車はきっかけにすぎない。これは男なしで子供を生みたいという単性生殖の願望のドラマなのだ。

殺人を重ねるアレクシアは、消えた息子を探しつづける初老の男（ヴァンサン・ランドン）と出会い、彼の息子として新たな生を生きはじめる。この奇妙な共生関係から不思議な

感動が生まれる。ここにも、男はいらないが父親は欲しいという奇妙な欲望が投影されている。なにがなんでもジェンダーを超えたいという女性監督ジュリア・デュクルノーの強烈な執念が透かし見える。トランスジェンダー志向の最前線に立つ映画なのである。一見、悪趣味極まるSFホラーだが、画面につねにこう撮るべきだという確信があふれ、脚本と編集が物語の運びを巧く操って、一瞬も目が離せない。

**ポイント**

◉**ジュリア・デュクルノー**（1983～）パリに生まれる。フェミスで脚本を学ぶ。短篇映画『ジュニア』（11／未）がカンヌ国際映画祭の批評家週間で上映され、注目される。初の長篇『RAW～少女のめざめ～』（16）はベジタリアンとして育てられた少女が学校で肉食を強制されたことがきっかけでカニバリズムに目覚めるというテーマの衝撃作で、カンヌで国際批評家連盟賞を受賞している。デュクルノーの作品を特徴づけるボディ・ホラー的な触覚的粘着性については、父親が皮膚科医、母親が産婦人科医であったために幼少期から〈肉〉に魅せられたと本人が語る。もっとも影響を受けた映画作家としてデイヴィッド・クローネンバーグを挙げているが、本作はクローネンバーグの『クラッシュ』（96）を想起させる〈車〉への異様なフェティシズム、身体への破壊衝動が炸裂した問題作で、2作目でカンヌのパルム・ドールを受賞する偉業をなし遂げた。

¥4,180（税込）発売・販売元　ギャガ／
©2021 KAZAK PRODUCTIONS – FRAKAS PRODUCTIONS – ARTE FRANCE – VOO

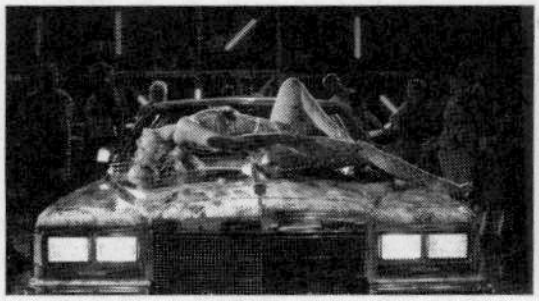

## 監督別索引

監督別索引

# 監督別索引

# 作品索引

祥伝社黄金文庫

# 教養《きようよう》としてのフランス映画《えいが》220選《せん》

令和5年2月20日　初版第1刷発行

著　者　中条省平《ちゆうじようしようへい》
発行者　辻　浩明
発行所　祥伝社《しようでんしや》
〒101－8701
東京都千代田区神田神保町3－3
電話　03（3265）2084（編集部）
電話　03（3265）2081（販売部）
電話　03（3265）3622（業務部）
www.shodensha.co.jp
印刷所　図書印刷
製本所　ナショナル製本


造本には十分注意しておりますが、万一、落丁・乱丁などの不良品がありましたら、「業務部」あてにお送り下さい。送料小社負担にてお取り替えいたします。ただし、古書店で購入されたものについてはお取り替え出来ません。

Printed in Japan　　ISBN978-4-396-31835-2 C0174